Jacques LANGLOIS

AF746320

LE LIBERALISME TOTALITAIRE

Ou de la réduction uniforme et universelle de toute vie sociale à l'économisme et à l'individualisme au nom de la liberté

L'Harmattan
', rue de l'École-Polytechnique
75005 Paris
France

L'Harmattan Inc.
55, rue Saint-Jacques
Montréal (Qc) CANADA
H2Y 1K9

L'Harmattan Hongrie
Hargita u. 3
1026 Budapest
HONGRIE

L'Harmattan Italia
Via Bava, 37
10214 Torino
ITALIE

Collection **Questions Contemporaines**
dirigée par J.P. Chagnollaud, A. Forest, P. Muller, B. Péquignot et D. Rolland

Chômage, exclusion, globalisation... Jamais les « questions contemporaines » n'ont été aussi nombreuses et aussi complexes à appréhender. Le pari de la collection « Questions contemporaines » est d'offrir un espace de réflexion et de débat à tous ceux, chercheurs, militants ou praticiens, qui osent penser autrement, exprimer des idées neuves et ouvrir de nouvelles pistes à la réflexion collective.

Dernières parutions

Antoine DELBOND, *Éloge de la fraternité. Pratique des solidarités*, 2000.
Jean GIARD et Daniel HOLLARD, *À la recherche du citoyen*, 2000.
Charles DURIN, *Psychologie et sociologie du fascisme*, 2000.
Olivier LLUANSI, *Du projet européen*, 2000.
Gilles MARIE, *La solution passe par l'erreur*, 2000.
Frédéric MONNEYRON, *La nation aujourd'hui*, 2000.
Bertrand de KERMEL, *Libéralisme et pauvreté*, 2000.
Laurent HOTTIAUX et Joanna LIPONSKA-LABEROU, *La politique européenne de défense*, 2000.
Noël CANNAT, *Pour un tissu social vivant. La réduction des distances*, 2000.
Yves CITTON, *Portrait de l'économiste en physiocrate. Critique littéraire de l'économie politique*, 2000.
Jean TERRIER, *Vers une démocratie universelle*, 2000.
Barbara WALTER, *Le droit de l'enfant à être éduqué*, 2001.
Christine TREBOUET, *Habitat social et capitalisme*, 2001.
Thierry BENOIT, *Parle-moi de l'emploi... d'une nécessaire réflexion sur le chômage à des expériences pratiques pour l'emploi*, 2001.
Lauriane d'ESTE, *La planète hypothéquée ou l'écologie nécessaire*, 2001.
Christian BÉGIN, *Pour une politique des jeux*, 2001.
Alia RONDEAUX, *Catégories sociales et genres ou comment y échapper*, 2001.

DU MEME AUTEUR

Défense et actualité de PROUDHON, Payot 1976
Qu'est-ce que le Pouvoir Politique, ANTHROPOS 1982
Le Mythe EDF, L'HARMATTAN 1992
La Juste Démocratie, L'HARMATTAN 1995

ISBN : 2-7475-0821-8

INTRODUCTION

En parlant du libéralisme totalitaire je ne méconnais pas qu'il faudrait bien différencier ce qui relève du libéralisme politique et de l' économique. Le premier est né à la fin du 16ème siècle avec les théoriciens du droit naturel, puis avec ceux du contrat social au 17ème (Locke, Hobbes, Rousseau). Le second apparaît (fin 18ème) avec les physiocrates et l'ouvrage fondateur d'Adam Smith sur la richesse des nations. Le libéralisme politique lutte contre la monarchie et la tyrannie et fonde la démocratie moderne. Le libéralisme économique inaugure la «science » économique fatale aux lois nécessaires auxquelles les gouvernements et les hommes doivent obéir sans intervenir. Le libéralisme crée simultanément le déterminisme «scientifique » de l'économie et le « laissez faire laissez passer », cher à Guizot, des gouvernants. Malgré l'opposition entre un courant politique du libéralisme, qui établit un gouvernement et une représentation démocratique afin d'assurer l'ordre social et de fixer les buts de la société, et la doctrine économiste qui en revanche postule le laisser-faire, nous sommes en présence de Janus. En effet, nous verrons que ces deux versants sont fondés sur la même anthropologie (en tant que conception de l'homme : primat de l'individu et de l'inné), et finissent par former une combinaison où le rôle de l'Etat n'est plus que d'assurer la police sociale par la force afin d'empêcher les exclus de l'économie de revendiquer leur dû. Aujourd'hui et dans les faits, comme on le verra de façon approfondie, les deux faces du libéralisme sont indissolublement liées et se soutiennent mutuellement. Et c'est pourquoi je vise un système de fait, le libéralo-capitalisme.

Il ne faudrait pas théoriquement confondre libéralisme et capitalisme ou économie et capitalisme. Le libéralisme économique est présenté soit comme une « science » indépendante de toute considération morale ou politique, soit comme une doctrine d'économie politique. Le vocabulaire signifie qu'il y a simultanément des excités du libéralisme scientifique, digne pendant du marxisme stalinien ou léniniste, et des modestes qui se contentent de proposer des modèles explicatifs. Les premiers imposent les dogmes du libéralisme libertarien de l'école de Chicago (le monétarisme et l'équilibre parfait et automatique produit par la loi de l'offre et de la demande sur le marché) à toutes les sociétés, quelles que soient leur culture, leur histoire, leur espace, leur religion, leur système socio-politique. Et ils réduisent tout au calcul économique soi-disant rationnel alors qu'il n'est qu'utilitariste. Ce libéralisme économique là n'est pas de l'ordre des seules idées (science ou théorie ou religion). C'est un système économique de fait qui semble aujourd'hui avoir perdu tout concurrent crédible et qui ne cesse de s'étendre aux applaudissements des partisans de la mondialisation, de la globalisation et d'Internet réunis. Ce n'est qu'un système récent avec à peine deux siècles d'existence en tant que mode suprême de conduite de l'économie. C'est un système évolutif puisque, par exemple actuellement, la dimension purement financière du capitalisme l'emporte sur la productive. Cependant, alors que libéralismes économique et politique relèvent d'une synthèse des représentations et idées, le capitalisme est joint au libéralisme, la différenciation n'existant que pour la clarté de l'exposé, parce que « l'ordre » capitaliste ne peut durer, à cause des injustices et des inégalités qu'il développe, que si on arrive à le justifier. C'est ainsi que le libéralisme donne l'argumentation de légitimation du capitalisme financier d'aujourd'hui. Il la procure comme monde vécu allant de soi pour des populations qui ne connaissent que lui et qui posent la question, rendue insoluble momentanément par la faillite du socialisme scientifique, de quoi savoir mettre à sa place. Il forme la vulgate des différents pouvoirs et de ceux qui les détiennent, à savoir les managers des grandes firmes, les politiciens, les institutionnels-économistes du FMI, de la BRI, de l'OCDE ... etc. Ainsi se trouve réalisé un bloc hégémonique où la domination politique, appuyée sur la police et l'armée, conforte l'exploitation économique et se ressource dans l'hégémonie idéologique des justificateurs-économistes du désordre établi. Cela dit, ce n'est pas une nouveauté car le 19ième siècle avait très bien décrit la sainte alliance du trône, du coffre-fort et de l'autel. Ce qui est nouveau, c'est ce que le bloc s'est cristallisé et solidifié et qu'il n'y a plus guère d'opposants, y compris dans les milieux socialistes, ce qui est nouveau aussi. C'est que le bloc idéologique libéralisme-capitalisme, enraciné dans la fusion entre l'économique et le politique, absorption dans laquelle le politique et le social s'encastrent dans l'économie, a envahi toutes les sphères du social et présente à la mode marxiste-léniniste l'économie comme le moteur et le facteur essentiel et déterminant du social. Finalement, si l'on se place du point de vue du sens commun, de la conception vécue du monde socio-économique, il y a maintenant amalgame complet entre économie et politique libérales et entre théorie justificatrice et pratique capitaliste. C'est une des raisons d'envisager désormais le libéralisme comme totalitarisme et de fusionner le libéralisme et le capitalisme financier. Car, en outre, dans le fonctionnement des sociétés les cadres de pensée orientent les pratiques en tant que schémas intellectuels d'évaluation et de justification desdites pratiques. Ces dernières, en retour, montrent l'efficacité supposée des théories. Or le libéralisme économico-politique repose sur un arrière-plan de significations communes formant un sens commun d'évidences intériorisées et jamais interrogées. Cela est plus facile pour les experts, journalistes, responsables politiques et managériaux de ne pas le faire, ce qui, en plus, interdirait au déviant de faire partie des cercles de reconnaissance mutuelle et de notoriété, voire d'opportunisme. Aujourd'hui, sous le masque du libéralisme, le capitalisme tient le haut du pavé.

Mais si nous présentons dans cette introduction de problématique de notre sujet, le libéralisme comme totalitarisme, il y a à le comparer aussi avec les caractéristiques du totalitarisme. Ce dernier est à distinguer des formes plus classiques, quoique toujours actuelles, de tyrannie, de despotisme, d'autocratie, de dictature. Et précisément la différenciation montrera que l'origine du totalitarisme réside dans le libéralisme en tant qu'ayant inauguré la modernité. Quand nous aurons caractérisé le totalitarisme, il nous faudra montrer point par point en quoi le libéralisme syncrétique et pratique contemporain cache, grâce à ses idéologues stipendiés et à son management actuellement intéressé à sa réussite (notamment sous forme de stock-options pour les dirigeants économiques et de corruption pour la réélection des politiciens), les caractères repérés. Ce questionnement nous procure une structure démonstrative en deux parties :

a) Les origines modernes et communes du libéralisme et du totalitarisme et qu'est-ce que le totalitarisme ? (1ère partie)
b) En quoi le libéralo-capitalisme moderne est-il totalitaire ?Cette question sera elle-même divisée en 2 grandes parties : l'économisme totalitaire (2ième partie) et, ensuite, l'envahissement de tous les autres aspects de la vie sociale par cet économisme fondé sur la théorie économique de l'équilibre général ou théorie standard, celle qui anime tous les experts internationaux et les organismes où ils prolifèrent (3ième partie)

L'ambition de cet essai est modeste : disposer d'une analyse percutante, lisible et ramassée sur l'essentiel qui donne au lecteur engagé des grilles de lecture de la situation sociale, économique et politique de la prétendue mondialisation et de ses effets pervers mais profitables pour quelques uns (« mal-bouffe », destruction de la planète, inégalités accrues, privatisation des ressources collectives...).

Mon but est d'élucider le contenu caché des choses présentées comme des évidences par les tenants de l'idéologie libérale. Celle-là est juteuse matériellement pour ceux qui la mettent en action. Il ne s'agit pas d'un cri de révolte, quoique très utile, à la façon de Viviane Forrester. Il faut être plus lucide et repérer les enjeux afin de construire une fédération des opposants autour d'un projet alternatif de société. Entrons dans la machinerie souterraine du libéralo-capitalisme. Démontons les ressorts de l'aliénation tant des hommes que des cultures et de la nature. Montrons qu'il n'y a pas de libéralisme scientifique, pas plus que de marxisme de la même eau. Allons plus loin encore en montrant que si le marxisme savant et actuel a su se dégager de la gangue scientiste du stalino-léninisme, le libéralisme, en revanche, présente comme modernité une pensée et des pratiques obsolètes, nées il y a deux siècles. Le libéralisme aujourd'hui est un anachronisme et un archaïsme. Le marxisme classique ne vaut guère mieux, mais c'est à cause de son caractère incomplet. En effet, il a beaucoup trop sous-estimé les phénomènes culturels, juridiques et politiques imbriqués dans tout système social.

Le libéralisme capitaliste, lui, se présente comme amoral , comme éternel, comme indépendant des structures sociales et des collectivités. Ils se veut scientifique. Il n'est que dogmatique. Cependant, sachons d'ores et déjà, qu'il y a 4 grands types de libéralisme :

Le libéralisme économique prétendument scientifique et objectif. Mais il véhicule une morale hyper individualiste, guerrière, matérialiste, hédoniste. Il considère l'autre soit comme un même, c'est-à-dire un obstacle, un concurrent, soit comme un différent, mais inférieur et incapable. Il réduit la société à l'économie, laquelle envahit toutes les activités sociales et les oriente. Les rapports entre personnes y sont remplacés par ceux des personnes aux choses et le calcul instrumental et stratégique des intérêts particuliers. Il conduit à tout maîtriser en vue du profit et au nom du progrès. Le lien social n'y est qu'une résultante de l'aléatoire convergence des intérêts relatifs aux richesses et aux patrimoines. Le contrat et la jurisprudence y sont supérieurs à la loi. Il nous vient déjà du protestantisme calviniste pour lequel les hommes sont inégaux à la fois au ciel et ici bas. Inégalité aujourd'hui justifiée par l'adaptation des meilleurs à la concurrence. Et cela au nom du calcul des conséquences, lequel n'admet rien de gratuit ou de bénévole. Il nous vient aussi de toutes les formes de protestantisme, qui ont privilégié le rapport individuel à la religion au détriment du lien social d'appartenance à la communauté et qui ont facilité l'investissement personnel dans le monde profane ; C'est ce libéralisme-là qui, aujourd'hui, occupe le pavois sous forme de libéralo-capitalisme réduisant le bien commun au juste et ce dernier à des résultats individuels conduisant à un optimum collectif.

Le libéralisme politique. Il est fondé sur la mêmeté des hommes, identiquement capables de rationalité, de volonté et de désir. La liberté des uns arrête celle des autres grâce à la démocratie de mise en débat des intérêts et des passions. Il énonce la nécessaire égalité des chances pour le maintien du lien politique grâce à la justice. Il maintient l'égalité des droits théoriques. La mise en débat des intérêts y dégage le consensus dans une procédure de légitimation des représentants politiques. Le lien social y est avant tout socio-politique et repose sur le contractualisme rationaliste des Lumières. La démocratie y est fondée sur une procédure d'expression et de mise en débat des intérêts et sur le dégagement a posteriori de l'intérêt général. Elle finit aujourd'hui en pure procédure légale d'expression des opinions électorales sous la prétendue légitimité des droits formels des citoyens, notamment en tant que droits-participation politique. Le droit y vient de l'expérience du traitement jurisprudentiel des cas particuliers et des coutumes. Il s'appuie essentiellement sur la jurisprudence avant de dégager des lois. Il sert de cache-sexe au libéralisme précédent en s'appuyant sur les droits formels des individus, en négligeant le bien commun, car impossible à fixer à cause de la diversité des opinions à son sujet, au profit d'une conséquence équitable dégagé par une procédure politico-juridique.

Le libéralisme communautarisme, où le lien social est culturel (histoire, langue, religion... voire ethnie). Les hommes y sont des mêmes et des égaux. La communauté prédomine sur les individus. Ceux qui n'appartiennent pas à la communauté sont considérés comme différents, voire dangereux et excluables. Les individus y sont unis par des valeurs collectives a priori et y forment une collection de petites libertés impuissantes face à la souveraineté absolue de la communauté. Ce libéralisme est le plus souvent d'obédience germanique ou celtique. Il ressortit aussi au nationalisme et à l'étatisme français. Il fonde la République sur un contenu a priori et substantiel pour le lien social, car il est construit sur la suprématie de finalités, de principes et de valeurs communautaires antérieures et supérieures aux individus. Cela divise entre les égaux qui sont dedans et les différents qui sont dehors et le plus souvent inférieurs. La loi, voulue par les représentants politiques, y est supérieure aux droits des personnes et encore plus aux droits des gens ou droits des groupements et communautés existant dans la société globale. Il divise entre les égaux, qui sont dedans, et les différents qui sont extérieurs ou simplement juxtaposés et sans droits politiques en tant que particuliers vis-à-vis du régime général de la loi. Il a produit des horreurs totalitaires. Il se présente aujourd'hui sous les apparences modestes du multi-culturalisme où les communautés co-existent dans l'acceptation relativiste de la valeur égale de toute culture, chacune ayant sa conception du droit commun et de la bonne vie.

Le libéralisme sociétaire et solidaire (ou socialisme libertaire), dans lequel les hommes sont à la fois différents et égaux et où les relations humaines et sociales priment les rapports aux choses. Ce libéralisme articule droits des personnes, intérêt général de la collectivité, au nom du bien public et commun, et appartenance à la collectivité égalitaire et internationale des hommes au nom des droits universels des hommes. Le lien social y est donc triple : valeurs (dignité, égalité, solidarité), intérêts collectifs mis en débat dans la société civile et au plan politique, droits de l'homme et de notre bien commun à tous, la terre. Il provient notamment du catholicisme, séparé de l'Etat laïc et toujours axé sur la fraternité et le don généreux en tant que lien social institué entre les hommes, les familles et la collectivité globale. Il est à confirmer et actualiser dans un double débat permanent et institutionnalisé sur les valeurs et finalités constitutives du lien social et sur la mise en forme émergente-et non a priori-des intérêts communs.

Seul le libéralisme économique, qui, aujourd'hui, transforme toutes choses en fiefs et en pouvoirs personnels sans contrôle, est actuellement un totalitarisme en place. Mais le communautarisme nationaliste ou culturel revient en force ou menace de revenir. Tous ces libéralismes communient dans le mythe du progrès, issu des Lumières pour lesquelles les améliorations continues et cumulatives de la connaissance, de la science et de la raison conduisaient à celles des mœurs et des relations sociales. Mais, déjà, il y avait deux versions du progrès. La déterministe-fatale et la projetée-voulue. Libéralismes économique et politique sont plutôt dans la première conception; communautarisme et solidarisme dans la deuxième. Le libéralisme actuel est un fatalisme dans lequel l'ordre est le meilleur possible, malgré les dysfonctionnements et les inégalités apparents et réels. L'avenir, grâce à la science, aux nouvelles techniques d'information et de communication et à la croissance économique, y sera meilleur pour le plus grand nombre. Enfin, le libéralisme se contente d'une démocratie réduite à la procédure d'élection de représentants aidés par des experts et évalués par l'opinion et les sondages. A l'opposé, le communautarisme autorise tout au nom de la survie de la communauté spécifique, y compris contre les droits de l'homme et les personnes. Le solidarisme, lui, repose sur la participation des citoyens à la politique, sur l'ouverture universelle à l'humanité internationale et sur le respect de la solidarité entre citoyens sur un territoire national, mais non nationaliste.

Disons tout de suite, afin d'éviter tout procès en esprit partisan, que le communautarisme totalitaire (japonais, nazi, soviétique, fasciste) a abandonné derechef les valeurs humanistes du libéralisme. Ces totalitarismes sont ethnocentriques, mais sur la base du droit libéral des peuples à disposer d'eux-mêmes dans un Etat auto-déterminé. De plus, les principes libéraux ne correspondent pas forcément aux pratiques, car les actions concrètes libérales ont elles-mêmes souvent torpillé les fameux droits d'ingérence humanitaire et de justice universelle. Elles en ont fait une application sélective qui ne concernent pas les Etats faibles, les alliés à l'Occident otanisé, les pays non stratégiques. Cela veut dire que même si le pré-libéralisme, celui du droit des groupes naturels ou droit des gens, a inventé une forme d'humanisme moral et politique universel, le libéralisme utilitariste ultérieur les a soumis à un calcul pragmatique d'intérêts ; Les applications concrètes ont été subordonnées aux approches politiques et nationalistes ; les principes ont été remplacés par les fins utilitaires. Le totalitarisme n'a fait qu'améliorer la leçon au profit de la communauté auto-centrée. Le totalitarisme nazi l'a fait au nom du scientisme biologique de la supériorité de la race, ce qui provient de la science biologique tant promue par le darwinisme anglo-saxon (GOBINEAU et VACHER DE LAPOUGE, français, n'ont guère eu de succès en France, sauf chez les scientistes comme RENAN). Le scientisme soviétique l'a établi au nom des déterminismes de la science économique promotrice de la classe élue prolétarienne.

Nous avons un premier avertissement à donner en ce qui concerne la lecture du présent essai ; si le libéralisme des Lumières , celui du 18ième siècle, a inventé simultanément l'humanisme et le scientisme, on doit observer que l'humanisme a été cantonné à la sphère politique et aux droits individuels de l'homme, alors que le scientisme a fondé l'économisme et le biologisme. L'empirisme anglo-saxon a été le ressort de l'utilitarisme. Le scientisme a procuré celui de la maîtrise capitalisto-économique de la nature et des hommes. Cela a même fondé des dérives bien plus graves. Les USA sont le lieu originaires de pratiques horribles, facilitées par l'idéologie protestante, qui ont fusionné le biologisme raciste et eugéniste à la DAVENPORT et le comportementalisme à la WATSON. En clair, les races inférieures devaient être éliminées par l'eugénisme et la race supérieure devait être éduquée-conformée par le conditionnement en vue d'acquis profitables à la société. Cela avait pour but de préserver (pour l'améliorer) la race américaine, pourtant issue de toute l'Europe hétérogène, des vagues d'immigrants du sud et de l'est de et de justifier le racisme anti-noir, malgré la suppression de l'esclavage en 1865. HITLER, en fait, ne fut qu'un bon élève de la chose en instaurant la suppression des races inférieures et le conditionnement des foules par la propagande politique. Comme quoi le totalitarisme est le fils mal-aimé de l'empirisme scientiste, du protestantisme de la prédestination ou de la grâce divine et de la démocratie républicaine ethnocentrique. La France ne s'y est pas laissé aller, car elle était multi-ethnique depuis des siècles et parce qu'elle était universaliste depuis la Révolution de 1789.

Mais j'ai un deuxième avertissement à formuler pour la lecture de mon essai. Le capitalisme n'a pu naître que grâce à un fond de valeurs chrétiennes : humanisme, personnalisme, charité en tant qu'amour du prochain et altérité, mutualité des échanges...Mais le libéralo-capitalisme a peu à peu perverti ces valeurs en hédonisme, individualisme ostentatoire de l'avoir, matérialisme, égoïsme, refus des solidarités et des communautés. Car il a besoin de ce qui favorise la consommation de l'illusoire, de l'inutile et de l'éphémère. Le capitalisme, sans que qui que ce soit l'ait voulu ou ait pu l'organiser seul, repose sur un monde vécu de valeurs admises dans l'intériorité de tout un chacun. Ces valeurs sont traduites en normes, institutions, structures qui orientent tous les comportements dans le même sens (direction et signification) et limitent les choix possibles en contravention avec le primat de la liberté et de la responsabilité individuelles. Car les conventions, normes, institutions fournissent les raisons de l'orientation et de la légitimation de l'action. Dès lors tous les acteurs favorables au système, en tant que pensée unique de ce qu'il faut faire, contribuent à favoriser les attitudes conformes à la reproduction du système marchand envahissant toutes les sphères d'action et de représentation de la société et à éradiquer toute structure qui pourrait s'y opposer. Des structures contenant l'idéologie et subvertissant les comportements en évacuant toute autre solution sont proposées et pratiquées au nom de l'efficacité globale du système. Alors les comportements finissent par se conformer à ce qui existe comme limitation de la variété des choix et au discours rationaliste de ce qu'il n'y a rien de meilleur. Ainsi, la boucle est bouclée : les pratiques sont bien conformes à ce qui est préconisé et forcé par les situations en place et les défenseurs du système peuvent affirmer que ce qui est correspond à ce qui est attendu. Tout cela parce que dans le libéralisme il n'y a pas de structures et de rapports de force dans des champs sociaux déjà configurés par l'accès (et la détention) à des ressources d'action.

Dans toute la critique comparative entre libéralisme et totalitarisme que je vais maintenant entreprendre, il doit être entendu que je parlerai essentiellement des pratiques du capitalisme financier actuel. Il sera repéré au passage que ces dernières n'ont pas grand chose à voir avec la théorie qui sert à les justifier du point de vue économique et encore moins avec le seul libéralisme politique, par exemple celui d'Alexis de Tocqueville, qui n'a que le tort de présenter d'immenses lacunes, mais compréhensibles pour l'époque où elles furent installées, dans la compréhension d'une réelle participation démocratique dans la société civile.

PREMIERE PARTIE

LES ORIGINES MODERNES ET COMMUNES DU LIBERALISME ET DU TOTALITARISME

ET

QU'EST-CE QUE LE TOTALITARISME ?

On ne comprend pas le totalitarisme libéral si on ignore que c'est un frère jumeau du collectiviste. En effet tous les deux sont issus de l'idéologie des Lumières et ils sont, bien mieux et pour ainsi dire, frères siamois. C'est du reste pourquoi ils sont autant ennemis, pour la bonne raison que lorsque l'on est quasi identique et que l'on veut faire valoir son identité spécifique, l'on n'a que deux solutions, soit l'absorption, soit l'opposition. Bâtis sur les mêmes origines conceptuelles et pratiques par des mouvements analogues au nom de la raison et de la science, libéralisme et totalitarisme se ressemblent d'emblée comme deux gouttes d'eau. Ces deux idéologies, associées et indissociables d'une pratique, ont comme point commun la modernité. Modernité, modernité, que de crimes on peut commettre en ton nom ! Le principal problème posé par la modernité, il y a trois siècles, est celui du lien social. Benjamin Constant et Fustel de Coulanges et tant d'autres auteurs ont bien vu le problème à l'aube même du XIXème siècle après la Révolution Française. Mais à ces fondements communs, s'ajoutent des particularités qui ont fondé le totalitarisme nazi et stalinien, sans négliger les différences qu'il peut y avoir entre ces deux productions monstrueuses de la modernité. C'est pourquoi, dans un premier temps nous examinerons le terreau commun et ensuite nous regarderons les spécificités du totalitarisme. C'est dire qu'à ce stade de l'analyse nous aurons à montrer que le libéralisme politique et économique n'est qu'un totalitarisme potentiel. C'est la modernité actuelle, si l'on peut dire, qui transforme, ainsi qu'on le verra, le libéralisme en totalitarisme de fait sans doute contrairement aux intentions de ses fondateurs, dont il ne faut pas oublier que leur pensée était avant tout juridique et politique.

A) LE PROBLEME DU LIEN SOCIAL

Je ne cherche pas à traiter vraiment la question de l'origine, question qui relève des historiens. Je signale seulement que la question essentielle que tout le XIXème siècle a traité, à nouveaux frais, après la Révolution Française est celle du lien social, de la cohésion sociétale et de la stabilité politique. Cela amène à comparer ce qui faisait l'ordre social dans l'ancien régime et la théorie, pratiquée à la fois par le libéralisme et le communisme totalitaire, du lien social dans la modernité économique, politique et sociale du début du XIXème siècle.

Le lien social chez les anciens

On a le mieux configuré le problème en opposant l'ordre de la transcendance-providence à celui de l'immanence de la société auto-créatrice d'elle-même. Chez les anciens, l'ordre social est celui de la providence divine ou du cosmos éternel. Louis Dumont a écrit, dans le sillage de Georges Dumézil, de très fortes choses là-dessus. C'est un ordre hiérarchique et séparateur fondé sur des fonctions sociales spécialisées et différenciées.

C'est la fameuse tripartition des fonctions que l'on trouve déjà chez Platon :

Le cœur	Le ventre	L'esprit
Le courage	L'utilité	La pensée
Les guerriers	Les producteurs	Les philosophes

dans laquelle les philosophes ou religieux sont supérieurs aux politiques-guerriers, lesquels l'emportent sur les producteurs-artisans-agriculteurs.

Elle a servi à justifier rationnellement ou a légitimer l'ordre social par une transcendance extérieure et supérieure à la société. Ce qui a toujours fait les choux gras des religions comme sacralisation intemporelle de toute monarchie et de toute inégalité sociale. L'ordre ancien recueille l'adhésion des hyper-réactionnaires partisans de l'ordre sacré de la royauté et celle des méso-réactionnaires qui en appellent à la tradition comme fondatrice d'une société vue comme un organisme vivant et auto-développé. Cet ordre est providentiel et nécessaire, soit comme divin, soit comme naturel.

Chez les proto-anciens, l'ordre social est relié à la divinité, à la transcendance, au sacré. La société a eu un fondement révélé par le mythe fondateur, lequel au passage, procure l'idéologie justificatrice de la hiérarchie sociale et des inégalités. L'ordre renvoie à une conception en quelque sorte organique de la société comme fantasme d'unité grâce à la hiérarchie sacrée des fonctions à assurer. En idéologie chrétienne, la société est assimilée au corps mystique du Christ : il y a des membres agissant et une tête qui est celle du Roi. Emile Durkheim a qualifié cela de solidarité mécanique car nul ne peut contester cet ordre établi. Cet ordre est présenté comme voulu par quelque Dieu extérieur, supérieur et antérieur à la société. Il est providentiel et justifié par son caractère sacré propagé par les prêtres, raconté par le mythe fondateur et actualisé par les rituels, notamment par le sacrifice du bouc émissaire. Car le différent dérange l'uniformité identitaire de la collectivité qui, malgré sa hiérarchie des rôles et des positions sociaux, se présente comme unifiée, chaque rôle étant nécessaire à la survie et à l'identité de la communauté.

Chez les traditionalistes, on a retenu la leçon des théoriciens du droit naturel, tant celui des individus que celui des groupes (les gens). Le sacré est estompé au profit de l'auto-production organique de la société par elle-même conçue comme émergence au cours des siècles des bonnes solutions de relations sociales, à savoir celles consacrées par la tradition. Cette dernière n'est que le succès, et l'accord historiquement acquis, de la loi commune conventionnellement adoptée comme consensus. C'est la Common Law (us et coutumes) chère aux anglo-saxons. Ce qui devient sacré à ce moment là, c'est la nature humaine considérée comme capacité innée de l'espèce et de chaque individu de l'espèce. Innée et transmise. C'est donc fondé sur une anthropologie fixiste et héréditariste, mais laquelle ? L'égoïsme individualiste, rationnel et calculateur ? Là nous avons Thomas Hobbes. L'égoïsme avec sympathie pour l'autre comme un autre soi-même ? Là nous avons David Hume, John Locke et Adam Smith. L'égoïsme narcissique et utilitaire avec calcul d'intérêt ? Là nous obtenons Jeremy Bentham. L'affectio societatis, la communication empathique, l'altruisme ? Là nous dérivons vers Rousseau à partir d'Aristote et de St Thomas d'Aquin. Cependant, toutes ces positions ont une caractéristique commune à savoir celle de la constitution de la société à partir des capacités innées de chaque individu par interaction entre des individus de même nature. La société n'est que la collection résultante des individus qui, au cours de l'histoire, finissent par trouver des arrangements commodes. Il s'agit de ce qui permet la prévisibilité des conduites individuelles avec assez de sécurité et d'efficacité. Ces arrangements, que personne ne peut prévoir et encore moins imposer seul, sont précisément la tradition. Celle-là recommande de respecter chaque individu, qui a un droit égal à persévérer dans son être en tant que personne singulière, et chaque communauté de base qui a fini par se doter de ses propres institutions coutumières.

La première différence entre l'ordre providentiel sacré et le lien social traditionnel est que le second est plus difficile à légitimer à cause des évolutions qui ne cessent de percuter la société établie. Dans les deux cas, l'ordre est vu comme autoritaire et hiérarchique. Mais la deuxième différence est que l'ordre transcendant est extérieur à la société alors que l'ordre traditionnel est conçu comme émergence intérieure, cependant au nom d'une théorie externe, celle du droit naturel immuable lié à la constitution physiologique et mentale de l'espèce humaine.

Une troisième espèce d'anciens réside dans un mélange de droit naturel voulu par un Dieu créateur des capacités humaines et de société auto-construite sur la totalisation (en forme de collection) de tous les hommes ; société qui se constitue ainsi sur une base sacrée légitimant le respect dû à chaque individu ou personne considéré comme égal dans l'esprit divin.

Quel que soit le fondement ou la rationalisation de l'ordre des anciens, il n'en reste pas moins que les sociétés qui s'en réclament sont plus figées, moins ouvertes aux changements, moins poreuses à leurs frontières. L'ordre est stable, pesant, hiérarchisé, non critiquable. Mais cela n'a pas que des inconvénients car le lien social immuable rassure face aux imprévisibles conséquences des évolutions et procure à tous les hommes un rôle et un statut officiels, fussent-ils en bas de l'échelle sociale.

Le lien social chez les modernes

Un avertissement est nécessaire, car la pseudo modernité est née dans le monde occidental chrétien, hors orthodoxie laquelle est restée figée sur la contemplation au lieu de l'action comme mode d'accès au paradis. Cela ne veut pas dire que les sociétés musulmanes ou bouddhistes ou confucianistes actuelles (je parle de leur culture profonde et ancestrale même si, comme en Chine, une autre idéologie l'a simultanément introjectée et catapultée dans un marxisme quelque peu réinterprété) ne sont pas dans la modernité. Cela signifie seulement que la modernité occidentale y est spécifiquement connotée et expliquée puisque l'on y accepte les atouts et moyens d'action modernes tout en les insérant dans la tradition. Par exemple, cette dernière demeure le plus souvent à des années lumière de l'individualisme occidental et des droits de l'hommisme, si je puis dire. Au contraire la modernité totalitaire libérale occidentale repose sur un individualisme de plus en plus forcené. Nous le verrons beaucoup plus en détail dans le chapitre suivant. Ici nous nous concentrons sur la nature du lien social dans la modernité en comparaison de celui des « anciens ».

Chez les anciens, que cela soit au nom de Dieu et de ses représentants officiels sur terre (le Pape et l'Empereur chez les chrétiens ; le pouvoir spirituel et temporel) ou de la tradition de la communauté et de son esprit (Volkgeist, Kultur chez les allemands), la collectivité conserve une primauté sur les individus qui la composent et l'habitent. De plus, l'ordre social est hiérarchique et la cohésion sociale est assurée par la soumission à cet ordre considéré comme providentiel. Soit parce qu'il est naturel, soit parce qu'il est transcendant. Les liens sociaux ne sauraient être remis en question car ils sont fondés sur l'autorité de Dieu ou de la tradition et car le pouvoir politique est organisé pour les faire respecter. De façon générale, chez les anciens, les liens sociaux reposent sur des valeurs et des finalités communes. Le temps est cyclique. L'espace est réservé aux membres de la communauté. La notion de progrès n'existe pas, car l'ordre de la nature est parfait.

Hélas pour les conservateurs et les réactionnaires, la chrétienté au fil des siècles a conduit à faire sauter les fondements de ces liens sociaux. L'égale dignité de chaque homme aux yeux de Dieu a fini par installer la prévalence de la personne, qui à l'origine n'était qu'un masque symbolisant le rôle social dans la hiérarchie, sur celle de la communauté. A tout le moins, l'ordre communautaire ne devenait légitime que s'il respectait les droits individuels de chaque homme. Au XVIème siècle le protestantisme en rajoutait une énorme louche en établissant que chacun, sans le secours des autorités religieuses consacrées, était libre d'interpréter les textes sacrés. Un premier élément de la modernité a ainsi fini par s'imposer malgré l'épisode tragique des guerres de religion. Cet élément est celui de la suprématie de la personne, laquelle dégénérera peu à peu en primauté de l'individualité. Car la personne avait un double aspect. Elle était à la fois individualité, subjectivité, et appartenance sociale à la communauté suivant la volonté de Dieu. Le deuxième volet sautera peu à peu car la communauté deviendra société, c'est-à-dire pure collection de personnes-individus atomisées dans le concert social. Alors les liens sociaux résulteront de la convergence des intérêts. Un autre élément issu du judéo-christianisme est qu'il y a un salut dans le futur et que le temps continu et linéaire, historique, offre la possibilité de l'amélioration des hommes pour y parvenir. Cela a été repris par la modernité des Lumières sous forme de progrès incessant des connaissances et techniques et de perfectibilité des hommes guidés par la raison et par l'éducation.

A l'individualité, s'ajoute que le salut éternel doit s'acquérir dans la présence en ce bas monde, doit s'y mériter. Là s'ouvre un embranchement. Chez les catholiques, la théorie de la grâce divine, que St Augustin avait essayé de restaurer, a été évacuée au profit de l'action méritoire ou de la contemplation. Chacun est égal devant Dieu en ce bas monde. Ce n'est qu'au paradis que Dieu opérera le tri et hiérarchisera les élus et les exclus en évaluant les œuvres terrestres de la personne considérée ainsi comme libre et responsable de son accès au royaume des cieux. Chez les protestants d'obédience calviniste – je signifie par là non seulement l'église protestante mais aussi les innombrables sectes qui gravitent autour au nom de la liberté d'interprétation des écritures – il y a prédestination. C'est-à-dire que Dieu aurait choisi les élus dès leur naissance. A ce moment là, l'action, laquelle éradique la contemplation totalement, ne cherche qu'à rassurer le chrétien. Comme l'a analysé Max Weber, le fidèle cherche à réussir en ce bas monde grâce à une vie austère et active et voit dans sa réussite le signe de son élection. Celui qui ne réussit pas est en quelque sorte inférieur par nature car Dieu l'aurait voulu ainsi. Réfléchissons quelques minutes au caractère monstrueux d'une telle conception. Les hommes sont inégaux à la fois sur terre et dans le ciel et cela à la naissance ! C'est cette théorie qui fera de la sphère protestante à la fois le terreau d'une liberté de conscience individuelle sans limite et le réceptacle privilégié, prédisposé, bien plus que le catholicisme, de toutes les justifications de l'inégalité et l'espace qui favorisera le racisme. Il n'y a qu'à regarder les USA qui, horresco referens, veulent de surcroît être le modèle moral du monde ! Dans les deux cas, cependant, catholicisme et protestantisme instaurent une morale de la liberté et de la responsabilité, cette dernière étant corrélative de la liberté. Au passage, signalons que les pays protestants violent la neutralité de l'Etat vis-à-vis des confessions religieuses. Pas les catholiques. En effet, dans ces derniers, il a fallu arracher la séparation de l'église et de l'Etat, ce qui a produit la laïcité à la française tout en maintenant des valeurs communes.

Nous voilà devant un deuxième embranchement décisif pour la conception du lien social de la modernité. Au nom de la liberté, de la raison et de la responsabilité individuelles s'établira une morale philosophique et laïque dont les pères sont les philosophes des Lumières. Leur conception du monde, à mon avis, culmine avec Rousseau et Kant. La référence religieuse ayant été reléguée dans la foi et la conscience individuelles et n'ayant plus à procurer des justifications pour l'ordre social, la laïcité rationnelle doit cependant fournir des explications pour le consensus que la nouvelle liberté individuelle ne cesse de pouvoir saper. Le rationalisme de la modernité naissante se trouve devant la nécessité de remplacer Dieu et la tradition au moins pour les choses terrestres. Liberté absolue et ordre social pérenne sont antinomiques. Face à la suprématie de la liberté individuelle se pose la question de savoir à nouveaux frais ce qui fonde la société. La réponse est le contrat, c'est-à-dire un raisonnement hypothétique que chacun peut forger (dans la philosophie des Lumières les hommes sont égaux en volonté, en rationalité et en désirs) et qui le conduit à entrer en société. Dans cette conception, la sociabilité n'est plus la donnée première du lien social. Il n'y a plus d'affectio societatis naturelle chère à Aristote. Ce qui est à la base, c'est une anthropologie rationaliste. Et c'est dans le contenu rationnel de la nature humaine présupposé et éternisé par les philosophes de l'époque que se trouve notre bifurcation. Soit nous avons un homme de désir, égoïste et rationnel qui rencontre les autres comme obstacles à sa liberté, soit nous avons un homme soucieux de l'égale dignité des autres et qui a besoin, non seulement de leur consensus passif, mais encore de leur coopération dans l'action commune. La première branche de l'alternative réside chez Hobbes chez lequel le lien social s'origine dans la peur de perdre la vie (et celle des siens et de sa propriété), peur remplacée par la crainte du souverain absolu, car chacun se dit, je suis seul, je ne puis me défendre totalement et en permanence. Dois-je remettre ma protection à un autre ? Qui me garantit qu'il respectera ses engagements et ma confiance ? Seul un tiers indépendant des acteurs peut assurer paix et sécurité. Ce tiers doit disposer de la force comme puissance supérieure à celle de chacune des parties. Ce tiers souverain absolu, muni du monopole de la violence légitime, c'est l'Etat. Dans le même moment, se trouvent constituées la société civile pacifiée et la puissance politique de cohésion. La crainte remplace ainsi la peur de l'état de nature, parce que chacun se dit que s'il avait à transiger pour assurer sa vie, sa propriété et leur sécurité, il ne passerait contrat qu'avec une puissance tutélaire extérieure et supérieure aux acteurs sociaux. Cette conception, où la nature humaine est à la fois égoïste, individualiste, rationalisatrice, repose sur une liberté conçue comme absence d'obstacles, le rôle de l'Etat étant de garantir les possibilités individuelles. Dans le même mouvement s'originent le célèbre individualisme méthodologique, les absolus de la liberté « négative » (celle de l'absence d'obstacles analysée par Isaiah Berlin) et de la propriété, la société civile contractuelle comme collection d'individus et l'Etat minimum comme policier. A cette conception absolutiste, LOCKE substituera le primat à respecter des intérêts contractuels des individus et fondera l'empirisme utilitariste.

Une deuxième position est issue de Rousseau et de Kant. Elle demeure rationalisante et individualiste. Elle repose aussi sur le contrat. Mais il ne s'agit pas d'un raisonnement hypothétique de défense contre la peur et l'égoïsme. Le raisonnement est actif, dynamique, ouvert, non pas passif et défensif. L'autre est vu comme un autre soi-même capable de faire taire ses passions au nom d'une raison universaliste. Chacun est libre et responsable, mais il se pose la question éthique, quoique individuelle et rationnelle, de l'universalisation potentielle de son action dans la relation aux autres. D'où l'impératif catégorique de Kant et son corollaire : l'autre est toujours une fin et jamais un moyen. On ne peut faire quelque chose qui, si les autres le faisaient, ne serait pas accepté par soi-même et ne serait donc pas généralisable. On respecte donc l'autre comme identique à soi et on le considère comme sujet actif et coopératif de relation avec soi. La liberté est altérité mais dans la mêmeté. Elle est coopération et solidarité et non absence d'obstacles. Cependant, le lien social demeure contractuel à partir de l'individualisme méthodologique qui constitue la société comme résultante des individus. Cette conception universaliste et laïque fonde le lien socio-politique en France depuis 1789. La première position est typiquement anglo-saxonne. Dans les deux cas, la société civile est une agglomération d'individus et de groupes naturels ou corporatifs et l'Etat une puissance tutélaire de régulation et de cohésion sociales. Chez les allemands nous trouvons historiquement une troisième conception. C'est celle de la communauté de sang, de langue et de culture à laquelle on appartient par naissance. Mais l'homme y a une deuxième appartenance, à lui-même. Il doit se construire, s'instruire, s'éduquer, se former. C'est la Bildung liée à la vocation et au métier individuels (Beruf) qui procède du luthéranisme. L'individu, d'un côté, est poussé à cultiver tout seul son individualité et, de l'autre, il fait partie, sans avoir à en discuter, de la communauté. Il n'y a pas contrat, ni passivement, ni dynamiquement et volontairement. La culture s'impose à la somme des individus atomisés. L'esprit du peuple est antérieur et supérieur à chacun. Les choses collectives appartiennent à la communauté et sont imposées. Les libertés privées tournent autour de l'auto-construction personnelle. Ce mélange d'individualisme isolant et de communautarisme prégnant peut produire – et a produit – des effets tragiquement pervers. Mais dans ces trois libéralismes de la modernité, il y a progrès et perfectibilité, rationalisme, égalité au moins théorique des droits et individualisme, toutes choses que le totalitarisme reprendra à son profit.

Dans le remplacement de la transcendance, soit celle de Dieu, soit celle de la nature conduisant à la tradition et dans la foulée de cette dernière, se sont donc installés dans le monde occidental trois modèles majeurs du lien entre les hommes, entre eux et avec la société. Ces trois modèles ont en commun l'individualisme : Mais le modèle anglo-saxon est celui de la perception de l'autre comme même et rival. Malgré les jongleries de David Hume et d'Adam Smith sur la sympathie, la base du système de lien social demeure l'égoïsme primaire de tout un chacun. La société n'est que la résultante hasardeuse des jalousies, voire des envies. L'Etat, extérieur et supérieur à la société, est nécessaire pour assurer la paix malgré les inévitables conflits de désirs et d'intérêts. Cela rappelle St Thomas d'Aquin pour lequel le pouvoir temporel était d'institution divine à cause de la nature pécheresse des hommes. Le lien social n'est que de composition aléatoire et émergente à partir du concert des acteurs dans la société civile des intérêts et est imposé par l'Etat gendarme. On retrouve là l'essentiel des conceptions socio-politiques de Hegel, sauf que ce dernier verra dans l'Etat la force principale de rationalisation bureaucratique du monde. La deuxième conception, la française, est celle d'individus rationnels, libres et dont la volonté et la conscience poussent à passer contrat (fictif, théorique) avec la société tout entière au nom du bien commun et de l'intérêt général. Une fois constituée la société civile devient République fondée sur des universels : liberté, égalité, fraternité et primat de l'intérêt général détenu par les représentants politiques. La citoyenneté est liée au droit du sol à la naissance ou peut s'acquérir par acte de volonté et de raison. C'est ce que Ernest RENAN, avant partisan de la position allemande, énoncera après la défaite de 1870 afin de prouver que l'Alsace Lorraine était française par libre adhésion raisonnable et non par solidarité mécanique de sang. Enfin, chez les allemands nous avons un lien social d'individualités cimenté par la suprématie de la totalité communautaire issue de la tradition germanique. Disons tout de suite que dans le monde actuel la conception anglo-saxonne est en train de l'emporter, même en France.

Pour nous résumer, comme le problème du lien social repose sur la relation à l'autre, il faut considérer qu'il y a quatre modèles de rapports sociaux :

*l'autre est un même. C'est ce qui prédomine dans la culture anglo-saxonne. Mais, comme il tombe sous le sens qu'il y a des différents, se présente une bifurcation entre ceux qui voient les différents comme égaux mais juxtaposés, au nom du relativisme généralisé des cultures (position démocrate et multi-culturaliste) et ceux qui les perçoivent comme différents et inférieurs (conception républicaine et fascistoïde des USA). Le relativisme conduit cependant soit à l'indifférence, soit au mépris car l'action positive en faveur des minorités défavorisées ne peut être perçues par ces dernières que comme un outrage au mérite, quelle que soit la couleur de la peau ou l'appartenance ethnique ou la différence socio-culturelle. Mais le capitalisme actuel rejette les différents.

*l'autre est un même s'il est de la même soi-disant race ou culture ou communauté ou classe sociale. C'est le modèle de l'exclusion, voire pis, des autres. C'est la tendance secrète du communautarisme (à différencier du multi-culturalisme, qui, lui, fonctionne dans l'acceptation de toute culture au nom du relativisme généralisé). C'est aussi la solution totalitaire.

*l'autre est un différent, mais égal au nom du relativisme de toutes les cultures, ainsi que c'est énoncé supra par le multi-culturalisme. Pour faire co-exister des cultures différentes n'ayant pas le même rapport au bien collectif et au bon individuel, alors on se contentera d'une procédure démocratique permettant l'expression équilibrée de tous les intérêts et valeurs, ce qui conduit soit à l'impuissance politique, soit aux compromis vasouillards sous forme de plus petit dénominateur commun, en dehors des droits supérieurs de la collectivité globale. C'est l'aspect le plus négatif du juridisme américain en tant que libéralisme politique.

*l'autre est différent, mais égal en dignité par triple appartenance à la fois à la communauté nationale, à l'humanité et à un groupe social d'enracinement particulier. Dans ces trois espaces d'existence, il est égal non pas malgré qu'il soit différent, mais parce qu'il l'est, ce qui lui permet d'apporter une pierre originale à la formation et à la continuation de la grande société. Ce qui lui permet d'être solidaire dans l'interdépendance de composition liée à la réciprocité des liens sociaux. Car il participe à la fois de l'unité pluraliste de la société et de la singularité reconnue de sa position spécifique et cependant utile à tous. En effet la lumière jaillit de la confrontation argumentée et de la distanciation vis-à-vis des positions particulières. C'est une solution solidariste, dont le républicanisme se rapproche, sauf qu'il peut ressembler au communautarisme d'exclusion car il ne contient pas forcément l'idéal régulateur des droits de l'homme et des groupes sociaux, naturels ou professionnels.

B) LES ORIGINES COMMUNES DU LIBERALISME ET DU TOTALITARISME

Le lecteur diligent aura sans doute perçu que, au moins au début, la modernité et le libéralisme ont partie liée. Mais il s'agissait d'un libéralisme de libération contre l'emprise du sacré et de la religion y afférente et contre la monarchie absolutiste. Cela n'évacue pas les correspondances et congruences avec la naissance du « doux commerce » cher à Montesquieu. Mais pour accepter le développement du commerce il fallait encore que régnât un ordre politique assurant sa légitimité et sa possibilité (routes, poste, police, sécurité, diminution de la condamnation de l'argent et du travail). Commerce et libertés ont partie liée dans une configuration des rapports sociaux conduisant à la pacification et à l'intériorisation de mœurs moins violentes et guerrières. Alors que pour le moment je n'ai examiné que le problème fondamental du lien social, bien d'autres dimensions ou registres se sont coalisés pour faire naître la modernité. Ce sont pour une part des facteurs idéels, des représentations sociales, des aspects idéologiques. Je mettrai tout cela dans les dimensions imaginaires et symboliques du social. Mais l'imaginaire ne vient pas de nulle part. Il est interprétation de l'ordre social en place et émission d'idées régulatrices pour le justifier. L'ordre social a un caractère objectif indissociable des représentations cognitives ou normatives qui l'orientent, l'expliquent et le critiquent. Le totalitarisme est un produit non prévu et pervers de la modernité. Comme cette dernière, il revêt des aspects simultanément idéologiques (au sens de système d'idées) et matériels-objectifs. C'est pourquoi le totalitarisme trouve une grande partie de ses origines dans le système d'idées libérales-modernistes et dans les conditions réelles des évolutions matérielles des sociétés accédant à la modernité. Mais le totalitarisme y ajoute des caractéristiques particulières qui le constituent non seulement comme monstruosité advenue mais aussi comme danger potentiel permanent. Il n'en reste pas moins que le totalitarisme s'inscrit aussi dans la doctrine du progrès égalisateur pour tous, mais pour tous ceux qui sont des mêmes appartenant à la communauté, et allant vers le mieux pour eux.

Nous passerons donc en revue dans les deux parties qui suivent, à savoir les origines générales du totalitarisme et ses caractéristiques particulières, les aspects idéologiques-représentationnels-symboliques des choses et les aspects objectifs-matériels des conditions d'émergence à la fois du libéralisme et du totalitarisme. N'oublions pas que les évolutions de la modernité, celles-là mêmes qui conduisent au libéralisme et au totalitarisme, sont en même temps un système d'idées et un ensemble de pratiques dans les situations dynamiques de l'émergence de ladite modernité. Nous examinerons donc les aspects et registres idéologiques, imaginaires, symboliques de la naissance simultanée du libéralisme et de la potentialité du totalitarisme. Dans un premier temps, voyons ce qui donne le sens et en conclusion les facteurs objectifs qui peuvent faciliter l'évolution des représentations dans une configuration propice aux intérêts du capital et objectivée dans des pratiques conformes à ces derniers.

1) L'ETHIQUE

Il reste à analyser plus finement, à partir des considérations précédentes sur le lien social, le contenu symbolique et représentatif de l'éthique de la modernité, laquelle est la condition commune au libéralisme et totalitarisme. Si par commodité nous différencions la morale et l'éthique nous aboutirions à des différences théoriques. Il nous faut donc auparavant en passer par quelques distinctions comparatives. La morale, c'est la révélation du collectif à l'homme, ne trouve sa justification, c'est-à-dire ses principes de légitimation, que dans des fondements principiels et universels. C'est un premier sens de l'éthique comme bases justificatrices de la morale. La morale est commune et fondée, soit sur la transcendance soit sur l'immanence. Mais un deuxième sens prétendu moderne distingue entre la morale, collective et l'éthique, individuelle. Cependant l'éthique n'est que la mise en pratique, individuelle pour la plupart, de l'arrière plan du monde vécu normativement forgé par la morale. Morale et éthique, finalement peu dissociables (du reste, c'est le même mot soit en grec soit en latin), précisent ce qui a de la valeur pour orienter les conduites sociales et humaines vers le bien, le bon et le juste. Cela dit la modernité a ouvert deux grandes voies de justifications normatives (ce qu'on devrait faire en fonction de la valeur sociale ou personnelle que cela aurait).

L'éthique anglo-saxonne comme modèle prévalent

La relation à autrui, comme déjà vu, considère généralement l'autre comme identique à soi et comme alors tout le monde a les mêmes désirs les autres ne peuvent être que des obstacles. C'est pourquoi cette théorie morale établit la liberté comme absence d'opposition. Chacun est perçu comme égoïste au point que Mandeville écrira que les vertus publiques proviennent des vices privés (égoïsme, jalousie, vanité). A. Smith sera épouvanté par cela et écrira en réponse un énorme traité, à savoir sa théorie des sentiments moraux, dont la lecture aujourd'hui frappe par son indigence. En fait Smith, fondateur aussi de l'économie avec son essai sur « la richesse des nations », n'arrive qu'à camoufler la thèse de Mandeville. Pour Smith la sympathie provient d'une interaction ou celui qui imite l'autre reçoit la reconnaissance de ce dernier car l'imitateur affiche lui-même qu'il pense que les valeurs de l'imité sont à copier. L'imitateur les prend donc comme dignes d'admiration et se range à elles. Smith n'arrivera pas à sortir de ce cercle vicieux mimétique où la sympathie se réduit à l'imitation de ceux qui sont bien placés dans le concert social. Richesse, orgueil, ostentation etc..., qui sont des vices, se transforment en vertus au sens de Mandeville. Smith n'aperçoit pas que l'imitation produit un triple effet négatif. Elle origine la guerre quand les biens sont rares et désirés par tous. Si Pierre et moi aimons Aglaé, ce but ne peut pas être commun précisément parce qu'il est identique. Il divise et oppose par construction. Ensuite, elle génère la jalousie car chacun veut avoir ce que les autres ont. Cela est un moindre mal, corrigé par l'adhésion aux écritures chrétiennes sur ce vilain défaut. Stipulons déjà ici que ce libéralisme là est en contradiction flagrante avec la doctrine chrétienne. Il fait de la jalousie le moteur des conduites économiques, voire sociales ! Enfin, elle peut aussi susciter l'envie, au sens du XVIIIème siècle, comme sentiment destructeur consistant à vouloir que les autres n'aient pas ce dont on ne dispose pas. Cette morale ouvre une bifurcation de la modernité. La branche libérale a la jalousie comme moteur, la branche communiste-collectiviste relève de l'envie. Les deux fonctionnent à partir des progrès vers l'égalité. Dans le libéralisme anglo-saxon, cela se fait par la liberté ; dans le communautarisme totalitaire par l'Etat. Mais l'altérité vue comme identité d'ego et d'alter conduit soit à absorber l'autre, à l'intégrer, qu'il le veuille ou non, soit à l'exclure s'il apparaît trop clair qu'il n'est pas identique. Cela crée une prédisposition au racisme. Elle véhicule un relent fort d'universalisme à répandre au besoin par la force. Finalement, elle nie l'autre et n'accepte pas la différence. La rigueur recommande de préciser que cette conception de l'altérité a fait le tour du monde occidental y compris en URSS où la mêmeté a transformé les hommes en fourmis, seule la reine Staline étant différente. Cela est rendu aussi possible par le caractère très individualiste, voire matérialiste de cette morale. Cela est renforcé par le caractère procédural de la justice soumise aux seuls résultats, soit attendus, soit comme conséquences.

Sur la relation à la propriété des ressources, il est manifeste que l'éthique anglo-saxonne minore toute conception de l'égalité. Chacun est supposé concourir dans le cadre de l'égalité des chances. Le résultat étant l'inégalité, il faut en déduire que l'identité entre les hommes n'est que théoriquement postulée, comme leur égale dignité. Cela n'est que le plus saisissant. Ce qui frappe c'est que la course à la propriété, à la satisfaction matérielle est placée sous le signe de l'utilité individuelle et fait l'objet d'un calcul des conséquences possibles en terme de maximisation des effets attendus. Non seulement la fin justifie les moyens, mais encore on anticipe l'efficacité différentielle des moyens eux mêmes. On ne fixe que stratégiquement les fins. Le raisonnement stratégique finit par remplacer le débat sur les finalités de l'existence. Le bien commun n'est jamais vu que comme la résultante des actes des propriétaires. Il n'est jamais présenté comme but souhaitable a priori ou après mise en débat. Cela recevra des développements, que nous verrons ensuite dans les pratiques du libéralisme actuel, qui sont d'ores et déjà contenus dans les postulats sous-jacents des normes de vie en commun de l'éthique anglo-saxonne. A tout le moins, l'égalité est supplantée par la responsabilité individuelle et les facteurs systémiques et sociaux des inégalités sont méprisés au profit d'un atomisme individualiste de la poursuite des intérêts personnels.

L'éthique solidariste

La devise anglo-saxonne pourrait être individualité, propriété, utilité. On est loin de liberté, égalité, fraternité. La devise républicaine est restée, hélas, au milieu du gué et a commencé de disparaître de la circulation. Elle reviendra grâce à tous ceux qui se mobilisent et s'organisent contre la mondialisation financière sur notre globe commun. Pourvu qu'on se représente le progrès comme jamais acquis, comme action commune et comme volonté de mieux pour tous !

Sur la relation à autrui, la France républicaine est restée et demeure trop prisonnière de l'altérité comme identité. D'où son intégrationnisme des immigrants depuis toujours. D'où son colonialisme et ses relents d'antisémitisme et de racisme, cependant ô combien inférieurs à ceux des USA ! Ce n'est que depuis une cinquantaine d'année que l'altérité comme rapport à la différence se fait jour dans le monde vécu sous la pression, que l'on verra ultérieurement, de la différenciation croissante de la division sociale du travail. Mais là encore, se présente une alternative. La différence de l'autre peut encore être conçue comme droit égal à l'existence. Mais les existences sont séparées, juxtaposées. Cela signifie, au fond, que toutes les cultures, « races », religions, conceptions, étant admises (ce qui fut le système français mais uniquement dans la sphère privée ou associative), tout étant égal, tout se vaut de la même façon. On sombre ainsi dans un relativisme indifférencié où les valeurs et leurs justifications normatives son aplaties et indiscernables. Puisque tout est différent, tout se vaut. Il n'y a plus de jugements de valeur collectifs. La morale en tant que collective et commune fait place à une éthique purement individuelle. Je crains fort que dans ce contexte la victoire appartienne aux moins scrupuleux et aux mieux armés pour la bataille de l'égoïsme même sympathique. C'est ce droit à la différence qui permet aussi de dire, à la mode du néofascisme actuel, chacun chez soi, not in my back yard. Mais il n'y a pas que les fascistes qui tiennent ce raisonnement différentialiste. Les communautaristes s'en réclament aussi. Or, si le libéralisme est un individualisme dans lequel la société n'est que la fusion des atomes-individus dans une masse indifférenciée, précisément appelée société, le communautarisme mal conçu risque d'agglomérer des groupes simplement juxtaposés, ce qui ferait de la société non pas une collection d'atomes, mais alors un agrégat de molécules. Cependant, les communautarismes voient la différence comme égale dignité et vie pacifique ensemble dans un lieu commun où la tolérance permet d'unifier tous les groupes. Mais les fascistes d'aujourd'hui voient la différence comme séparation, clôture, exclusion parce que l'idée d'égale dignité y disparaît. On peut penser qu'avec le communautarisme, apparaissent les prémices d'une conception de l'altérité non seulement comme égale dignité dans la différence, mais encore comme solidarité et réciprocité. Ce qui suppose que le lien social ne soit pas seulement forgé par des principes généraux, abstraits et restant théoriques et formels, mais soit pratiqué dans la réalité des échanges sociaux comme coopération volontaire vers l'atteinte d'un but commun. J'ai le regret de dire aux socialistes actuels, tous férus intellectuellement de marxisme et pratiquant le libéralisme d'aujourd'hui, que cela avait été énoncé dès 1858. Cette altérité là avait un nom. Cela s'appelait la « justice », ce qui signifiait morale de la réciprocité dans l'égalité et la dignité sociales et échange mutuel coopératif dans la sphère économique et sociale.

Si je précise le contenu de cette impasse historique, mais que les opposants au tout mondialisé sont déjà en train de percer, c'est que les pratiques actuelles et les justifications intellectuelles du libéralisme, vont dans le sens de l'atomisation et de l'individualisme darwinien de l'adaptation des plus aptes à la guerre économique. Ce darwinisme résulte de ce que chacun devenu en plus hédoniste et cherchant le bonheur en ce bas monde se bat avec les autres pour sa satisfaction individuelle. Mais il est toujours hypocritement justifié par la contribution involontaire de chacun au bonheur du plus grand nombre. On voit déjà que si le libéralisme économique se veut amoral et scientifique, le libéralisme social, lui, est moral. Mais sa moralité est totalement opposée au christianisme, car il repose sur les intérêts et sur le matérialisme égoïste.

Dans le rapport aux biens, que la tradition républicaine authentique approche d'assez près, il y a un certain nombre de biens, ceux-là mêmes qui sont indispensables à la vie de chacun et à l'exercice des libertés en pratique réelle, qui sont l'objet de l'intérêt général. Le bien commun ne peut être laissé aux appétits individuels et livrés à la compétition hasardeuse d'un marché. Certains même relèvent de la morale qui les considèrent comme partie de la dignité humaine et du respect dû à chacun (exemple, on ne peut vendre sa vie comme esclave ; le contrat de travail n'est pas un contrat marchand ; l'éducation est due à chacun, de même qu'un revenu minimum d'existence). Déjà, le bien commun ne saurait être seulement la résultante des actions individuelles. Ensuite le bien commun ne saurait laisser des exclus sur le bas-côté de la bonne vie. Cette dernière est à la fois globale et individuelle. Dans ce rapport aux biens les aspects matériels et économiques ne sont que seconds. Le rapport aux personnes et aux choses, la prospérité et la richesse ne commandent pas ce qui est dû au respect des personnes et à la justice entre elles. La justice est supérieure à ce qui est bon et ce qui est bien dans la vie morale ne saurait être coupé de ce qui est juste, la morale ne pouvant se satisfaire d'un traitement trop inégal entre les hommes. La production dans ses formes et modalités, dans son organisation, dans la mise en œuvre des techniques, n'accepte pas des solutions qui vont à l'encontre de la dignité et séparent les hommes en deux catégories : les intellectuels et les manœuvres. La répartition du produit doit obéir à des critères de justice. L'efficacité ne s'obtient pas seulement par la coordination de tâches auparavant séparées par la division du travail, mais par la coopération volontaire de tous les participants à l'œuvre collective. Cette œuvre n'est pas une somme de résultats individuels, mais une plus-value sociale, une force collective issue de la cohésion, de la coordination, des moyens, des savoirs et des hommes, d'une part, et de la coopération entre eux, d'autre part. Or, la coopération n'est pas un rapport aux choses et aux techniques. C'est une relation sociale et une volonté individuelle. La force (par exemple le travail prescrit, les consignes, les contremaîtres et les contrôles) peut n'obtenir qu'une soumission passive et peu productive. L'implication active dans le travail suppose reconnaissance du travail individuel, œuvre collective et répartition juste des fruits du travail du travailleur collectif diversifié qu'est l'atelier ou l'usine... La solidarité existe déjà dans la production comme coordination des travaux et coopération des hommes. Elle continue dans la sphère de la distribution comme échange mutuel, équivalent, sous le beau nom de mutualité. Et elle réintègre dans la justice sociale, in fine, tous ceux que les aléas ont laissé au bord du chemin. La justice y est supérieure au bien et elle dépend de valeurs a priori et non d'un résultat constaté à l'issue d'une procédure. La signification de cela, reprise aujourd'hui par le mouvement appelé tiers secteur social, est simple. « La matérielle », l'économie, l'accroissement de la taille du gâteau permettant le grossissement de la part de chacun (mythe de la résolution des problèmes sociaux par la croissance) ne suffisent pas à la bonne vie et au bonheur, ni individuels, ni collectifs. Le bien commun n'est pas la maximisation et l'optimisation des conduites individuelles. Les liens personnels, placés sous la balance de la justice dans les rapports sociaux, sont supérieurs aux relations économiques et aux rapports avec les choses, loin des liens économiques impersonnels où le bien devient simple utilité.

2) LA POLITIQUE

La modernité, libérale à l'origine, considère la société comme une collection d'individus libres, autonomes et responsables, qui forme une totalité résultante, laquelle a besoin pour se maintenir dans la stabilité et l'ordre sociaux d'une régulation d'ensemble. Des objectifs communs et des lois de cadrage sont indispensables pour orienter la collectivité et définir ce qui est permis. La puissance collective chargée de cette fonction, c'est l'Etat qui se trouve muni de l'exercice de la souveraineté, c'est-à-dire de la force nécessaire à la définition des buts communs et des lois régulatrices. Mais la souveraineté trouve son origine dans le peuple ou la nation. Chez Locke et chez les partisans du suffrage censitaire, seuls les propriétaires sont le peuple, puisque seuls ils peuvent désigner des représentants. Car le problème politique fondamental est celui de la figuration du peuple comme corps social souverain et de la désignation de ceux qui exerceront le pouvoir souverain au nom dudit peuple.[1] Au passage, mentionnons que les députés et autres représentants, de même que les gouvernants, n'ont que la détention momentanée et provisoire de l'exercice du pouvoir d'Etat. L'Etat, dans cette conception, est la forme symbolique qui signifie que la souveraineté n'appartient à personne et que, au contraire de la féodalité et de la monarchie, les liens entre citoyens, entre eux et aux détenteurs du pouvoir politique, ne sont pas des liens personnels. En France, plus qu'ailleurs, nos gouvernants se présentent comme étant l'Etat. Insistons sur l'idée et le fait qu'ils ne le sont pas. C'est un dérapage incontrôlé par rapport aux positions libérales. Sur le plan pratique, la représentation se réduit à une procédure de légalisation par le suffrage électoral et sous le contrôle de l'opinion statistique des masses atomisées.

La société, depuis que Dieu a été évacué du registre politique et que la tête du corps social (le Roi) a été parfois coupée ou transformée le plus souvent en symbole d'unité,

---

[1] Les propriétaires, car ils ont les moyens d'être libres et responsables !

a cherché a être représentée comme union et entité unique. Difficile problème. La solution de libéralisme pur, de type plutôt anglo-saxon, est celle de l'unité comme collection de citoyens identiques quant à leurs droits théoriques de participation aux choses politiques par le biais de l'élection de représentants. Dans le jargon juridique on appelle cela des droits-participation, qui sont les mêmes pour tous après la disparition du CENS et de l'exclusion des femmes. L'Etat, ainsi constitué comme régime ou pouvoir politique, n'est qu'un veilleur de nuit, un gardien de l'ordre, un vigile des choses communes comme la monnaie... Il est réduit à quelques pouvoirs essentiels à la cohésion sociale : justice, armée, police. Pour le reste, il surveille et délègue. Son rôle est d'assurer les règles du jeu permettant à la liberté individuelle de rencontrer le moins d'obstacles possibles et au concert social dans la société civile d'aboutir au plus grand bien commun. Cet Etat minimal produit le moins de lois possible et observera et respectera le bon fonctionnement des sphères privées et de la sphère civile économico-sociale. De rares lois n'ont pour but que de donner des règles du jeu social pour empêcher que la compétition entre individus ne détruise la société ou qu'un acteur social ne la monopolise au détriment des libertés. Ces lois interdisent par exemple les ententes, cartels et trusts qui phagocytent la concurrence pure et parfaite chère aux économistes. Mais qui garantit que les gouvernants et représentants respecteront le pacte politico-social ? Déjà, le libéralisme prône la séparation des pouvoirs exécutif, législatif et judiciaire. Ensuite, après de longues luttes, liberté de la presse et de l'information, liberté d'association, de réunion et de syndicalisation ont permis aux acteurs sociaux d'être entendus dans l'expression de leurs intérêts et opinions ; les choses publiques et les utilités privées peuvent être mises en débat. Enfin des pouvoirs de contrôle indépendants des détenteurs provisoires de l'exercice du pouvoir d'Etat ont été mis en place. Il fallait que soit figurés à la fois l'action collective et les besoins et intérêts du corps social, l'opinion en ses différentes manifestations devenant la figuration des idées du corps social. Le tout est placé sous la houlette de droits imprescriptibles de chaque personne que l'on appelle droits-libertés (liberté, propriété, existence), sachant que la conception actuelle des droits de l'homme, qui inclut l'éducation et le travail chez certains, n'en est pas loin. C'est tout ce système de citoyenneté et de pouvoir politique qui donne la démocratie pluraliste inaugurée avec la modernité. Démocratie proche de celle d'Athènes, sauf que cette dernière était plus directe et fermée aux femmes et aux métèques. Il n'empêche ; le libéralisme inaugure la société civile comme simple convergence des intérêts individuels et non comme communauté de valeurs. La souveraineté n'y est pas d'unicité car il y a figuration de la diversité du peuple. Mais la loi égale pour tous y est inférieure à la coutume, à la tradition, au contrat et à la jurisprudence. Ce qui fait des juges et des avocats les éléments majeurs de la société. Les droits de l'homme y sont considérés comme strictement individuels et les droits des groupes sociaux n'y sont reconnus que comme liés à des groupes de pression porteurs de leurs intérêts. Le bien commun n'est que résultat postulé comme bon et le juste se résume aux compromis entre intérêts.

Cette construction demeure fragile. Elle facilite le travail des révolutionnaires et opposants qui peuvent y agir et s'y exprimer et elle est théorique. Dans la réalité le citoyen Marcel Dassault, avec son capital social, culturel et économique, symbolisé par ses visites aux électeurs gratifiés de billets de 500 francs, n'a pas la même valeur ou le même poids que les membres de l'ordre des éboueurs. Dans la réalité, les puissances financières peuvent tenir la presse et les médias et influencer les gouvernants et représentants. Dans la pratique, nombre de personnes exclues n'ont pas la capacité de faire valoir leur position... Dans cette brèche entre la théorie et la réalité, le socialisme du XIXème s'est engouffré. Dans cette béance s'origine la distinction entre les droits théoriques de la démocratie formelle (Marx) ou entre liberté négative et liberté positive (I. Berlin) et s'est trouvé posé le problème social (la question sociale) qui a conduit à ce qu'on appelle l'Etat-Providence, fournisseur de transformation des droits abstraits de liberté et de participation en droits réels et donc en capacités effectives. Se présente alors et toujours une nouvelle bifurcation entre la démocratie libérale des droits généraux et idéaux et la démocratie sociale des capacités réelles d'action et de pression. Cette bifurcation rencontre un autre embranchement, qui coïncide un peu et sans s'y superposer avec la bifurcation. Cet embranchement oppose la démocratie fondée sur l'expression des intérêts et qui organise le suffrage et la représentation en fonction de ladite expression (modèle anglo-saxon) et la démocratie du primat de l'intérêt général. Celui-là est posé comme différent de la somme des intérêts privés et de leur combinaison négociée entre acteurs sociaux et est défini à partir de la totalité sociale considérée comme système différent des éléments qui la composent, supérieur et antérieur aux intérêts particuliers. Cette solution là n'est plus du pur libéralisme, quoique demeurant libérale et démocratique. C'est la solution républicaine qui considère la société comme communauté globale de valeurs et de buts, qui préexistent aux individus et sont institués au cours de l'histoire, communauté antérieure aux individus, communauté existant comme entité symbolique à préserver. Pour cela, il faut un système de représentation et d'action politique qui émerge au dessus des parties prenantes et qui signifie le long terme, le global, le général. Il faut un système politique qui représente aussi directement le corps social comme communauté et pas seulement la société comme résultante des conflits à court terme entre acteurs. L'intérêt général et permanent ne saurait être réduit à des modalités transactionnelles entre intérêts. Il y a une tension dynamique à conserver entre la diversité et la conflictualité des intérêts particuliers, d'un côté, et la permanence, l'universalité et la totalité de la communauté, de l'autre. Le marché et la conflictualité politique ne fonctionnent que dans le court terme. Or, la communauté ne peut persévérer dans son être que par anticipation de son avenir à long terme. Ce qui suppose une figuration du bien commun à long terme et ne saurait se suffire d'une émergence au coup par coup. Cependant la solution républicaine demeure plus facilitatrice d'un nationalisme communautaire, de l'emprise d'un pouvoir central fort, en lui-même plein de dangers, et d'une forte diminution du pluralisme. Quoiqu'il en soit la modernité de la démocratie fait distinguer encore entre une approche anglo-saxonne où la liberté est négative (absence d'obstacles maximale à la réalisation des intérêts et désirs des individus) et où la représentation est procédurale et se fait à partir des intérêts particuliers et un modèle plus européen des libertés positives (capacités réelles d'action) et de primat de l'intérêt général de la communauté politique comme suprématie de ses principes constitutifs. Dans les deux cas de figure, le pouvoir est conçu comme domination sur la société, devenue légitime grâce au processus démocratique. La légitimité résulte du contrat théorique entre chaque citoyen et la collectivité (que ce soit une société d'intérêts ou une communauté de buts et de valeurs). Elle est confirmée par le consensus social et politique, dont on sait qu'il peut être passif d'adhésion ou actif et dynamique de coopération. Seuls les anarchistes ont, dans la modernité, tenu la thèse du pouvoir comme force d'action réelle, comme liberté d'action effective de chaque être vivant ou de chaque entité collective réelle (groupe, commune, nation...). La position anarchiste est proche de celle des droits réels et de la liberté positive. En outre le républicanisme méprise les droits individuels, qui peuvent être lésés par la loi comme expression de l'intérêt général dont les représentants politiques sont les dépositaires au nom d'une souveraineté absolue, d'unicité de la communauté (unité dans l'identité et non dans la multiplicité), indivisible et inaliénable. De même les droits des groupements internes à la communauté nationale n'y sont reconnus que civilement et privativement et non au nom de la citoyenneté politique. La communauté globale postule un bien commun a priori décidé par les membres du pouvoir politique, qui ne courent que le risque démocratique de ne pas être réélu ensuite. Ce qui introduit de l'instabilité dans le pouvoir législatif, heureusement contrebalancée aujourd'hui par les juges constitutionnels qui ont pour fonction de rappeler le pacte social fondamental qu'est la constitution politique du pays.

Dans le libéralisme pur la configuration symbolique de l'entité politique repose sur l'unité issue de l'identité naturelle des hommes et de l'unicité de leurs droits formels.

L'unité est celle d'une masse indifférenciée du point de vue juridique et politique. Quant aux activités sociales et économiques, elles peuvent être diversifiées en tout point. Mais pour réaliser le fantasme d'unité, ce libéralisme s'appuie sur la mêmeté des hommes dans leurs caractéristiques anthropologiques et sur les droits-liberté et participation qui en découlent. Dans le libéralisme républicain, le peuple n'est pas seulement une masse. Il est quasiment un être collectif réel et pérenne doté d'un pouvoir-liberté autonome, à savoir la puissance souveraine. Comme le peuple est un en tant que totalité préexistante aux individus, son unité n'est pas de composition agglomérée des éléments individuels. C'est une unité de système qui amène à considérer le pouvoir souverain comme absolu et indivisible et qu'il importe de référer audit peuple. Ce dernier, en tant que totalité différente de ses éléments, voit redoubler les formes de symbolisation de son unité. En plus du drapeau, de l'hymne, on fera appel à l'histoire, à la langue, à la culture. Se pose alors un problème mal résolu par le républicanisme : comment passer d'une masse d'individus identiques en leurs nature et droits (c'est aussi la réalité...) à une entité communautaire, instituée, historique et réelle ? La « poésie » de Michelet ne résout pas le problème en personnifiant le peuple. La démocratie représentative et d'opinions, non plus, car l'opinion n'est guère connue comme globale. Elle ne peut être qu'une résultante statistique, comme le suffrage du reste, tout simplement parce que l'on reste dans le cadre de l'atomisme individuel. On demeure dans la construction monstrueuse d'un clivage entre, d'un côté, une collection d'individus, qui est la seule chose que l'on peut constater, et de l'autre, une entité abstraite, figurative qui n'est que reconstitution théorique. Du moins chez les politologues et pas chez les sociologues culturalistes. C'est Pourquoi Rousseau distinguera entre la volonté de tous, qui est la loi de la majorité, et la volonté générale qui est la pensée même du peuple, pensée qui ne pourrait émerger que dans les débats d'une démocratie directe. Or, eu égard à la taille des sociétés modernes, cette dernière est devenue impossible sauf pour les gourous de l'Internet. Car la volonté générale ne peut être forgée que dans la mise en discussion et l'argumentation avec la participation des citoyens. La position qui en proviendrait ne serait pas une résultante, mais une synthèse, un dépassement, une combinaison de volontés et d'expressions individuelles. Quoiqu'il en soit, dans cette fracture, a pu se glisser la terrible dialectique du zéro (chaque individu isolé) et de l'infini (la collectivité toute puissante) dont les dictateurs se prétendent représentatifs. Alors on se trouve vraiment dans une unité d'indivision. Dans le cadre du pouvoir comme domination (de la somme des individus ou de la totalité communautaire), le fédéralisme actuel en Suisse, aux USA, en Allemagne n'est qu'un fédéralisme de liens politiques entre Etats autonomes confiant un plus de pouvoir sur des affaires communes à l'Etat fédéral. Pour avoir l'institution d'un fédéralisme socio-économico-politique, il suffit de regarder l'organisation des confédérations syndicales fondée sur une double représentation des entités : les branches de métier et les territoires, du local au national, avec les unions locales, départementales, régionales. C'est une structure à la fois de représentation des parties prenantes, chacune unifiée par son objet particulier, et d'expression des intérêts respectifs de ces dernières. Pour mémoire, cette architecture est déjà ancienne dans les confédérations syndicales. Ainsi, un pouvoir politique, différent de la participation seulement civique, se dégage de façon interne à la société.

3) L'ANTHROPOLOGIE CONÇUE A LA MODERNITE

Je n'en dirai pas beaucoup, car on l'a déjà examiné beaucoup lors du chapitre sur le lien social. L'homme est un individu, spécifique comme existence concrète, mais identique aux autres au moins par les facultés fondamentales. Volonté, raison, langage sont de commune nature. Mais il y a la passion et les désirs en tant que ressorts de la volonté. Cette insécurité des choses n'empêche pas des différences accessoires, souvent liées aux circonstances, à la naissance, aux parcours, et tout à fait secondaires dans le registre politique et juridique qui ne formalise que les facultés et les droits identiques des individus. Muni de désirs et voulant persévérer dans son être, l'homme cherche à se satisfaire. Il est hédoniste et égoïste par construction. Il est aussi à la recherche du bonheur et du plaisir en ce bas monde, afin de réaliser son paradis sur terre. Il est rationnel et calculateur et n'entrera en société que s'il y a intérêt. C'est pourquoi ses préférences, ses utilités, entrent toujours dans une conception stratégique et instrumentale de son action en situation. Il anticipe les conséquences des différentes actions possibles pour choisir la plus efficace. Chacun agissant de même, la société n'est que la sommation des intérêts compatibles et négociables. Cela se dégage de façon émergente et empirique, n'est pas prévisible, n'est pas organisé. Mais, ô miracle, de cette interaction des intérêts égoïstes jaillit l'harmonie. Cette thèse relève du libéralisme pur que l'on ne trouve guère que chez les libertariens et les Chicago boys, aux USA. Cependant, elle n'est qu'amendée ou nuancée ou assouplie par les libéraux modérés. En particulier, par exemple, John Stuart Mill voudra corriger les inégalités de situation de départ en refusant de ne considérer que l'aspect inné des facultés et des droits formels et en insistant sur l'éducation. Celle-là transforme les facultés (qui ne sont qu'un potentiel par nature) en capacités réelles d'action. Elle fait passer les droits de la puissance à l'acte. Le libéralisme pur ne débouche sur l'identité formelle des droits que parce qu'il ne s'intéresse qu'aux facultés génériques de l'espèce humaine. Mill, lui, se penche sur les capacités. Les capacités peuvent être différentes pour des tas de raisons. Hypocritement, le libéralisme pur ne s'intéresse qu'aux facultés parce qu'elles facilitent un traitement rapide, uniforme, pas cher, des cas réels, dont on ne s'occupe que dans les jugements et la jurisprudence, sans disposer d'un cadre légal procurant des droits réels communs. En dernier lieu, cette réduction aux facultés (raison, volonté, désir) conduit à un lien social résultant et aléatoire de convergence hypothétique des intérêts grâce au calcul individuel et au contrat.

En résumé, individualisme, hédonisme jouisseur, matérialisme en ce bas monde sont dans le libéralisme pur des caractères communs et prégnants des hommes. Le tout est camouflé par l'idéologie du primat de la responsabilité purement individuelle et, en fait, débouche sur la compétition sociale et la sélection des soi-disant meilleurs. On remarquera que ces attitudes, exaspérées par l'actuelle modernité, sont quelque peu opposées aux valeurs des religions, quelles qu'elles soient, tant c'est devenu le sens commun unique qui oriente les comportements opportunistes des individus et des groupes sociaux.

4) L'EPISTEMOLOGIE ET LA CONNAISSANCE NEES AVEC LA MODERNITE

Quand Galilée a prouvé que la terre n'était pas au centre du monde et qu'elle tournait autour du soleil, la création divine propulsée par la chrétienté s'est trouvée quelque peu décentrée. L'homme qui auparavant ne devait qu'exploiter la nature, ce don de Dieu, s'est mis à vouloir la transformer et même à y ajouter des créations purement humaines. Parallèlement, la pensée scientifique naissait et la scholastique syllogisticienne était abandonnée au profit de l'expérience. Suivant le vœu de Descartes, l'homme pouvait se rendre maître de la nature et cette maîtrise était ininterrompue et progressive grâce à la méthode analytique-synthétique du doute scientifique de la raison et grâce à la tenue en lisière des passions au moins pour les objets de connaissance. Machiavel avait transformé la politique en art profane rien que profane. La liste des innovations intellectuelles et conceptuelles est interminable. Mais quelles que soient leur direction, leur orientation et leur signification, elles inaugureront l'essentiel de la pensée de la modernité occidentale et feront peu à peu changer les évidences du sens commun, les dogmes reçus, les valeurs et les pratiques du monde vécu. On a déjà examiné grossièrement les conséquences sociales et politiques de ces évolutions. Passons aux paradigmes intellectuels et cognitifs. S'instaure un dualisme entre le corps et l'âme, entre la matière et l'esprit. Dualisme d'opposition chez Descartes, dualisme de combinaison chez les empiristes et les matérialistes. Celui-ci signifie que la pensée provient de la réaction de l'animal humain aux sensations procurées par l'environnement et mémorisées par l'individu dans la succession des stimulations. Chez les uns, l'esprit prime la matière ; chez d'autres la matière (milieu et animal humain) origine la pensée et forme l'esprit. Que les connaissances soient un reflet de la matière environnante ou qu'elles soient une création humaine, il n'empêche que le critérium de vérité est l'adéquation des idées à la réalité et que la raison, par expérimentation et par vérification, demeure la force d'arbitrage de l'efficacité des savoirs. La modernité installe la suprématie de la raison et de la science et celle-là progresse par accumulation des connaissances utiles dans la maîtrise de la nature. La modernité croit au progrès incessant et indéfini. Elle inaugure l'historicisme, c'est-à-dire l'évolution déterministe vers le mieux. Les découvertes scientifiques et les innovations techniques, dont le rythme s'accélérera, confortent cette vision jusqu'à l'époque actuelle. L'actualité de contestation des bienfaits de la science, du caractère inéluctable du progrès, de la toute puissance de la raison stratégique et instrumentale, n'invalide pas les fondements de la modernité, à savoir la recherche de la maîtrise de la nature et le remplacement de la foi par la pensée scientifique. On continue de reprocher aux sciences humaines d'être molles et plus théoriques que scientifiques. L'économie s'est d'ailleurs séparée des sciences sociales pour se présenter comme science pure. Des sciences nouvelles sont apparues : cybernétique, biologie génétique, écologie, intelligence artificielle, sociologie...Toutes essaient d'exhiber leur preuves soit par vérification, soit parce que confrontée à l'épreuve elles sortent victorieuses de tout essai de démonstration de leur fausseté. De nouvelles approches (psychanalyse, théories des catastrophes, théorie du chaos...) ont cependant fait disparaître aujourd'hui le mécanisme évolutionniste, l'historicisme, la vérité au profit de l'incertitude, de la relativité et de l'émergence hasardeuse et incertaine des phénomènes. Les axiomatiques ont perdu leur absolutisme quand il a été prouvé (par Gödel) qu'elles ne pouvaient se prouver elles-mêmes et qu'il fallait un référent, un postulat supérieur extérieur et antérieur à leurs fondements logiques. La raison a été rééquilibrée par la découverte de l'inconscient. Mais il n'empêche que, massivement et tendanciellement, raison, science et maîtrise de la nature tiennent toujours le haut du pavé dans le sens commun et les pratiques courantes. Chez les spécialistes du savoir, la relativité et l'interaction productrice de mouvement émergent non prévisible n'ont fait qu'amoindrir les absolus de la raison pure, de la toute puissance de la science, du caractère déterministe et heureux du progrès. C'est au nom de ces absolus que sont advenues les abominations de la récente modernité totalitaire. Il n'en reste pas moins que la modernité a inauguré l'histoire comme évolution progressive vers le mieux, sinon même le parfait, ce qui marquerait la fin de l'histoire.

Au nom de la science, surtout dans les pays anglo-saxons et en Allemagne, n'a-t-on pas justifié l'infériorité naturelle innée de soi-disant races, puisque dans ce cas il y avait forcément différence, associée à un statut social effectif inférieur. On a établi « scientifiquement » que la différence était d'inégalité de nature ! Le darwinisme a été trahi pour nous expliquer que le triste sort des prétendues races inférieures était lié à leur moindre capacité d'adaptation dans la lutte pour la vie au sein du milieu environnant. La sélection des plus adaptables a privilégié la « race » blanche. Cela s'observait dans la dimension du crâne et le volume du cerveau et cela préparait le terrain de l'eugénisme si pratiqué dans les cultures protestantes. La France, certes, a participé à un moindre degré à ce mouvement, par exemple avec la faculté de médecine et les aliénistes (fin XIXème, début XXème siècle) et son « grand» prix Nobel, Alexis Carrel. Eh oui, la différence n'impose pas l'égalité ; elle peut conduire à la justification des inégalités et à l'exclusion... au nom de la science ! Innéisme souvent, déterminisme, rationalisme et scientisme toujours, évolutionnisme améliorateur beaucoup, voilà les traits marquants de l'apparition de la modernité dans le domaine cognitif. Il faut aussi insister sur le fait que ce qui domine la science à l'aube de la modernité, c'est la causalité mécanique de Newton et le déterminisme de Laplace. Or cela avait déjà été invalidé par la naissance de la thermodynamique, qui a montré que les effets de composition à partir des éléments, par exemple d'un gaz, n'étaient pas certains et n'allaient pas forcément vers le mieux. Au contraire, on va vers l'entropie, c'est-à-dire vers la matière inerte par dégradation de l'énergie. Et l'économie classique ne s'appuiera que sur la mécanique en y ajoutant la certitude du progrès et l'harmonie automatique des pratiques individuelles dont l'égoïsme conduit pourtant à l'optimum social.

5) L'ECONOMIE

L'économie a été voulue d'emblée comme scientifique, dès les physiocrates. Les économistes avaient pour but de découvrir les lois de l'économie, de façon que les rois et autres acteurs sociaux ne faussent pas leur action et s'y plient. Adam Smith, par ailleurs père de la débile théorie des sentiments moraux (débile vue d'aujourd'hui), fondait l'économie classique. La division du travail rend les fonctions interdépendantes, ce qui force à l'échange, et plus productives, parce que spécialisées. Loi de l'offre et de la demande sur un marché concurrentiel et harmonie automatique et spontanée par équilibre des échanges font les choux gras de cette approche. Comment quantités et prix s'équilibrent-ils avec une myriade de micro-décisions individuelles ? Bon sang, mais c'est bien sûr. C'est grâce à la main invisible du marché. S'il y a trop de demande, les prix augmentent et cela fait diminuer la demande. Si une production rapporte moins de profit qu'une autre, les investisseurs se transportent vers celle-là, ce qui fait diminuer le profit car il y a trop d'offre. A la division du travail et à la concurrence, Ricardo ajoute la « loi » des coûts comparatifs de revient, ce qui revient à dire que les échangistes ont toujours intérêt à se spécialiser dans ce qu'ils font le mieux, même si d'autres produisent mieux encore. La spécialisation diminue les coûts de revient et permet d'affecter des ressources financières d'investissement là où la productivité est la plus élevée, ce qui fait baisser les prix pour chaque échangiste. Des rentes surviennent à cause des différentiels de productivité puisque le marché établit un prix moyen en dessous duquel les plus productifs empochent la différence. Pour tuer la rente, il suffit de laisser jouer la concurrence qui forcera à la partager entre de nouveaux producteurs efficaces et éliminera les moins productifs vers un prix de marché plus bas. Say ajoute la « loi des débouchés» par laquelle l'offre crée la demande laquelle achète toute l'offre, car au niveau d'un pays le produit est égal au revenu (Say ne tient pas compte des avances en capital pour créer l'investissement en partant du principe que le capitaliste les apporte de pied en cap). Une part de ce beau monde s'est épuisée à trouver la valeur intrinsèque des produits et a débouché sur la valeur-travail ; celle-là signifie que la valeur dépend du temps de travail incorporé. C'est pourquoi Marx se livrera à des jongleries sur les différences entre travail simple ou complexe, concret ou abstrait. Alors dans le sillage de « l'arithmétique des plaisirs » chère à l'utilitarisme, apparaît l'économie néoclassique qui ne connaît que des prix de marché, des coûts de revient et des utilités pour les acheteurs et les vendeurs, c'est-à-dire leurs préférences individuelles calculées en termes de gain-perte, coût-avantage. Par exemple, l'honnête travailleur individuel, lequel n'a pas impérativement besoin de travail pour vivre comme tout chômeur le sait, arbitre entre ses loisirs au nom de la dolce vita et son besoin d'argent pour la mener. Si le salaire est trop faible ou si le farniente est trop exaltant (ou des utilités passionnelles plus libres et plus exubérantes...), il va se rallier à ce dernier. Comment va-t-il arbitrer ? Il va comparer l'utilité « marginale » de la dernière heure de loisir perdue à celle de la dernière heure travaillée... Si le marché est un lieu de concurrence pure et parfaite entre tous les offreurs et tous les demandeurs, alors s'établit un prix d'équilibre qui correspond à l'intersection de la courbe des coûts de production avec celle des revenus liés aux ventes. Là encore quand le coût marginal de l'offreur correspond au revenu marginal des dernières unités produites et vendues, sachant que le prix de vente est donné par le marché. Pareto ajoutera que l'équilibre général ainsi produit est un optimum si un plus pour un agent économique n'enlève rien à un autre. Keynes, dans la foulée de Marx, tentera de montrer que l'équilibre peut être de sous-emploi, si l'épargne n'est pas réinvestie. C'est que Keynes, comme Marx, distingue deux secteurs : celui orienté vers la consommation et celui de la production des moyens de production. Si l'épargne ou de trop bas salaires induisent la faiblesse de la demande, donc le refus d'investir, il appartient à l'Etat de réguler en favorisant l'affectation de l'épargne à l'investissement, en injectant des liquidités, en rehaussant les salaires. Fouchtra, que nous voilà près de l'Etat dirigiste honni par le libéralisme pur, près du collectivisme abhorré ! Et cela au nom du progrès du bien matériel, soit pour le plus grand nombre (libéralisme), soit pour tous (socialisme).

Curieusement, aujourd'hui, alors qu'un bon nombre d'hypothèses de l'économie libérale néoclassique sont corrigées, voire abandonnées, par les économistes libéraux et mathématiciens actuels, c'est le paradigme néoclassique qui domine le FMI, l'OMC, la BRI, l'OCDE, le management. Quelles sont ces hypothèses dont tous les vrais économistes savent qu'elles forment un modèle théorique et pas la réalité ? Mais il y a des économistes prescriptifs et normatifs, pour lesquels il faut que l'action des dirigeants fasse coïncider la réalité avec le modèle (exemple : pas de SMIC, cela empêche le marché du travail de fonctionner), et des économistes analystes-évaluateurs, pour lesquels le modèle ne sert qu'à comprendre et expliquer la réalité. Il s'agit de la théorie néo-classique de l'équilibre général, dite encore théorie standard, la bien nommée, laquelle répudie en principe et de fait tout l'humanisme des Lumières, du moins celles de ROUSSEAU et de CONDORCET. L'espace économique est une collection d'individus qui se croisent et produisent une résultante. Ces individus sont tous pareils : utilitaristes, calculateurs, rationnels et intéressés (quoique, c'est l'avantage de la notion d'utilité, l'intérêt puisse être non matériel et non individuel ; mais c'est chacun qui opère son calcul stratégique). C'est l'aspect micro-économique de la méthode des économistes néoclassiques. Cela redouble l'individualisme de la modernité : De ce point de vue, les organisations et structures intermédiaires ne sont pas prises en compte. (ni entreprises, ni syndicats, ni phénomènes sociaux tels que les normes, valeurs, règles, conventions, institutions) D'où les axiomes du libéralisme économique :

- La résultante peut être analysée avec des fondamentaux, des indicateurs globaux portant sur une totalité nationale : PIB, Valeur ajoutée, Indice des prix, Valeur de la Monnaie dans le change, Masse Monétaire, Taux d'intérêt... Cela, c'est l'analyse dite macro-économique, qui rapproche des prétendues lois scientifiques de composition globale avec des données et indicateurs empiriques, car les préférences collectives sont hiérarchisables à partir des individuelles.

- On ne sait pas par quel miracle l'approche micro et la macro peuvent coïncider. Sauf à invoquer la main invisible du marché, les harmonies spontanées de Leibniz, le commissaire priseur de Walras (qui fixe les prix car il connaît les quantités offertes et demandées), le Gosplan, la planification indicative...Et quelle ressemblance offre le commissaire-priseur avec le démon de Laplace, qui, tous deux, sachant tout, peuvent tout prévoir de façon sûre et mécanique !

- L'information des acteurs économiques est complète, transparente, ouverte à tous et n'a pas de coût.

- La concurrence est pure et parfaite ; une diaspora d'offreurs se trouve face à une myriade de demandeurs ; coalitions, oligopoles et monopolisateurs sont proscrits.

- Les utilités communes (l'air, l'eau, l'environnement, la nature) ne coûtent rien. Les infrastructures (externalités positives pour la firme) comme la communication, les transports, l'instruction ne sont pas comptées. Les nuisances non plus (externalités négatives). On ne s'y occupe que de ce qui est marchand et vendable aux individus. Les biens collectifs n'existent pas ou sont gratuits. Et on ne s'occupe que de ce qui est mesurable et calculable, de ce qui est vendable et échangeable et enregistrable dans le PIB

- L'action économique ne tient pas compte du temps et est considérée comme réversible. On peut accepter qu'une usine ou le personnel soit déplaçables et relocalisables. Du reste, le temps joue pour l'évolution progressive à très long terme. Patientez ! Vos descendants auront une meilleure situation, en attendant on ne s'occupe que de l'immédiat, sachant que miraculeusement la flèche du temps va vers le mieux à long terme pour tous

- Les facteurs de production sont séparés et analysables aux mieux de leurs contributions marginales et peuvent donc être combinés au mieux un par un, sans qu'il y ait d'interdépendance entre eux, ce qui permet de calculer l'utilité marginale de chacun

- Les rendements sont décroissants ; cela vient de Malthus et de Ricardo, pour lesquels plus la population augmentait, plus on mettait en valeur des terres moins productives. De même les unités de pétrole produites en offshore profond et loin de la terre sont plus chères que celles de l'Arabie

- Il se produit un équilibre optimal à la longue qualifié d'équilibre général. Il résulte du croisement des utilités marginales des uns et des autres, des producteurs et des consommateurs

- L'allocation des ressources et moyens est la plus performante. Les biens sociaux ne sont que ceux que les demandes individuelles organisent comme similaires et auxquels on peut répondre par une offre privée, en outre plus efficace sur le seul plan économique, ce qui revient à accepter de grandes inégalités sans préoccupation de justice

- L'échange est profitable à tous grâce aux coûts comparatifs améliorés par la spécialisation. D'où la nécessité de favoriser le libre échange international. A quoi on ajoute aujourd'hui que le commerce extérieur tire la croissance et égalise les conditions des compétiteurs.

- La monnaie n'est que l'équivalent général ; la masse monétaire correspond au volume des échanges pour lesquels elle est neutre si on laisse les taux de change et d'intérêt s'ajuster aux besoins de l'économie et de l'échange international. De ce point de vue, un pays n'est pas une entreprise, car, s'il est moins productif et en déficit de commerce extérieur, la valeur de sa monnaie diminue. Les produits s'échangent contre les produits ; la monnaie n'est qu'un voile neutre.

- Et, aujourd'hui, seules les entreprises créent de la valeur supplémentaire et les services publics ne font qu'en prélever une partie inutilement et inefficacement et à un coût prohibitif

Bref, il convient de laisser jouer les lois déterministes et fatales de l'économie de concurrence entre individus. Les plus modérés, comme Walras, distinguent cependant entre la production et l'échange, qui doivent jouer librement, et la répartition dont l'Etat est le gardien au nom de la justice sociale. Les plus puristes du libéralisme, comme Hayek, pensent que mérite et justice sociale n'ont rien à voir dans l'affaire, car la place et le succès de chacun ne dépendent que du hasard. Cette économie néoclassique partage tous les présupposés de la modernité. Elle repose sur l'individualisme, la rationalité utilitariste et stratégique de chacun et le scientisme de la mécanique. Comme l'a si bien dit Adam Smith : il ne faut pas attendre son dîner de la bienveillance du boucher. Comme le pensait Bentham, si le boucher ne met pas son doigt sur la balance pour alourdir la facture, c'est qu'il anticipe les conséquences de ce qui se passerait s'il se faisait pincer. Il ne lui viendrait pas à l'esprit que sa conduite n'est pas universalisable en devoir-être moral. Car si le vol n'était pas stigmatisé par la morale, alors il n'y aurait plus de marché. Des mitraillettes suffiraient. Cela dit en régime libéral pur, c'est bien ce qui se passe. La misère, non compensée par l'assistance et la protection sociale, fait l'objet de la violence [2]réelle de la justice et de la prison. Les miséreux peuvent se consoler en

---

[2] La violence symbolique dans le champ social et politique réside dans la culpabilité des démunis au nom de leur irresponsabilité individuelle.

sachant que le futur sera radieux, grâce au capitalisme justifié par le libéralisme.

Toutes ces idées, ces représentations, plus ou moins imaginaires ou symboliques ont constitué la modernité. C'est un changement de culture, car toutes les significations du monde vécu par les hommes, toutes les justifications de ce qui est bon, bien et juste ont été peu à peu modifiées. Un nouveau sens commun à émergé. La vision du monde est passé de la transcendance à l'immanence, de la communauté à la société, du lien organique au contrat, de l'ordre pesamment hiérarchique et rigide à la liberté individuelle, du communisme de fait à l'individualisme généralisé. Le monde n'était plus construit par des autorités absolues. Il devenait une création sociale dont personne ou aucun groupe ne pouvait prétendre avoir la direction. Au XIXème siècle cet aspect a été fort mal vu. On a trop cru au sens de l'histoire et aux modèles parfaits de société que l'on pouvait créer par une révolution. Aujourd'hui l'évolutionnisme du progrès inéluctable dans l'histoire a disparu. L'institution imaginaire et réelle de la société par elle-même, la société ouverte, ont remplacé la conformation à un modèle ou à une volonté divine relayée par le pouvoir religieux et la société fermée. Cependant dans le monde commun et quotidien, dans les pratiques habituelles, rémanent les paradigmes inauguraux de la modernité. Alors que les situations objectives et les ressorts matériels, qui ont contribué au changement de la vision du monde occidental, ont disparu pour une large part, ces fondements perdurent. Nous en verrons l'actualité objective dans le traitement du libéralisme aujourd'hui, ce libéralisme même qui devient totalitaire alors qu'il a été libérateur, malgré tant de conflits et de misère pour le salariat et les populations colonisées, autrefois. En conclusion, maintenant, nous sérions quelques facteurs prégnants qui ont contribué, et convergé, à la naissance, de la modernité. Celle-là a produit le totalitarisme nazi et fasciste. La situation d'aujourd'hui fait naître un totalitarisme directement libéral, mais beaucoup plus sournois, insidieux, camouflé et idéologisé. Il est de surcroît, justifié par la plus grande efficacité pour l'atteinte du bonheur du plus grand nombre ! Comme quoi toute idéologie, en tant que violence symbolique, a besoin d'une légitimation morale. Dans le néo-libéralisme, c'est la responsabilité individuelle en dehors de toutes circonstances sociales et extérieures aux individus.

Pour expliquer l'émergence de la modernité, dans des démarches déterministes, ce qui est l'autre nom de la causalité scientifique ou des lois nécessaires, les penseurs se sont épuisés à chercher le premier moteur, la cause radicale déterminant toutes les autres. Et toutes les causes possibles ont été passées en revue. On ne peut être exhaustif, mais, en vrac, on trouve le climat, la démographie, l'évolution adaptative au milieu, la race, le travail et son organisation, la technique innovante, la lutte des classes, la religion protestante, l'imaginaire radical, le désir, la création politique de l'Etat, le commerce et le développement du commerce avec ouverture des frontières, la révolution scientifique et les changements dans la perception de la place de l'homme et de la terre dans la nature et l'univers et le rapport à Dieu... Les plus théoriciens ont trouvé une combinaison de facteurs surdéterminant le fonctionnement et l'évolution des sociétés. Par exemple, nous avons l'exploitation économique, l'aliénation politique et l'hégémonie culturelle ou la triple aliénation du sabre, du goupillon et de l'argent. Ou encore le développement des échanges commerciaux, la pacification du territoire et l'adoucissement des mœurs ; ou la régulation politique, l'action économique, l'intériorisation des normes et la socialisation des jeunes. Les plus subtils considèrent qu'il y a correspondance, convergence, en trois sphères, que justement le libéralisme a séparé, mais qui demeurent connexes et se traversent mutuellement : sphères normative, cognitive, affective ou encore : sphères économique, civile, politico-civique. Dans ce dernier cas, chaque sphère a sa grandeur spécifique d'évaluation (son critère fondamental et principal d'appréciation des choses). Dans l'économique, c'est l'argent, dans la sphère politique, c'est l'influence, dans la société civile, c'est le rang, le statut social. Dans l'armée, c'est l'honneur. Les configurations, pensées comme réelles et créatrices des interdépendances cimentant la société, n'ont qu'une valeur analytique et explicative. Je ne vais donc pas me lancer dans la bataille, dans le cadre d'un essai synthétique et pédagogique. Je vais chercher seulement à repérer les facteurs-clés de la naissance de la modernité. Je me garderai bien de les combiner et encore moins de les hiérarchiser pour trouver le premier moteur causal des évolutions. J'avertis seulement le lecteur qu'il y a cependant articulation et interdépendance des causes, qu'il y a une structuration spécifique à un moment donné et dans un espace donné. Cette configuration des phénomènes et facteurs est toujours prise dans un mouvement non prévisible de structuration-ordre-destruction-instabilité, d'institution, d'institué, d'instituant. Mais l'incertitude d'aujourd'hui est légitimée par le meilleur bien-être de l'avenir, grâce à l'idéologie du progrès incessant et résoluteur, à long terme, de tous les problèmes. Ce qui facilite le quiétisme du présent et du court terme.

Les lents progrès des techniques agricoles (collier de trait, moulin à vent, charrue, assolement triennal) ont facilité l'accroissement de la population, la densité d'habitation, la différenciation des tâches. Démographie et densité ont joué leur rôle dans le couple intégration-différenciation des fonctions ; ce qui force aux échanges et à la spécialisation (thèse contraire à celle d'Adam Smith sur l'échange comme fondateur de la division du travail). Mais en sens inverse, l'échange a accru les possibilités de division du travail chacun se spécialisant dans ses avantages comparatifs (thèse de Ricardo). Division et échange ont fini par créer une boucle de progression mutuelle et interdépendante Cette différenciation a facilité l'urbanisation, car à partir du moment où les campagnes produisirent un surplus celui-là a permis d'alimenter les villes et de développer l'artisanat urbain. Les villes ont fini par réclamer et obtenir leur autonomie vis-à-vis d'un pouvoir féodal devenu peu utile puisque les cités étaient à même de se protéger elles-mêmes. Une classe citadine et bourgeoise de commerçants et d'artisans s'est créée. Cette dernière a eu besoin de clercs, de notaires, de gens de loi, de notables pour organiser la sécurité des contrats. Les corporations ont organisé le travail dans un double esprit de coordination et de coopération suscitable par l'accès possible aux différents grades de la corporation. Sur cette base d'un peuple autonome dans les villes (souvent appelées villes franches ...) et d'une bourgeoisie commerciale et notabiliaire, les rois ont pu s'appuyer pour éradiquer les seigneuries féodales. Le roi comprit vite qu'il pouvait s'attacher les notables en leur conférant des offices liés à la gestion administrative du royaume. En même temps il s'affranchissait de l'aristocratie qu'il transformait en courtisans. Ces derniers devenus parasitaires et prébendiers se sont vus stigmatisés par les classes travailleuses.

Mais le roi, pour asseoir son pouvoir contre les féodaux et les ennemis extérieurs, avait besoin d'argent. Comme le commerce international des épices, des soieries, des produits exotiques, des tissus enrichissait des marchands au sein de l'économie-monde (déjà), les marchands ont pu aider le roi, à condition que la sécurité des transports, des voyages, des correspondances soit assurée. Ce qui nécessitait un Etat fort assurant la paix dans ses frontières. De premiers services publics naquirent ainsi (armée, police, malle-poste, route, certification des contrats, arbitrage des contentieux...). Parmi les marchands, qui inventèrent la lettre de change et la compensation des créances de même que la comptabilité en partie double, certains se trouvèrent spécialisés dans le commerce de l'argent. Ce furent les Juifs, car le prêt à intérêt était interdit par le catholicisme régnant. L'intérêt, était une spéculation sur le temps qui n'appartenait qu'à Dieu... Les Juifs avaient intérêt à préférer le commerce de l'argent, car il était liquide et transportable, alors que chaque prince, de temps en temps, organisait pogrom et confiscation des biens pour annuler sa dette. Entre temps, le financier ou le banquier lui prêtait de l'argent. Les conquêtes des conquistadores amenèrent un flux d'or et d'argent qui facilitèrent le développement du commerce malgré l'inflation induite et procurèrent des ressources au développement de l'Etat.

Après la réforme calviniste et luthérienne, furent sapées l'autorité de l'église catholique et le pouvoir sacré des rois oints par l'évêque. La liberté de conscience était réclamée et la religion unique d'Etat contestée. Les autorités instituées se défendirent et induisirent les guerres de religion. Devant celles-là, il fallut peu à peu se résoudre à séparer radicalement l'église catholique de l'Etat monarchique. Cela fut fait au nom du droit des gens qui par nature individuelle ou sociale devaient disposer d'autonomie. Ainsi, insidieusement, s'est originée une réclamation de plus en plus pressante de libertés civiles et politiques. Cela d'autant plus que le commerce se moquait de la religion et que la politique prenait son indépendance vis-à-vis du sacré sous les coups de butoir des juristes des droits naturels des hommes et des collectivités, du scientisme politique à la Machiavel et de la demande généralisée de paix et de sécurité. Cela produisit Cromwell en Grande Bretagne, l'indépendance des Etats Unis et la révolution française. Au XIXème siècle, l'industrie manufacturière, liée au développement de techniques révolutionnant les transports, les communications et la production de tissus et de sucre, opposa rapidement les industriels aux propriétaires terriens sur le monopole de la main d'œuvre et sur le coût des subsistances pour nourrir les ouvriers et leur famille. Ce conflit produisit des actions horribles. Concurrence par des esclaves ou travailleurs tenus (anciens condamnés tenus de se racheter et déportés), suppression des terrains communaux ouverts à tous ; création de maisons du travail (workhouses) pour les travailleurs valides et chômeurs ; suppression des corporations et associations ; institution du livret du travailleur soumis au contrôle de la police ; création de secours minimaux permettant aux industriels de baisser les salaires pour ne fournir que le complément de la subsistance. Ouverture aux agricultures extérieures pour baisser le prix des alimentations etc... L'imagination fut fertile au nom de la liberté du travail et de la libre circulation des hommes. Le travailleur libre (de vendre sa force de travail), dans le poulailler libre de l'usine (contrat de louage de services, puis de travail) sous l'emprise du renard capitaliste libre de recruter ou non et d'organiser sa boutique, devint la règle. Les femmes se prostituaient comme domestiques. Les enfants étaient forcés de travailler dans des conditions tout simplement ignominieuses. Par suite des progrès de la productivité agricole, des masses incultes de paysans sans terre vinrent grossir les rangs des manufactures et habiter les taudis urbains. Ainsi naquit la question sociale : comment peut-on être égaux en droits et être traités ainsi dans la réalité ? Le socialisme protesta et analysa l'origine de la misère. Il s'organisa et finit par obtenir les droits d'association, de grève, de coalition. Les syndicats émergèrent et pesèrent pour obtenir un pacte social faisant sa part au travail et rognant les ailes du capital. L'Etat-providence bismarckien, puis bien plus tard les Etats, en Angleterre et en France, résolurent temporairement la question sociale en sécurisant le salariat. En France, cependant, l'Etat n'a rien fait et surtout rien payé. Ce sont des assurances générales, mutuelles et de répartition payées par les producteurs (patrons et salariés) qui financent la protection sociale avant que Rocard, par le biais de la CSG, ne commence de fiscaliser les choses et d'en faire le problème de l'Etat.

Parallèlement à la question sociale, il fallut batailler longtemps pour résoudre la question politique. La révolution française avait installé le suffrage censitaire des seuls hommes. Elle avait interdit les associations, car chaque citoyen se faisait son opinion dans son for intérieur et contractait tout seul avec la nation en se donnant lui-même une idée de l'intérêt général. Les droits d'expression, d'information, de presse ne furent conquis que de haute lutte car l'individualisme libéral s'y opposait. Il a fallu aussi lutter contre le monopole de l'éducation par les pères qualifiés d'ignorantins...Ce fut la belle réussite de Jules Ferry qui créa l'école gratuite, obligatoire et laïque, au moment même où les organisations ouvrières formaient les jeunes. C'était dangereux n'est-ce pas, que les maîtres formassent les apprentis ? Le pluralisme démocratique a été ainsi acquis de haute lutte à la faveur de la congruence de tous ces facteurs dont les effets se sont étalés sur des décennies. Chez certains pays cela a donné la démocratie d'intérêts avec groupes de pressions et communautés de base assurant l'assistance des démunis. Chez d'autres cela a produit la République démocratique, chez d'aucuns le communautarisme nationaliste. Le tout au nom de la modernité individualiste... Je n'ai rien contre l'individualisme. C'est lié au narcissisme foncier de toute personne qui cherche à obtenir son identité, laquelle ne peut être conférée que par le groupe d'appartenance quelque soit son niveau (du groupe de base jusqu'à la nation). Mais il ne faut pas confondre individu comme numéro statistiquement perdu dans la masse, individuation comme identité spécifique et estime de soi et individualité reliée aux autres comme altérité différente et égale méritant d'être respectée et s'installant dans des rapports de réciprocité, c'est-à-dire comme personne pleine de dignité. Ce qui compte, c'est le regard que je porte sur le visage de l'autre, et vice versa, et qui engage ma responsabilité vis-à-vis de cet autre. Le problème de l'altérité est d'autant plus crucial que tout converge aujourd'hui pour faire de l'homme un solitaire dans la foule, un individu dans la masse, un atome préoccupé de son avoir. Parallèlement les relations entre les personnes (et les groupes) sont remplacées par les rapports aux choses et à leur détention, les liens personnels sont éradiqués par les contrats calculés. Cela envahit le sens commun et le monde vécu et est propagé comme évidence par les penseurs du libéralisme relayés par les médias et les faux chercheurs et est appliqué par les gouvernements libéraux ou socialistes. Cependant, il y a bel et bien, déjà, deux types de démocraties potentielles. Celle où l'élection des représentants pourrait n'être qu'un rituel de symbolisation de la communauté. Celle où elle ne serait qu'une procédure de mise en place des décideurs politiques à partir de la multiplicité des intérêts et à la place de la participation des acteurs sociaux porteurs de ces derniers. Cependant, il me semble que le problème principal demeure éthique en se situant dans la rapport à autrui. Dans le totalitarisme l'autre est à la fois différent et inférieur. Dans le communautarisme, l'autre est différent et égal, mais séparé, juxtaposé, toléré. Seul le jeu politique, accepté par toutes les communautés au nom d'une procédure équitable d'expression des intérêts y permet la paix sociale. A quoi s' ajoute aux USA que le fond moral et religieux est le même pour les 350 sectes chrétiennes qui se partagent la morale publique et l'assistance aux démunis, s'ils sont méritants. Comme disait de Gaulle : 350 sectes et un seul fromage alors qu'en France c'est 350 fromages et une seule religion...L'unification sociale se fait donc par une double polarisation mimétique : la croyance dans les vertus de la démocratie américaine et des valeurs chrétiennes communes qui forment le monde vécu des significations partagées par tous. Dans le libéralisme anglo-saxon, cependant, un clivage s'est produit entre l'autre comme même en tant que compétiteur et éventuellement obstacle, et l'autre comme différent, mais inférieur (racisme anti-noir ou latino...) ou l'autre comme différent mais acceptable, car il ne suscite plus la peur de la déviance (homosexuels...), au nom du relativisme généralisé des valeurs. Dans le solidarisme, l'autre est considéré comme égal en dignité et comme différent. Cette différence est relativisée par l'intersubjectivité, par le dialogue, par la recherche en commun de principes de vie. De plus, l'intersubjectivité est un acquis intériorisé et profond de chacun au cours de la socialisation dans laquelle nul ne se produit lui-même en dehors de la culture et des rapports aux autres. L'éthique la plus ouverte est celle du solidarisme. L'éthique libérale, si elle demeure relativement ouverte, contient la possibilité du racisme quand le différent devient inégal. Elle contient aussi, quand l'autre est égal au nom du relativisme, la disparition de tout repère commun et la simple co-présence, qualifiée de communautarisme, de communautés atomisées, livrées à la seule polarisation du marché, du WEB et de la procédure politique. Cette dernière cristallise la fausse démocratie de l'opinion statistique des masses à partir de l'atomisation des suffrages individuels. Ce qui procure, en définitive, la commode dictature de la majorité, de la masse agglomérée où le peuple est réduit à une collection d'individus. Bien plus terrible est la dictature du marché, parce qu'il est impersonnel et que plus aucun acteur social n'est responsable des effets pervers de composition, articulation, agrégation, des pratiques individuelles des firmes. Celles-là n'ont qu'une logique, automatique, maximiser la rentabilité par exemple par les flux tendus, le zéro-stock, la suppression du personnel.

Pour ce faire, il faut aussi le maximum de flexibilité pour augmenter (ou garder) ses parts de marché face à une demande variée et aléatoire. Aléatoire, car la demande dépend des situations économiques. Variée, car il faut s'adapter aux cultures locales en vue d'un marché internationalement étendu afin d'amortir des investissements de plus en plus lourds. Variée aussi car l'apparente différenciation des produits à partir des mêmes constituants de base permet de susciter la demande et de l'augmenter. Variation et variété induisent la situation et la logique de flexibilisation de la production restée essentiellement territorialisée.

C) QU'EST-CE QUE LE TOTALITARISME ?

Aux yeux des penseurs libéraux, les hommes sont supposés être libres, responsables et rationnels quelles que soient leurs conditions réelles d'existence. Chacun dispose de ses droits théoriques et qu'il se débrouille. Le libéralisme naissant ne s'est guère intéressé qu'aux facultés générales des hommes et a sous-estimé un certain nombre d'aspects du fonctionnement social et humain. A l'époque où il est apparu, la chose était pardonnable. Depuis, la sociologie nous a beaucoup appris sur les sociétés et pourtant le libéralisme actuel continue de nier l'autonomie des structures sociales par rapport aux hommes qui les habitent et, à la longue, les font évoluer. C'est dans les béances de la théorie libérale d'autrefois et dans une situation de crise que les différentes formes du totalitarisme ont pu apparaître et perdurer pendant les trois quarts du XXème siècle. A moins de se livrer à une sinistre comptabilité, et à condition de le faire sur une assez longue durée, il n'y a pas lieu de trop distinguer entre le fascisme et le communisme. Je ne suivrai pas non plus Pie XII qui dans l'encyclique « Mit Brennender Sorge » (avec un profond chagrin) trouvait que seul le communisme était intrinsèquement pervers. Au degrés de finesse où je prendrai les choses, fascisme et communisme sont frères jumeaux. Leurs différences ne sont que mineures. Du reste, mon objet est de dégager l'idéal-type du totalitarisme afin de préparer la démonstration que le libéralisme sauvage actuel entre parfaitement dans le modèle, au caractère occulte près. Dans différents chapitres, nous examinerons ensemble les dimensions structurelles et structurantes du totalitarisme. Ces aspects montreront que le totalitarisme est bien l'enfant monstrueux du libéralisme du XVIIème siècle. Ensuite nous verrons en conclusion succincte les variables conjoncturelles de la mise en place de systèmes totalitaires. Seuls les invariants du totalitarisme nous intéresseront, bien que les différences de conception qu'ils contiennent soient plutôt importantes. Ce sont des doctrines absolutistes, simplistes, appliquées par un pouvoir sans entraves au nom d'un dogme : la race, la classe, la nation. Quant au mode de fonctionnement, les totalitarismes modernes sont rigoureusement du même tonneau, même si leurs visées théoriques sont différentes.

Le totalitarisme constitue une réponse inédite et monstrueuse aux lacunes du libéralisme en tous ses aspects. Le libéralisme rationaliste avait mis sous le boisseau l'aspect passionnel et affectif des hommes. Il avait privilégié les variables cognitives et la rationalité au détriment des passions, des sentiments, des affections. En réponse, il y aura une psychologie de masse du fascisme. Le libéralisme a créé une nouvelle morale dans laquelle l'individualisme et l'hédonisme supplantaient le devoir-être collectif (la morale) et individuel (l'interrogation éthique). Le totalitarisme l'a prolongée en opportunisme où les fins n'ont plus rien d'universel et où elles justifient n'importe quel moyen. Le libéralisme est né avec la science et la maîtrise incessante de la nature. Il avait promis la libération des hommes grâce au progrès technique et scientifique. Le totalitarisme mettra la science au service de ses buts en transformant le scientisme en idéologie simpliste à l'usage du sens commun et amplifiée par la propagande. La démocratie libérale avait cru figurer symboliquement le peuple grâce au suffrage universel individuel et aux opinions. Le totalitarisme conduira encore plus les hommes à l'état d'atomes isolés, toutes les communications et relations transversales étant contrôlées, voire interdites, et figurera l'unité de la collectivité par l'identification au chef et l'intériorisation des valeurs communautaires. Une part du libéralisme avait supprimé tous les corps intermédiaires au nom de la liberté individuelle de contracter tout seul avec la nation. Le totalitarisme saura recréer des médiations menées par une bureaucratie inféodée et envahissante face à des individus atomisés. Le libéralisme avait reporté la réalisation des espérances dans l'avenir. Le totalitarisme a voulu les réaliser tout de suite et pour tous de façon égalitaire, hormis la supériorité des dirigeants.

Le libéralisme avait mis des frontières entre les sphères économique, civile, privée, publique. Mais il avait érigé un pouvoir politique extérieur et supérieur à la société civile. Le totalitarisme, ayant pris le pouvoir politique, s'en servira pour dominer la société et éradiquer toutes les frontières. C'est ce qui caractérise le mot de totalitarisme, qui signifie que le pouvoir central domine le corps social de haut en bas et traverse toutes les activités et fonctions sociales en les dirigeant et en les contrôlant. Un dictateur se contente de préserver son pouvoir personnel. Il n'envahit pas tout le social au nom d'une seule idéologie. Le libéralisme pur de type anglo-saxon a sous-estimé le poids du droit et du normatif sanctionné et généralisé (la loi). Le totalitarisme piétinera de fait toutes les « rigidités » du droit des hommes et des groupes. Le libéralisme voulait que l'économie fonctionne de façon autonome. Là, cependant, le totalitarisme mettra en place le dirigisme, voire la suppression de toute économie privée. Mais, libéralisme actuel et totalitarisme ont bien en commun de réduire de trop la société à son économie soit comme but, soit comme moyen. Le totalitarisme est un enfant naturel, par la main gauche si je puis dire, du libéralisme. Et ce dernier a mis bien du temps à déshériter son rejeton.

1) Une psychologie de masse et une relation perverse chef-individus

Toutes les religions savent bien que l'homme est habité par une angoisse existentielle liée au fait qu'il est le seul animal sachant qu'il va mourir. Par rapport à cette angoisse, elles ont procuré des réassurances, des consolations, des repères. En relation aux passions individuelles et aux désirs les plus égoïstes, elles ont fourni des règles morales pacificatrices intériorisées grâce à la foi. Elles ont contribué à symboliser la communauté (l'UMMA des musulmans, l'église des croyants chrétiens ...) comme entité collective appelée à des devoirs de solidarité. Certes, elles ont un peu trop justifié la hiérarchie providentielle dans la société et un peu trop soutenu les détenteurs des pouvoirs économique et politique. Le socialisme marxiste-léniniste en présentant la religion comme pure aliénation a jeté le bébé avec l'eau du bain, car il n'a pas compris que le fondement caché de toute spiritualité résidait dans l'angoisse de l'être jeté dans le monde et en proie aux anxiétés de la responsabilité et de l'engagement. Le libéralisme ayant rompu les liens entre le sacré et le politico-social, il a bien fallu trouver des solutions profanes pour sécuriser les hommes. Auguste Comte divinisera la société comme sociâtrie. Saint Simon écrira un nouveau christianisme. Feuerbach fera de l'homme le créateur de Dieu. Le marxisme-léninisme fonctionnera de fait comme millénarisme messianique : un peuple élu, le prolétariat, une espérance, la société réconciliée et sans classes, un dogme, le socialisme scientifique et progressif, un prophète, le fondateur du matérialisme dialectique. Leroux fondera tout sur la fraternité, Cabet sur les talents, Blanqui sur le petit groupe révolutionnaire s'emparant de l'Etat pour tourner son artillerie contre les anciens occupants. Seul Proudhon dira qu'il a besoin de l'hypothèse d'un Dieu et établira que la société sera toujours pluraliste et conflictuelle et qu'il n'y aura jamais de paradis sur terre. La thèse de Proudhon, bien trop méconnue et superbement originale et fondée, mérite d'être citée ici. Dieu est une invention sociale, comme la morale, pour symboliser l'unité et la pérennité de la société. Cette invention est anti-anthropomorphique en ce sens que l'homme social n'a pas créé Dieu à son image mais en attribuant à Dieu, à l'opposé de c'est qu'est l'humanité, toutes les perfections qu'il n'avait pas. Une fois la société hypostasiée en un Dieu symbolique, ce dernier devient un absolu transcendant organisateur de la providence fatale. Cet absolu limite la liberté des hommes et l'évolution possible des individus, des structures et des sociétés. Il consacre l'inégalité. Il limite les possibilités de l'immanence liées à la liberté des hommes et des groupes. C'est pourquoi à la transcendance, il faut substituer l'immanence de la justice. Au passage, on est obligé de lutter contre l'idée de Dieu. La justice est immanente en ce sens qu'elle est un double rapport social de chacun à autrui comme différent, donc complémentaire mais égal, de chacun au travail et à ses fruits comme équivalence des produits de chacun au sein de la société, vue comme un seul travailleur diversifié à l'infini. Bien mieux si Dieu (l'idée de Dieu) n'existait pas, il faudrait l'inventer, car c'est en luttant avec un adversaire à sa mesure que l'homme peut faire bien plus de progrès de libération. Spiritualité humaine et divinité sont en tension dynamique. Supprimez un des pôles de l'opposition et vous ôterez aussi le ressort de l'évolution. Le totalitarisme se jettera dans l'abysse des passions et des angoisses pour fournir une solution de sécurisation des individus avec des moyens d'identification et des ressources de repérage. Pour ce faire la race ou le prolétariat ou la nation (Hitler, Staline, Mussolini) seront hypostasiés et les détenteurs du pouvoir politique transformés en duce, führer, caudillo charismatique voire en lider maximo. Rappelons Freud. Dans une foule, les éléments ne peuvent pas s'identifier les uns aux autres, car chaque élément en s'identifiant à une masse perdrait son identité propre. La seule solution est de fonder l'union et l'unité de la foule sur l'identification de chacun au père bienveillant qu'est le chef.

Si, comme l'a pensé le libéralisme, tout individu est narcissique par estime de soi et par vanité, il a sous-estimé que cela passait par un processus de création d'une identité personnelle et sociale. Car seul le groupe peut reconnaître une personne et lui conférer une identité sociale. La personne ne peut pas fonctionner comme seule créatrice de son identité. Le libéralisme, sous forme de sondage, de suffrage individuel, d'opinions, a créé l'individu atomisé et transformable en donnée statistique. L'individu n'était plus, encore moins aujourd'hui, qu'une individualité, une individuation spécifique, encore moins une altérité de mutualité. Le totalitarisme s'emparera de cette idée de la société comme collection d'individus juxtaposés pour les massifier, les agglomérer en foule compacte et indifférenciée. L'identité s'acquerra par identification à la communauté et à son chef symbolique. Elle se différenciera en plus par des distinctions de rang, de statut, de pouvoir au sein de la hiérarchie totalitaire. Ces distinctions fournissent une première série de repères pour les individus réduits à l'état de monades. Sans doute est-ce un hasard, mais au moins pour l'Allemagne nazie, cela semble proche de la monadologie harmonieuse de Leibniz. Une monade, un élément, appartient au tout dont il est partiellement un hologramme. Cela veut dire que la monade contient déjà les caractéristiques fondamentales du tout. Ce qui fait que toutes les monades sont pour ainsi dire polarisées dans la même direction, ce qui créé le fonctionnement harmonieux du tout, en respectant la « liberté » de chaque monade. Dans le totalitarisme, la polarisation est acquise grâce à l'éducation et à la propagande. La polarisation tourne autour du chef, en tant que représentant symbolique de l'idée-force de la communauté. Le libéralisme fait intérioriser le culte du marché, lui ! D'où, aujourd'hui, l'utilisation à mauvais escient de la théorie scientifique des fractales pour justifier l'harmonie pré-établie du monde concurrentiel. Cette théorie énonce que tout élément de base d'un système reproduit les caractères de la totalité comme une image hologrammatique. Cette théorie implique que ce qui est désordre apparent à un certain niveau d'observation appartient à un monde merveilleux et non chaotique au rang ultime de l'organisation du système. On retrouve miraculeusement les Harmonies pré-établies de LEIBNIZ. Malgré des désordres locaux, la planète est en harmonie globale, ordre que, de plus, aucun plan n'aurait construit. Il suffit donc de laisser agir les effets de composition fractale.

Le libéralisme est parti d'un postulat d'autonomie et de responsabilité des individus. C'était quelque peu négliger que l'homme peut être sans qualité, qu'il a une propension à la servitude volontaire, qu'il peut fuir devant la liberté. Parce que sans repères et sans sécurité suffisante, la liberté est beaucoup plus angoissante que l'obéissance et la routinisation. Seuls ceux qui ont un capital culturel, politique, économique suffisant pour s'installer victorieusement dans les champs sociaux peuvent se lancer hardiment dans l'aventure et tirer leur épingle du jeu des rapports de force. En effet, ils disposent de toutes les ressources nécessaires à la prise de risque...sans danger. Et de ceux qui échouent on dira qu'ils sont inadaptés. On ne songera pas à étudier leur environnement, leur itinéraire, leurs ressources pourtant si inégalitairement disponibles. Quand le désordre s'installe, la crise étant là, le désarroi et même la peur s'installent. On se met à réclamer des chefs, de l'ordre, de la sécurité en tant qu'antonyme de la liberté. Quitte, du reste, à provoquer le désordre et la peur pour parvenir au pouvoir. Une fois arrivé au pouvoir, ensuite on régnera par la crainte de la police. Le totalitarisme s'est installé à cause du normal besoin de sécurité de tout un chacun. Car les libéraux, munis de la dialectique d'Aristote où A ne peut être non A, ont une pensée des couples d'opposition au lieu d'un raisonnement par équilibration des termes en tension. Or, liberté et sécurité forment un couple de tension dynamique, dans laquelle la suppression d'un des pôles entraîne la mise en place du monopole et la perte du mouvement.

La recherche d'un repère d'identité est d'autant plus forte que l'on se sent oublié, exclu, méprisé. Ce fut le cas de l'Allemagne vaincue, des fanfaronnades italiennes et de l'arriération russe. D'un même mouvement on se surestime, on se transforme en surhomme ou en communauté supérieure, on serre les rangs, on fusionne dans l'adversité. Mais le fantasme d'identité par l'unité de la collection des mêmes n'est qu'une figuration symbolique impossible dans la réalité. Comme l'unité est difficile à atteindre, on se demande pourquoi. Et l'on trouve des opposants, des boucs émissaires. Ces derniers ont toutes les chances d'être désignés parmi ceux qui vous ressemblent tellement, tout en étant différents, que justement ils peuvent détruire la recherche de l'unité. C'est pourquoi la haine est d'autant plus grande que l'on est proche. Par ailleurs, l'unité par elle-même est impossible car tout le monde voulant les mêmes choses ce serait la guerre de tous contre tous. Du reste, dans la plupart des sociétés, les vrais jumeaux de même sexe ont toujours été regardés avec horreur. C'est pourquoi Romulus a tué Remus. Alors pour exorciser les dangers de l'identité se livre-t-on de temps en temps au sacrifice du bouc émissaire ou à un pogrom ou à un ethnocide. Voilà à quoi peut conduire la philosophie du même dans l'identité des facultés chère à l'individualisme libéral, surtout quand la situation socio-économique favorise une compétition entre des mêmes qui se font obstacle mutuellement. Une autre façon de faire perdre les repères et l'identité personnelle est d'organiser des situations de double contrainte. Le libéralisme y préparait en disant enrichissez-vous à ceux qui ne le pouvaient pas, en énonçant que l'on devait être libre, sinon l'on perdait la qualité d'homme autonome et responsable, en signifiant soyez autonomes alors qu'il y a forcément un minimum d'hétéronomie (loi extérieure à l'individu) dans toute collectivité pour assurer l'ordre social. Si donc l'on ne peut être en situation d'exercer sa responsabilité, avoir un emploi, montrer son bonheur matériel aux autres, car l'on est pauvre alors que la richesse est hyper valorisée par le sens commun, alors la seule issue est la culpabilité. Celle-là est insupportable et on la projette contre l'extérieur sous forme d'agression ou on sombre dans la folie.

Le totalitarisme saura supprimer la double contrainte libérale en procurant à chacun un minimum de rang social et en la remplaçant par une seule contrainte portée aux extrêmes. Pauvre, sans doute, mais reconnu par la communauté et recollé à celle-là par la fusion dans la nation et l'identification au Duce, au Führer, au Lider, au petit père des peuples, au maréchal. Quelle satisfaction, quand on est au bas de l'échelle que d'appartenir à la race supérieure ou au prolétariat élu par la science ! Car le libéralisme avait promis une égalisation meilleure pour le plus grand nombre sans la réaliser, alors que le totalitarisme s'appuiera sur l'aspiration à l'égalité pour éliminer les démagogues libéraux. Le libéralisme avait feint d'installer l'égalité de droit des hommes moyens. Le totalitarisme le prendra au mot en portant les médiocres, voire les nuls et les psychopates, au pouvoir. Car, un BARBIE ou un EICHMANN n'est pas une monstruosité : c'est le bureaucrate normal ou l'excellence de l'opportunisme libéral dans la lutte concurrentielle pour la vie.

Tout cela peut être facilité par la préexistence d'une culture autoritaire réprimant les désirs et instaurant un ordre hiérarchique et le culte du chef. Là, on prend le libéralisme en pleine contradiction. Car, de façon souterraine, les libéraux ont pensé que la liberté ne valait que pour une élite riche et instruite. Pour le peuple, la religion était encore bien assez bonne, en corrélation avec la peur du gendarme. Ce fut le cas, celui de la culture autoritaire, pour nos trois totalitarismes avec le despotisme russe, l'autorité luthérienne ou catholique. La soumission va alors de soi, puisque l'on n'est pas capable de penser ou de sentir autre chose. Quoiqu'il en dise le libéralisme a installé un Etat central, donc une autorité extérieure. Le totalitarisme n'a fait qu'aller dans le sens de la tendance, car le libéralisme n'a pas compris que le pouvoir était liberté et non domination.

La seule chose dont le libéralisme n'a pas inauguré le mouvement, c'est la perversité institutionnalisée des grands chefs. Le pervers est celui qui se trompe d'objet pour son désir (la chaussure au lieu de la femme ou la fourrure ...). L'objet normal du chef devrait être son identité. Il l'a remplacée par le pouvoir, la soif inextinguible du pouvoir. Dans cette folie mégalomaniaque du pouvoir pour le pouvoir, le leader use de tout moyen pour asservir les autres. Il les méprise. Il s'en sert comme marche-pied. Il les utilise comme instruments, comme choses. Il réclame une fidélité aveugle. Il soupçonne tout le monde, se méfie et veut tout contrôler. Il a besoin de grandes messes pour vérifier qu'il est toujours le meilleur, à la façon du miroir de la marâtre de Blanche-neige. Il épie ; il espionne. Il élimine les opposants potentiels et les rivaux ; il règne par la peur. Mais n'est-ce pas le libéralisme qui avait commencé de transformer l'éthique en rationalité instrumentale et les comportements en rapports aux choses ? Cela sur une psychologie primaire qui avait-et continue de le faire-dramatiquement sous-estimé ces phénomènes ! Un humanisme réduit aux intérêts y prépare.

2) Un opportunisme communautariste sans morale

La modernité a éloigné, le sacré, le divin, le transcendant de la vie sociale. L'individualisme s'est étendu progressivement jusqu'à devenir la valeur suprême. Cet individualisme a bien servi le totalitarisme puisque c'est cela qui facilite la coupure entre un pouvoir politique absolu au nom d'une communauté-collection ou identitaire et des éléments balkanisés et sans grands repères communs. L'égoïsme a été théorisé comme la nature de l'homme par le libéralisme pur. Mais peut-on jalouser une entité mythique et qui procure le seul dénominateur commun aux membres de la horde ? Puis l'égoïsme est devenu calculateur, anticipateur des bonnes conséquences pour soi, stratégique, utilitariste en un mot. Alors comme il n'y avait déjà plus de Dieu et que tout devenait permis, l'opportunisme a pu se déverser à grands flots. Tous ces pervers mégalomanes et narcissiques et qui n'ont aucune considération d'ordre moral, aucun respect de l'autre, le totalitarisme les recruta comme masse de manœuvre en valorisant leur estime de soi. Estime de soi si problématique qu'ils avaient besoin d'écraser les autres pour se sentir supérieur. Des pervers à la personnalité si faible qu'ils avaient besoin de se retrancher derrière la puissance des institutions, des chefs, des organisations musclées pour détruire perfidement les autres. Le pervers ne s'aime pas vraiment et pour s'aimer lui-même demande que les autres l'aiment. Ces derniers refusant, il suffit de les disqualifier, de les dégrader, de les transformer en simples choses. La modernité libérale avait ouvert les portes de la jalousie et du mimétisme, car il avait rapidement abandonné l'humanisme rationaliste kantien. Ce totalitarisme au nom de l'égalitarisme d'unité dans l'identité, pensée déjà libérale, poussera le bouchon un peu plus loin avec l'envie, sentiment ô combien destructeur. Le libéralisme pur avait réduit les lois à la portion congrue au profit de la coutume et du contrat. Cela a préparé le jeu des totalitaires pervers qui ne sont à l'aise que dans l'absence de lois ou le détournement des lois existantes. Ce qui, précisément, conduit, comme le préconise le libéralo-capitalisme actuel, à remplacer les lois générales et égales par des contrats temporaires et particuliers et la morale du devoir-être par des calculs d'intérêt. Notons au passage que l'impératif catholique de charité et de don ayant été remplacé par la grâce divine chez les protestants (seul Dieu peut procurer des bienfaits), et avec l'éthique individuelle en lieu et place de la morale collective, le totalitarisme a trouvé une solide avancée vers son empirisme calculateur.

Les tyrannies et autres dictatures règnent par la force. Or il ne faut jamais oublier que la démocratie représentative classique n'est jamais que la possible dictature de la majorité. A la différence qu'un tyran peut avoir un cœur, alors qu'une assemblée n'en a pas : elle compromet entre ses membres sur des intérêts. Mais à cause du suffrage, le délégué pour être réélu doit séduire et camoufler la force qui demeure un ressort d'action en dernière instance au nom du monopole de la violence légitime. Alors peut s'installer le procédé le plus utilisé par le pervers, à savoir la séduction qui ainsi change non pas de nature mais de degré. De plus elle devient l'apanage des quelques détenteurs du pouvoir suprême. L'emprise sur les populations au moins dans un premier temps et surtout de façon complémentaire, n'est plus la force seule. C'est surtout la séduction avec ce qu'il faut de violence physique pour faire taire les opposants.

3) UNE IDEOLOGIE « SCIENTIFIQUE » FAUSSE, SIMPLISTE ET DOGMATIQUE

La séduction perverse ne peut pas fonctionner seulement au niveau affectif. Si l'ordre normatif est assuré par le totalitarisme avec violence, il demeure qu'il lui faut trouver des justifications, de l'argumentation, pour réduire les contradicteurs au silence et unir les sympathisants et alliés. Cette dimension cognitive a pris la forme de l'idéologie, comprise comme la construction d'un discours politique, associé à une conception du monde, aux fins de direction de la société. L'idéologie naît avec le rationalisme des Lumières. Celles-là ont évacué le mythe et la foi d'un monde devenant profane. Le discours idéologique, cependant, assure les mêmes fonctions que la religion et le mythe. Il a pour but de rassurer, de sécuriser en expliquant, en donnant des théories de justification de l'ordre et des évolutions, en procurant les moyens de convaincre et d'influencer par l'argumentation. C'est pourquoi, l'idéologie, contrairement aux vues marxiennes, n'est pas que tromperie, déformation, reflet intéressé de la réalité. Elle ne cherche pas qu'à éliminer. Elle vise aussi à justifier et à établir la supériorité d'une thèse, d'une vision politique, d'une conception pour le monde vécu. Ce n'est pas qu'une rhétorique ; c'est une phénoménologie, un processus enraciné dans la demande de sécurité chez les êtres humains. Or, la modernité, libérale pour l'essentiel, a cru aux pouvoirs démesurés de la raison et au progrès scientifique. C'est pourquoi l'idéologue, déjà dans sa version libérale, s'appuie sur le scientisme. Le totalitarisme, poursuivant dans le sens de la tendance, ne fera que rejeter le pluralisme et reconduira un dogme pseudo-scientifique. Encore faut-il que le dogme à usage du bon peuple soit simple à comprendre et facilement transmissible. Loin de toute complexité et de toute logique de combinaison et d'équilibration des pôles de tension, le totalitarisme réduit tout à une seule cause, à une seule variable. Il avait là des référents dans le domaine de la science et de la logique libérale. Excusons cette dernière car la complexité et la relativité sont arrivées bien plus tard. En tant que simpliste et réductrice, l'idéologie totalitaire se transforme facilement en croyance appuyée sur quelques bribes de sens commun scientifique. Le noyau dur de l'idéologie totalitaire se résume aux aspect suivants :

Une cause déterminante ; la race, la culture, la destinée salvatrice du peuple scientifiquement élu. Cette cause est a – historique, a – spatiale, comme dans le cas des lois de l'économie libéralo-capitaliste. C'est une promotion égalitariste des hommes moyens moyennant un élitisme des détenteurs du pouvoir. Mais là, le libéralisme avait aussi ouvert la voie en se méfiant de la populace et en organisant une réelle oligarchie représentative sous couvert de démocratie. Il ne restera au totalitarisme que de faire croire aux médiocres qu'ils appartiennent à une race supérieure ou à un prolétariat élu par les lois mécaniques des contradictions du capitalisme.

Une destinée historique liée à la supériorité du groupe porteur et vecteur de l'emprise finale de la cause. Cause cachée et aux deux sens du terme, mais que les idéologues et les gourous du parti découvrent, révèlent et diffusent. Cela a partie liée avec l'évolutionnisme de la modernité et de la pensée libérale du XIXème siècle. Destinée liée au nationalisme et qui installe le refus de toute différence. Mais destinée immédiate et non reportée sur un chèque en blanc dans le futur éloigné au contraire du libéralisme qui, à l'analogue du messianisme Juif, attend toujours le Messie, ce qui entraîne le quiétisme du présent et la stratégie de réponse immédiate aux occasions immédiates. Du reste, c'est comme pour les conséquences pratiques de certaines philosophies orientales : la mort n'est pas grave, s'il on a bien conduit sa vie, car on pourra se réincarner dans du mieux. Cela explique l'attrait du libéralisme capitaliste actuel pour ces attitudes, car elles sont totalement en phase avec le progressisme, à échéance indéterminée, inauguré par la philosophie des Lumières et continué par le système capitaliste d'aujourd'hui. Cela est à l'opposé de tout projet d'avenir prochain et, d'un point de vue normatif (horreur, voilà quelqu'un qui établit des évaluations hiérarchiques dans les conceptions du monde), c'est à combattre au profit d' une volonté co-construite et débattue d'améliorer solidairement le sort de tous les citoyens du monde et de toutes les communautés. Car, si on reconnaît que les valeurs et cultures se valent en dignité, rien n'empêche de les combattre vigoureusement quand elles favorisent le libéralo-capitalisme ou le totalitarisme ou qu'elles piétinent les droits de l'homme et des groupes humains. Le relativisme, ainsi, peut échapper à l'indifférenciation.

Une formulation pseudo-scientifique dont la fonction est de traiter les opposants en fous à enfermer (ils refusent la science ; donc ils sont fous) ou en saboteurs à éliminer. La prétendue science est réductrice à un seul aspect des choses et ne s'embarrasse pas de mensonges et de faussetés, comme l'a montré l'affaire Lyssenko. Cela camoufle un dogme analogue à celui de la toute puissance du marché international.

Une logique du tout ou rien, de la suppression du contraire gênant au profit de la cause déterminante et fatale, ce qui simplifie radicalement toute analyse. La dialectique est celle des contraires qui s'excluent et non celle des pôles en tension qui se combinent dans l'interdépendance de leur tension dynamique. Or La vitalité de toute société dépend au contraire de la tension entre antinomies.

Un réductionnisme anthropologique attribuant aux hommes le caractère d'une cire molle, munie de facultés innées, mais que l'éducation et la propagande façonneront en capacités et orientations utiles à l'ordre nouveau. La foi étant dangereuse, il conviendra de l'éliminer ou de la remplacer par une autre grâce à des rituels et des grandes messes. Cela provient en droite ligne d'une spécialité de la science libérale comme théorie du conditionnement et du comportement conditionné dans la lignée de Pavlov puis de Skinner. Serge Tchakhotine a très bien montré cela dans son livre comportementaliste « le viol des foules par la propagande politique ». L'homme est donc façonnable, ce qui autorise à le conformer à des comportements favorables au Reich millénaire, au socialisme scientifique, au constructivisme ex nihilo de la société parfaite préconisée et modélisée par les utopistes de tout poil. L'inné est survalorisé par rapport aux acquisitions conditionnées en arc réflexe des stimuli-réponses. Il est surtout assimilé à quelques facultés potentielles, communes à tous, de l'homme-machine identique aux autres. Cet inné provient des sciences, exploitées par le libéralisme colonialiste, de la biologie et de l'histoire.

Une foi totale dans la maîtrise des techniques, de la science et de la nature, qui doivent obéir aux directives des scientifiques et ingénieurs stipendiés par le pouvoir. Cependant le progrès sera celui qui est défini par les idéologues du parti contrôlant le travail scientifique. Avec une différence notoire : le nazisme s'inscrit dans la science biologique darwinienne ; le soviétisme se fonde sur la science historique.

La communication et le langage transformés en message descendant et uniforme à sens unique, d'où le rôle fantastique de la propagande. La communication devient la transmission de quelque chose aux autres. Elle devient un message à contenu unique et du haut vers le bas. Elle ne relève que de la séduction et de l'influence exercées par les monopolistes du pouvoir politique, au nom de la supériorité de la race ou de la classe sociale.

La mêmeté comme conception des relations d'altérité entre les éléments séparés et balkanisés. Là l'identité comme même contient d'office l'exclusion du différent. La sociologie totalitaire est fondée sur la réduction libérale de la société à une collection d'individus identiques en leurs facultés principales et à leurs interactions. Cependant les circonstances et situations d'interaction seront pré-organisées par le pouvoir totalitaire. En effet, l'émergence interactive chère à Hayek pouvait produire un résultat non prévu et contraire à la monopolisation du pouvoir.

4) UNE LOGIQUE POLITIQUE DU ZERO ET DE L'INFINI

Rappelons que la modernité à rencontré la fracture de la figuration de la société comme entité symbolique. En effet, les individus ne connaissent et ne vivent que des relations de proximité fort éloignées du concept de nation. Ce dernier n'est qu'un construit figuratif censé rendre compte de l'unité de la société. La solution libérale, par rapport à ce problème de la modernité, a été l'extériorisation du pouvoir politique comme détention de la violence collective, la démocratie représentative par le suffrage individuel et le pluralisme des voies d'expression des intérêts et opinions. Cela a permis de prendre des décisions sur les buts communs et la façon de les atteindre. Mais cela n'a pas résolu le problème de l'existence d'une communauté politique différente de la juxtaposition et de l'agrégation de ses membres. Le libéralisme français en avait appelé à l'histoire et à la mythification du peuple souverain. Le libéralisme anglo-saxon n'y avait vu que des effets de composition entre individus raisonnables en interaction d'intérêts et compromettant entre eux. Dans les deux cas, cela supposait un consensus socio-politique légitimant le pouvoir politique au nom de la souveraineté de la société.

Le totalitarisme apporte une solution nouvelle colmatant la béance que la démocratie de sondages, d'opinions et de suffrage individuel a laissé en place. Béance rafistolée grâce à la presse, à l'éducation, aux rituels patriotiques. Mais cela demeurait fragile et ne pouvait tenir en cas de crise économique et de perte des repères. La solution totalitaire, c'est l'hypostase de la communauté comme totalité indifférenciée et supérieure à tous ses éléments. La communauté, par définition, est absolue. Elle nécessite un pouvoir spécial qui la fasse passer de la puissance à l'acte, car elle représente fictivement l'institution de société en collectivité unie, globale et inscrite dans l'avenir de long terme. La solution libérale-républicaine se trouve renforcée et mythifiée. Le pouvoir souverain ne pouvant être l'addition des pouvoirs individuels se transforme en absolu permanent représentatif du bien commun de la communauté. Il est fort par construction et ne souffre pas les groupes de pressions particulières, car l'intérêt général est celui de la communauté et non la résultante des transactions entre intérêts. Mais qu'est-ce, alors, qui fait sa légitimité incontestable ? C'est que le leader est en quelque sorte le symbole vivant de la communauté et n'agit que pour elle. La chose cependant n'est crédible que si le peuple lui renouvelle sa confiance. C'est pourquoi les gouvernements totalitaires se présenteront comme les plus démocratiques du monde, avec, par exemple, la constitution de l'URSS édictée par Staline en 1938. Mais c'est une démocratie formelle comme celle du libéralisme. C'est comme la démocratie réduite à la procédure, sauf que là, la procédure n'est pas effective. Elle n'est qu'un effet d'annonce pour légitimer le soviétisme, au contraire du nazisme qui affichait son anti-démocratisme.

Les détenteurs du pouvoir politique sont déjà érigés en pouvoir de direction de la société et représentent l'infini de la puissance souveraine du peuple face aux individus-zéros à l'échelle où ils sont. Il ne reste plus qu'à légitimer la chose par la propagande et à détruire les opposants par l'espionnage et le contrôle. Mais une seule personne ne peut toute seule exercer le pouvoir. Il faut un relayage. Ce sera le parti. Comme ce dernier agit au nom du peuple un, total et global et que, en tant que communauté unie dans l'identité de la mêmeté, le peuple ne saurait se diviser, alors le parti ne peut-être qu'unique. La ficelle est un peu grosse. Aussi faudra-t-il susciter, au nom du pluralisme démocratique, quelques sous-partis tolérés comme sous-marins fantomatiques afin de sauvegarder les apparences. Le parti étant unique et devant s'occuper de la communauté comme totalité, il devient nécessaire, car il ne peut pas tout faire lui-même directement, d'inféoder des organisations de relayage sous son contrôle. Car en représentant la totalité sociale, le parti doit le faire dans toutes les manifestations et dimensions de celle-là. C'est pourquoi il traverse et envahit tout. Le parti est totalitaire car il détermine et contrôle tous les aspects de la vie sociale. Il le fait par la force, la répression, l'influence, la propagande, l'espionnage, la délation et le contrôle. Mais il est partout. En face, nous avons les petits zéros, atomisés et apeurés et soumis, à cause des dangers de n'être pas dans la masse indifférenciée et de l'intériorisation antérieure de la culture autoritaire. Les petits, espionnés chez eux par leurs enfants embrigadés dans les organisations de jeunes du parti de masse, prennent un profil bas et courbent l'échine. Les opportunistes ambitieux, les Rastignac du totalitarisme, font le don de leur personne au parti. Leur perversité pourra s'y donner libre cours. Ils y auront un rôle spécifié et identitaire. Ils en retireront des bénéfices en retour. Cependant le grand chef sait que les opportunistes ne sont pas fiables. Il ne leur fait pas confiance. Il redoute qu'ils se coalisent s'ils sont installés trop longtemps dans les réseaux du pouvoirs. Alors pour éviter d'être supplanté, le lider Maximo organise périodiquement des purges sous les prétextes les plus divers. Car le Führer a peur d'être remplacé par des rivaux munis de ressources et organisés. Seule la révolution permanente des « élites» permet d'empêcher la solidité et l'extension de groupements concurrents. Ce n'est pas seulement de la paranoïa. C'est une fatalité du pouvoir absolu monopolisé. Quand on voit aujourd'hui combien le libéralisme économique s'accommode des dictatures politiques, on ne peut que se dire que le totalitarisme n'est qu'un basculement dans l'horreur (pas économique) du libéralisme incapable de figurer la société comme unité politique dans la différence mutuelle et la solidarité afférente.

Le pouvoir totalitaire a une histoire. Il commence par s'insinuer insidieusement dans les trous de la démocratie formelle. Profitant d'une situation difficile, il aggrave les difficultés afin de susciter peur et affolement. Il contribue à augmenter le chaos sachant qu'un incident ici aura un effet papillon globalisant dans l'opinion publique déboussolée et apeurée (effet papillon : un battement d'aile de papillon ici peut créer une catastrophe à des milliers de kilomètres). Quand le bon peuple est suffisamment perdu et attend des solutions, alors il peut se présenter comme le sauveur. Les grenouilles demandaient un roi, elles obtiennent un pouvoir envahissant et absolu. C'est normal. La communauté politique libérale n'était plus de devoir, de participation et de principe. Elle n'était plus qu'une procédure de mise en place de politiciens professionnels. Je n'ai pas voulu cela, dirons les libéraux. Certes et sûrement. Mais quand on est rationnel, calculateur, anticipateur et conséquentialiste, alors il aurait fallu prévoir des garde-fous aux dérapages éventuels. Du reste, même si on ne pouvait pas prévoir l'expérience historique du totalitarisme devrait vous servir. L'actualité du libéralisme totalitaire, que nous étudierons ensuite, montrera que vous n'avez rien appris.

5) UNE BUREAUCRATIE ENVAHISSANTE CONTROLANT DES ORGANISATIONS DE MASSE

Le totalitarisme a retenu la leçon du libéralisme du XIXème siècle : pas de maîtrise des choses sans une bureaucratie rationnelle indépendante des éléments de base de la société. Du reste un relayage de l'action est obligé car les chefs ne peuvent pas tout faire eux-mêmes à partir de leur bureau. Le problème est que le totalitarisme mettra la bureaucratie au service du parti qui la dirigera et la contrôlera en toutes ses manifestations. La bureaucratie, à l'encontre, mais dans la foulée du libéralisme hégélien et wébérien, envahira tout. Elle ne reculera devant rien et recrutera tous les opportunistes pervers y compris les demi-soldes de l'ancien régime prêt à se transformer en mercenaires pour survivre et réussir. Cette bureaucratie totalitaire occupe toutes les places du pouvoir sans distinction : pouvoir social, syndical, économique, politique et même domestique avec l'espionnage des parents par les enfants, la mise en accusation des professeurs et intellectuels par les sauvageons (révolution culturelle de Mao). La bureaucratie, pouvoir impersonnel apparemment réglementé, rationalisateur distingue le totalitarisme moderne des anciens empires unitaires à l'exception notable de la Chine ou de l'Egypte. Mais la bureaucratie y était tout à la fois personnalisée, sacrée et lettrée. Les entrepises sont soumises à une planification centrale. Les organisations de masse sont inféodées (syndicats, organisations de jeunes, associations...). Cela ne suffit pas. Il y a une super-organisation administrative de contrôle : Gestapo, KGB, police d'Etat en tout genre. L'œil était dans la tombe et regardait Caïn. L'administration totalitaire est partout, s'occupe de tout, enrégimente tout, espionne tout. Exactement comme le FMI, l'OMC, la BIRD, la BRI...soi-disant libéraux. Cette bureaucratie est alimentée par des minables de tout poil qui voient là une position et du pouvoir. C'est un ramassis de pleutres, de velléitaires, de pervers qui s'abritent sous l'aile du parti tout puissant et qui pourra actualiser ses désirs sadiques et envieux grâce à la délégation de pouvoir qui le constitue en rouage du parti. Comme tout contre-poids a disparu, le pouvoir de la bureaucratie est sans limites et les abus de pouvoir ne sont jamais ni reconnus ni sanctionnés. Ce qui frappe, c'est la médiocrité à tout point de vue de cette bureaucratie. Mais n'est-ce pas un prolongement de l'aurea mediocritas que le libéralisme avait instaurée avec l'individualisme généralisé ? La bureaucratie totalitaire englobe, pénètre, surveille tout. Elle étouffe tout dynamisme, tout conflit, toute créativité qui pourraient devenir des germes de contestation et d'incertitude pour le pouvoir. De ce point de vue, elle ressemble beaucoup à celle de la Chine ancienne. Cette dernière, à cause des énormes problèmes de régulation des flux hydrauliques et des sommes considérables à consacrer aux investissements en ouvrages d'art, avait installé un « despotisme oriental » parfaitement totalitaire.

La bureaucratie y était le mandarinat qui formait les yeux et les mains de l'empereur. Cependant, à la différence de l'essentiel de la bureaucratie totalitaire moderne, le mandarinat, lui, était constitué de lettrés. Du reste le pouvoir totalitaire et despotique a toujours été une possibilité et, souvent, une réalité, au cours de l'histoire : Empire assyrien, pharaons, empires aztèque et inca etc... La démocratie est une innovation, que dis-je, une invention de la sphère occidentale. Pourquoi là ? Les raisons principales me semblent être la combinaison d'une religion judéo-chrétienne qui conçoit le temps comme progressif et non cyclique, qui affirme l'égalité de chaque homme et d'une division très forte des forces face à face. L'Europe a toujours été balkanisée. Les pouvoirs des rois, des princes, le spirituel et le séculier, le seigneur et le bourgeois..., tous ces acteurs étaient en interaction conflictuelle et aucun à lui tout seul ou avec quelques alliés ne pouvait organiser un empire. Même la monarchie absolue française était un Etat décentralisé dans lequel le roi était obligé de composer avec les bourgeois des villes, les notables et les banquiers contre les féodaux. La démocratie peut toujours succomber au totalitarisme dès qu'il n'y a plus assez de conflits dynamiques et positifs. Et une fois la bureaucratie totalitaire mise en place, comme tous les acteurs critiques et créatifs sont réduits au silence, alors la mort sociale arrive progressivement.

6) Un effacement de toutes les frontieres entre les differentes spheres de la vie sociale avec suppression de l'autonomie des organismes intermediaires

C'est cela qui caractérise le plus le totalitarisme. Les monarques absolus à la différence de l'empire despotique, laissaient suffisamment d'autonomie à la sphère civile, commerciale, privée. C'est pourquoi le commerce a pu se développer suivant des interactions privées et que le temporel et le spirituel ont été séparés. Le pluralisme libéral formalisera cet état d'équilibre des rapports sociaux et de séparation des différents domaines d'activité. Quatre sphères furent considérées comme autonomes quoique interdépendantes : Le privé domestique, le civil des rapports sociaux, l'économique des relations de production et le politique. Cependant, souvent, les libéraux sur-dimensionnèrent le politique, transversal aux trois autres sphères, et le mirent au dessus de celles-là. En réalité, la relation Etat au dessus de la mêlée – société civile ne pouvait pas être seulement de séparation et de hiérarchie. Car la société forme effectivement une totalité de fait, un système intégré caractérisé par les interdépendances entre les registres et les dimensions de l'action sociale. Or la conception libérale de la société est celle d'une agglomération hasardeuse de molécules s'entrechoquant en relation les unes avec les autres. La sociologie n'était pas née. Mais une fois venue, les libéraux en ont contesté les principes mêmes d'une globalisation sociale extérieure aux individus et dotée de son autonomie irréductible à la composition à partir des seuls éléments. L'interactionnisme et l'individualisme méthodologiques tiennent le haut du pavé et considèrent la société comme une agitation chaotique de molécules libres et responsables. Peut-être que la société, à l'origine, a résulté des interactions pour procurer peu à peu des règles du jeu, des conventions, des habitudes..., toutes choses utiles pour économiser du temps, éviter des accidents, prévoir le comportement des autres, mettre en sécurité les conduites sociales. Ce que l'interactionnisme libéral n'explique pas, c'est pourquoi, une fois ces typifications et modélisations en place, elles deviennent stables et instituées dans la très longue durée. Certes, cela évolue à cause des inventions et des conflits, mais le temps nécessaire est infiniment supérieur à celui des techniques. Le libéralisme concevant une société d'individus n'a pas vu qu'en fait la société était un système surdéterminé. C'est dans cette factualité que le totalitarisme s'est inséré. La société étant totale par construction, il suffisait d'en bloquer les rouages fondamentaux en occupant la place de la décision, de la direction de l'action et du contrôle dans toutes les sphères de la vie sociétale. A la totalité a répondu le totalitarisme. Le marxisme a fait encore moins bien. En postulant que l'économie était aux commandes, il a facilité le travail de tous les révolutionnaires politiques et idéologiques qui, au contraire, ont compris que le pouvoir était le ressort de la révolution politique et de l'occupation de la souveraineté. Ils n'ont toutefois pas aperçu que la révolution sociale ne se réduisait pas à la révolution politique. Tous les Blanqui disaient la révolution sociale est le but, la révolution politique est le moyen. Mais, ne peut-on dire en réalité : la révolution politique est le but (la liberté réelle), la révolution sociale est le moyen ? Au contraire du libéralisme wébérien du primat de la bureaucratie, comme idéal-type du gouvernement libéral, ce totalitarisme en correspondance avec la réalité s'est appliqué à supprimer tous les corps intermédiaires, tous les réseaux autonomes, toutes les médiations sociales. Ce fut en digne fils des postulats très libéraux de la révolution française avec la suppression du droit d'association et des corporations. Révolution française qui, quand on regarde de près, était un hyper libéralisme puisqu'il n'y avait plus rien entre le citoyen et la République-Etat-Nation. Les révolutionnaires de 1789 n'ont pas compris, au nom du libéralisme politique et économique, que la collection des individus atomisés en dessous d'un pouvoir central absolu et indivisible conduisait potentiellement au totalitarisme. Même l'expérience de la terreur ne le leur a pas fait apercevoir. Les libéraux modérés réclamèrent la décentralisation, l'association, la séparation des pouvoirs, la liberté d'opinion pour contrer le danger. Les libéraux purs, dépourvus de sociologie sérieuse, ne comprennent pas que c'est la masse, en tant que collection de zéros identiques et sans possibilité de communication entre eux, qui se totalise d'elle-même pour donner un pouvoir infini dont les mégalomanes pervers peuvent s'emparer pour envahir et diriger toute la société. Alors, tout devient monstrueusement possible.

La sphère économique, même si on y conserve la propriété privée (autre différence avec le despotisme oriental car la propriété privée était sans doute un atout de la modernité libérale), est mise au service des dirigeants du pouvoir politique, notamment pour les moyens militaires. Un dirigisme économique s'installe, car le peuple ne peut durablement accepter de suivre le pouvoir totalitaire (ou despotique) que s'il est suffisamment nourri et si les choses sont assez égalitaires pour ne pas susciter l'envie. L'interventionnisme étatique contrôle la production, les échanges et fausse les prix pour s'orienter vers ses objectifs. Le pouvoir totalitaire surveille la sphère privée (les immeubles cage-à-poules ou clapiers servent aussi à faciliter le contrôle par regroupement et à favoriser l'espionnage des familles les unes par les autres). Il éradique le pouvoir religieux, concurrent potentiel pour la direction de conscience et d'esprit. Il supprime les autonomies locales et régionales par centralisation politique. Il contrôle l'administration elle-même par une police spéciale. Il créé des syndicats bidons et des organisations-relais, tout spécialement pour la jeunesse... Et pour couronner le tout il dote son pays de la meilleure constitution démocratique du monde. La science est pré-orientée, calibrée, espionnée et mise au service de l'idéologie. Celle-là est diffusée en permanence par des médias aux ordres chargés de relayer le message. La presse indépendante est supprimée, la censure organisée... Ainsi la sphère civique démocratique disparaît au même titre que la dimension domestique privée et le registre économique. Quand au domaine idéologique-politique, c'est lui qui mène le bal.

Le statut et la position du droit sont aussi clairement attaqués par le pouvoir totalitaire. On distingue généralement entre le droit positif, celui qui existe de fait et est légal, et les normes fondatrices et justificatrices de ce droit en place. Le libéralisme de la modernité avait obtenu que la légalité obéisse à des principes supérieurs tels que les droits de l'homme ou les droits-libertés. Le totalitarisme nationaliste et communautariste supprime le caractère universel des droits de l'homme, caractère qui confère à ces derniers la possibilité d'être un critère de la légitimité démocratique. Il lui substitue les seuls droits de la communauté à condition d'en faire partie. La République libérale avait déjà beaucoup avancé dans cette direction en clivant les droits universels des droits particuliers du citoyen. Cela fut renforcé avec l'apparition des droits-créances quelque peu limités aux seuls citoyens et des droits-participation politique ouverts aux seuls citoyens. Le totalitarisme du point de vue juridique s'origine comme excroissance cancéreuse de la conception républicaine du libéralisme. Mais le vice fondamental réside dans le libéralisme de la démocratie des intérêts particuliers en ce sens qu'il s'est bien trop contenté de la nature théorique des droits qu'elle donnait comme essentiels. Un gouffre pouvait s'installer entre eux et la réalité. Certes, l'idéal libéral permettait au moins de juger du caractère démocratique d'une société, ce qui est fort utile et nécessaire. Mais, ainsi qu'on l'a déjà vu, la question sociale restait entière. Et cela d'autant plus que les libéraux n'ont cessé de manipuler le droit en faveur des puissances dominantes de l'économie moderne naissante. Déjà, dans la béance s'était précipité, à l'issue de luttes sociales dramatiques, l'Etat-providence, car l'homme ne peut se contenter d'idées ; il a aussi besoin de pain. Car, il demeurait dans le libéralisme, même si cela n'était que la mineure du triptyque liberté – égalité - solidarité, l'idée d'égalité. Celle-là ne peut vivre que si elle reçoit des preuves tangibles et observables dans la réalité. Dans une situation de crise, le totalitarisme se présentera comme Etat-providence parfait. Cela, du reste, demeure un des arguments tocquevilliens sur les dangers de l'intervention étatique en matière de justice sociale. L'égalité finirait par supprimer la liberté. Les libéraux n'ont pas aperçu qu'égalité et liberté étaient des termes complémentaires et à équilibrer, à combiner, à maintenir en tension conflictuelle. La liberté peut devenir sauvage quand on ne se préoccupe pas de son aspect positif, à savoir la capacité réelle d'action des auteurs sociaux et quand sont en place des relations de pouvoir parfaitement asymétriques et inégalitaires. La liberté, conçue comme absence d'obstacles négatifs, considère fictivement les contractants comme égaux en droits, mais pas leurs intérêts personnels. Or, quel intérêt un individu en situation d'infériorité a-t-il de contracter un accord généralement léonin ? Le contrat équilibré suppose un minimum d'égalité dans les rapports de transaction. Il n'y a donc déjà pas à avoir une pensée binaire faisant de la liberté et de l'égalité un couple d'opposition, une contradiction indépassable. Bien plus, dans la division du travail rendant les fonctions interdépendantes et obligeant à l'action collective, la coopération est plus efficace que la seule coordination. Or, pour coopérer Alter demande à être respecté dans sa dignité et exige une réciprocité, une mutualité dans l'action commune. Cela ne peut pas être obtenu sans un minimum d'égalité de traitement réciproque sous la houlette d'un critère de justice. Ce problème politique essentiel a été résolu par les totalitaires anciens (Platon, communistes utopistes) en parlant de l'inégalité naturelle des dons conformément à l'harmonie du cosmos. Les libéraux ont cru le résoudre par l'égalité des chances dans la compétition sociale. La différence étant que le résultat remplace l'ordre préétabli. C'est supposer que l'égalité des chances est effective et que le résultat est suffisamment égalitaire. En effet, si le résultat est par trop inégalitaire, on butte sur le fait que la justice n'est pas seulement une question rationnelle (comme a voulu le montrer le stimulant John Rawls dans sa théorie de la justice). C'est aussi un problème affectif, lié à l'estime de soi et à la relation sociale. Cette dernière est par construction une situation comparative dans laquelle les justifications argumentées sur les raisons de l'infériorité de traitement des uns et des autres ne sauraient faire taire les sentiments d'indignation et de révolte. Les totalitaires modernes ont senti ce problème laissé béant, entre l'idée et la réalité, entre l'idéal et les comparaisons objectives. Ils ont procuré de la subsistance à tout le monde dans des conditions suffisamment égalitaires pour ne pas diviser les citoyens entre eux (voir aussi Aristote qui voyait dans la disproportion des richesses le ferment de la disparition de la démocratie). Mais ils ont trahi le modèle. Car dans le libéralisme la justice distributive provient du jeu du marché et des mérites et capacités d'adaptation respectives et est une conséquence des interactions individuelles. Alors que dans le totalitarisme, l'égalitarisme et même toutes les normes fondatrices du droit positif sont imposés d'en haut suivant un schéma préconçu et national.

Le droit légal, positif, ne peut que faire l'objet de contestations par les acteurs sociaux critiquant le désordre établi. Il faut le justifier. Cela ne peut être fait que grâce à des principes extérieurs à la construction normative du droit. Ces principes se trouvent dans les finalités de l'existence commune et dans les valeurs qui donnent le sens de l'action morale et les critères d'évaluation du bon collectif, du bien autorisé et du juste pacificateur des rapports sociaux. Le totalitarisme fournit un tel système de justifications au seul profit de la communauté politique considérée. La finalité est la puissance et la pérennité de la communauté. Les valeurs sont la prééminence de la race, de la culture ou du travailleur collectif. Les normes s'en déduisent : tout ce qui permet de rester ensemble pour le bien commun supérieur à celui des parties intéressées. Les industriels sont obligés de coopérer (ce qu'ils firent très volontairement au nom du profit). Les religieux sont priés de sanctifier l'action gouvernementale comme la plupart des évêques de France sous Vichy (sauf, ô bizarrerie à Lyon et dans le Sud toulousain, et les protestants cévenols ; ces derniers sans doute à cause de leur situation de minorité et de leur tradition de lutte contre le pouvoir central). Les juges se transforment en cours spéciales. La police est épurée. Bref, tout ce qui tourne autour du droit positif est enrégimenté pour servir les fins du Reich millénaire. Au nom de l'égalité qui est le principe de la démocratie républicaine !

Les libéraux n'ont vu dans le droit – et surtout la loi – qu'un obstacle nécessaire à la liberté individuelle pour maintenir la paix sociale. C'est, pour ainsi dire, une conception instrumentale et policière du droit. Les totalitaires sont leurs dignes continuateurs. Les marxistes-léninistes, frères jumeaux du matérialisme utilitaire des libéraux, n'ont vu dans le droit qu'une superstructure au service des exploiteurs et de leurs complices gouvernementaux. Ils autorisaient donc par avance toutes les manipulations totalitaires du droit, puisque cela n'avait guère d'importance. Les libéraux anglo-saxons n'ont pas compris que le droit, même très inégalitaire, demeurait une protection des plus faibles, car il assure un minimum de sécurité et souvent un repérage utile. Le droit, est une des fonctions par lesquelles est assurée la régulation sociale, la pacification, la sécurité. Cela limite forcément la liberté, mais surtout cela signifie des repères. Le droit, pour ce faire, actualise en lois, règles, des normes issues des finalités et valeurs sociales. Or ces dernières font partie du monde vécu au quotidien et ont partie liée avec la tradition et la culture. Le droit régulateur n'est donc pas instrumentalisable à merci par les gouvernants, car les normes ne sont la propriété de personne et ne se créent que lentement par institution de la collectivité en entité suffisamment unifiée dans la longue durée. Le droit n'est pas un instrument non plus, parce qu'il est une forme symbolique de signification de ce qui est interdit et de l'ordre public. Cette forme symbolique (au sens de l'entrée dans le registre des interdits) a comme caractéristique supplémentaire d'être jointive ou médiate. Elle fait le pont entre les normes de rang supérieur (finalités et valeurs), les lois et les règles positives en place de repérage des actes licites et les pratiques sociales qu'elles cadrent en limitant l'univers des possibles actions. Cette triple relation ne saurait être changée par un coup de baguette magique des gouvernements et autres autorités prétendues démocratiques. Elle n'est pas instrumentale comme le dit le libéralisme et comme l'a pratiqué outrancièrement le totalitarisme. Enfin, le droit organise une médiation entre le registre affectif qui suscite les sentiments de justice, l'ordre normatif qui fixe des limites aux désirs narcissiques et l'ordre cognitif qui produit des argumentations et des justifications. Cela ne peut toujours pas faire l'objet d'approches purement stratégiques et instrumentales. La spécificité du totalitarisme est de rabattre les trois ordres essentiellement sur l'affectivité des masses en proie à la propagande, à la peur et à la mystification de la société. Celle du libéralisme est de dogmatiser de façon réductrice la suprématie des droits abstraits et théoriques des seuls individus au nom d'une égalité de principe pour les droits et une liberté de fait pour l'action. Il en est de même pour les droits de l'homme qui ne sont conçus que comme droits personnels sans prise en compte de droits collectifs liés aux communautés naturelles ou professionnelles existantes dans la grande société. Le droit de résistance des individus et des groupes, quand le pouvoir politique viole le pacte social, cher au pourtant libéral John LOCKE, n'a jamais été pris en compte par les démocraties représentatives.

Dans le droit totalitaire, le citoyen n'existe plus guère et ses devoirs supplantent de loin ses droits. L'expression démocratique est cependant fictivement conservée alors qu'en réalité il n'y a plus de possibilités de choix à cause du parti unique. Ainsi le droit renforce-t-il la massification de la population en agglomération d'atomes, puisque les molécules sociales, (groupements, associations, syndicats), sont soit supprimées, soit polarisées au service du parti. Ce droit consacre la chasse aux opposants, aux déviants. Certains différencient le nazisme qui a mis en place l'abominable holocauste et le communisme qui n'aurait fait qu'éliminer, massivement cependant, les opposants ou gêneurs. On sait cependant que Staline a organisé des ethnocides . Cependant, ce n'était pas au nom de la race, mais pour des raisons économiques et politiques. Il ne faut pas oublier non plus que le protestantisme anglo-saxon et libéral a fait aussi bien que le catholicisme dans l'esclavage des noirs et dans l'extermination des populations indigènes (aztèques, Incas, indiens, canaques...). La différence, c'est que ce ne sont pas les Etats qui ont procédé au massacre. Ce sont des acteurs privés (consolés par la religion et encouragés par les monarques) à base d'aventuriers, d'immigrants de tout poil, de marchands, de flibustiers et autres corsaires, tous rejetés par la bonne société locale et qu'on espérait voir ailleurs. Cela s'est fait au nom de l'or, du lucre, de la réussite. Puis l'esclavage a été justifié par des théories raciales prétendues scientifiques qui ne valent guère mieux que le génocide eugénique nazi. Où est le droit universel de l'homme ou le droit tout court dans ces horreurs ? Les occidentaux sont-ils bien placés pour donner des leçons d'universalisme et de démocratie ? Tellement mieux que les totalitaires ?

Pourquoi une telle transformation des idées libérales a-t-elle pu se produire ?:

Déjà nous venons d'établir qu'il y avait beaucoup de proximités entre la pensée libérale à l'origine de la modernité ou accompagnant le développement de cette dernière. Nous avons aussi pointé que le totalitarisme pouvait être le prolongement naturel du libéralisme républicain et communautariste. Enfin nous avons montré que le totalitarisme s'était inséré dans les fractures et les problèmes non résolus du libéralisme du siècle des lumières et du XIXème siècle. Cela ne suffit pas puisque, à l'évidence, la démocratie, si elle a vacillé, n'a pas sombré partout. Il faut ajouter au problème des dimensions plus matérielles et qui, en outre, doivent afficher une différence marquante par rapport aux Etats qui n'ont pas succombé. La première variable pourrait être le degré de crise vécu par chaque pays après la première guerre mondiale et le krach boursier de 1929. Rappelons que l'Allemagne était vaincue et devait payer des réparations considérables. L'inflation y a été énorme, le chômage terrible ; l'Allemagne avait été le premier Etat-providence, mais cela ne pouvait suffire à cause de l'ampleur de la crise. L'Italie, certes, subissait la crise économique de façon assez grave, mais cela était plutôt dû à son arriération antérieure. En Russie, pays faiblement développé avant la guerre, la révolution de 1917 avait considérablement aggravé la situation économique. La variable économique de crise ouverte a sûrement joué. Mais elle ne peut tout expliquer car les USA étaient eux aussi dans une très grave situation. Une autre variable, peut-être plus déterminante, se trouve dans l'humiliation nationale. Le grand Reich était vaincu, pas vraiment unifié ; la Russie attaquée de toute part par les Blancs et les occidentaux en était arrivée à la thèse du socialisme en un seul pays et de l'encerclement capitaliste. L'unification de l'Allemagne demeurait récente et fragile. Toutes ses maigres colonies lui avaient été retirées. La misère économique télescopait encore plus l'humeur nationale. La Russie n'avait jamais été qu'un conglomérat de peuples ramassés sous la botte des tsars. Mais « l'âme slave » se trouvait sans doute percutée par la double crise politique et économique. L'unification de l'Italie était aussi récente et l'Italie n'a pas pu faire vraiment la démonstration de ses capacités guerrières, symbole de la supériorité de la nation. Elle tentera de le faire en occupant l'Ethiopie, mais même les allemands mépriseront les soldats italiens. La révolution soviétique s'était annoncée comme internationaliste, mais très vite Staline sut faire vibrer la fibre nationale. Que l'on se souvienne de ce que en 1914, contrairement à tous les pronostics, les socialistes sont montés au front la fleur au fusil. Libéralisme et communisme avaient tout deux profondément sous-estimé les passions nationalistes. Le nationalisme, surtout quand il est blessé et frustré, est un ressort très puissant de l'apparition des totalitarismes au nom de l'orgueil national et à la main des aventuriers qui le flattent démagogiquement. Le nationalisme est une revendication d'identité, qui est accélérée par la standardisation produite aujourd'hui par le libéralisme économique.

Nouvelle variable, l'Etat des divisions et des forces en présence. L'Allemagne était profondément éclatée en partis rivaux n'apportant pas de solutions aux problèmes économiques. Le très puissant parti social-démocrate était démoralisé par la défaite, mais aussi clivé entre réformistes et révolutionnaires. La stratégie de Staline consistait à affaiblir le plus possible le parti social-démocrate qui a fini par s'effondrer. La droite était éclatée, mais prête à se raccrocher à un sauveur. Personne, à lui tout seul, ne pouvait remporter la victoire de la prise du pouvoir. Or Hitler, au début par des voies démocratiques et en excitant parallèlement la terreur en en faisant porter la responsabilité aux partis ou organisations à éliminer, sut créer et organiser un mouvement puissant qui, après la victoire législative, rallia les tièdes et les opportunistes. En Italie, coup d'Etat : l'accès au pouvoir du parti qui a promis l'ordre et qui a donné une préfiguration de ses promesses dans sa propre organisation, dans la démonstration de sa force et l'affichage de sa discipline, et cela face à la faiblesse et à la balkanisation des autres forces. Cet affaiblissement d'organisations antérieurement puissantes est lié à la crise économique et aux blessures narcissiques du nationalisme. En URSS, là encore une organisation partitaire de plus en plus puissante a peu à peu éliminé les rivaux et éradiqué la démocratie possible (la Douma, assemblée élue, n'a jamais siégé ...). Trotski, Lénine... ont appliqué la vieille stratégie des Horace et des Curiace contre les socio-démocrates mencheviks (qui était majoritaires...), contre les socialistes-révolutionnaires, contre les populistes, contre les anarchistes (qui résistèrent le plus avec l'épopée de MAKHNO). Dans tous les cas de figure, les vieilles recettes du parti blanquiste déterminé et organisé, quoique petit, ont été appliquées pour s'imposer au pouvoir. Cela provenait aussi de la théorie politique libérale. En faisant du pouvoir politique quelque chose d'extérieur à la société et de repérable sous forme d'Etat, en le centralisant parfois à outrance, le libéralisme des anciens philosophes politiques a donné l'idée qu'il suffisait de s'emparer de la forteresse étatique pour tourner ses canons contre les anciens occupants.

Une variable supplémentaire de l'émergence du totalitarisme peut se trouver dans la rémanence d'une culture autoritaire intériorisée par les individus. Cette culture est prédisposée à la soumission et s'oppose profondément à l'autonomie individuelle du libéralisme. Luthéranisme et catholicisme sont plus autoritaires que le protestantisme calviniste. L'Allemagne s'était unifiée sous la houlette des prussiens, de tradition autoritaire, centralisatrice, étatique. La Russie, la sainte Russie orthodoxe, n'avait jamais connu la démocratie et était arriérée et illettrée. Cependant le catholicisme solide, qui contient des valeurs collectives et qui s'est séparé de l'Etat, résiste mieux que le protestantisme au totalitarisme. De plus, le protestantisme, fondé sur l'individualisme, est plus vite abandonné et ne procure plus de repères communs. Autoritarisme des structures politiques et individualisme sans références cognitives et normes morales communes ont conduit au clivage entre une masse atomisée d'individus, saisie par l'opinion publique, et les élites dirigeantes ; le totalitarisme n'a fait que pousser la situation à son paroxysme.

Il est probable que ces différents facteurs ont joué simultanément et de façon interdépendante pour sombrer dans le totalitarisme, il fallait la conjonction de ces variables, il fallait une congruence qui aboutisse à une configuration stable. Quand on analyse les facteurs idéologiques et les circonstances d'apparition du totalitarisme moderne, celui qu'on croyait révolu grâce à la démocratie contre les despotismes orientaux, on s'aperçoit qu'une configuration analogue pourrait resurgir et submerger le monde. Cela pourrait venir de la disparition rampante de tout contrepoids ou de l'élimination rapide du pluralisme des idées et des organisations par une pensée unique et par l'uniformisation des cultures. « La bête immonde », n'est pas morte. Elle peut venir des entrailles d'une démocratie qui ne fonctionne plus eu égard à la complexité du monde actuel. Elle peut surgir d'une nouvelle crise économique. La guerre même peut imposer un nouveau despotisme totalitaire ou le remplacement progressif de la culture libérale par une culture de soumission, d'indifférenciation du spirituel et du temporel, à base plus ou moins religieuse. N'oublions jamais que la sécurité compose avec la liberté un couple de pôles en tension dont l'équilibre est instable. Si le curseur se déplace trop vers la liberté en laissant le peuple dans l'insécurité, alors le totalitarisme reviendra. Le totalitarisme peut venir de l'insécurité et de la misère. Il résout le problème par l'embrigadement. Le libéralisme, de façon symétrique, le résout par l'accroissement de la police et de la pénalisation des individus marginalisés par les dysfonctionnements du système socio-économique. Car, seuls les individus étant responsables, ce qui est le dogme individualiste – moraliseur, il convient d'enfermer ceux qui manquent à leurs devoirs par des causes purement personnelles. C'est, du reste, ce que pratiquent aujourd'hui les démocraties libérales au nom de la lutte contre la déviance et contre l'immigration. Car pour être égal, soit il faut être différent mais normal, soit il faut être un même. Et cela est conforté et justifié par le mode d'expression politique, à savoir le suffrage tête de pipe par tête de pipe, au mépris des enracinements dans des structures concrètes d'insertion et de vécu, sans prise en compte des activités pratiques et réelles au nom desquelles les personnes déterminent largement leur pensée et leur intérêt. Dans le chapitre suivant, nous verrons en quoi le libéralisme est totalitaire. Mais disons d'ores et déjà la différence essentielle. Le totalitarisme est ancré dans un territoire-Etat-nation, alors que le libéralo-capitalisme financier actuel fonctionne en réseau, en diaspora transnationale au nom d'une logique universelle, celle du maximum de rentabilité économique, quel que soit le lieu à partir duquel les acteurs opèrent. Les réseaux et les territoires sont pris dans un ensemble total d'interdépendances où les puissances dominantes et les périphéries sont imbriquées et en réciprocité de perspective sans y pouvoir quoique ce soit. La logique unique de rentabilité est déjà totalisante en elle-même, mais la situation est totalisée de fait. Dans cette situation, des cultures ont de très bonnes dispositions à tirer le meilleur parti des occasions qui se présentent. Ce sont les cultures poreuses, celles qui sont à la fois des communautés en leur intérieur (elles privilégient les leurs comme étant des mêmes) et utilisatrices des chances de réalisation des individus ou des groupements à l'extérieur. Ces derniers sont chargés de répercuter sur la communauté les bénéfices de leur réussite à l'extérieur. Ces communautés (par exemple asiatiques) fonctionnent en réseau transnational et essaiment partout à la manière des mafias. Cependant ces dernières violent les lois locales et internationales, alors que, elles, elles les respectent à l'extérieur tout en ne trouvant légitimes que leurs règles internes. Car ces communautés traitent différemment autrui suivant qu'il appartient ou non à la communauté. L'autre y est un même égal dedans et un différent inférieur ou opposant dehors. C'est de cette dualité que le libéralisme actuel fait ses choux gras...Et pour compenser toute perception des inégalités et injustices, on nous propose le retour au nirvana individuel, grâce auquel on peut se désintéresser des problèmes collectifs. Cependant soyons juste en ajoutant que, au contraire du totalitarisme, le libéralisme accepte les droits de l'homme à condition qu'ils demeurent individuels. En revanche, le totalitarisme prend en compte les droits collectifs des gens, mais en les réduisant à la seule communauté nationale, alors que le libéralisme refuse tout ordre juridique collectif pour les groupements : il ne fait qu'accepter la cohabitation des communautés. Cependant, il y a deux types de totalitarisme moderne : le scientifique, qui se prétend rationnel avant tout, et l'affectif-instinctuel. Celui-là s'écarte des Lumières, comme l'avait fait le romantisme, pour se fonder sur l'irrationnel de l'histoire, de la race, de l'intuition populaire. Il refuse l'intellect et s'appuie sur les théories biologiques et eugéniques nées au 19ième siècle. Là encore, le libéralisme l'avait devancé en portant au pinacle une fausse interprétation de DARWIN afin de justifier le colonialisme, l'esclavage et le racisme.

Par refus d'accepter le caractère systémique de la société en tant que totalité organisée et complexe d'interdépendance de sous-systèmes, alors qu'il y a intégration et ensemble de fait, le libéralisme a fait le lit du totalitarisme, qui a intuitivement reconnu la chose. Le libéralisme réduit tout au premier niveau d'organisation du système social, à savoir celui des interactions entre individus ou groupes communautaires. Et, en même temps, il ne peut pas ne pas sentir qu'il y a des cultures qui lui sont très favorables. Ce sont celles qui sont fermées pour y accéder, tout en étant ouvertes pour propulser leurs meilleurs éléments dans la compétition individuelle, afin qu'ils fassent bénéficier leur communauté des retombées positives de cette exportation. Ces cultures refusent de traiter les autres comme des égaux à leurs propres membres, les traitent de façon différente et tirent leur épingle du jeu concurrentiel. Cela est d'autant plus facile que le prétendu marché ouvert est loin d'être auto-régulé, ainsi que les économistes modernes l'ont eux-mêmes démontré . Les bataillons unifiés, au contraire de l'individualisme propulsé par le néo-libéralisme, accroissent leurs chances, grâce à leur organisation, de mieux se placer dans la compétition.

Ne négligeons jamais que les représentations se traduisent en actions effectives. C'est ce qui explique l'intense travail de propagande auquel se livrent les réservoirs de pensée, les universités anglo-saxonnes, les institutions expertes internationales, les chercheurs stipendiés ou convaincus et les médias détenus par le capital pour orienter les pratiques dans la bonne direction et légitimer l'excellence du néo-libéralisme capitaliste. Une bonne part des représentations réside dans l'imaginaire culturel issu notamment des religions. Ainsi, l'esprit du capitalisme a-t-il du mal à entrer en synergie profitable avec l'éthique catholique ou musulmane. Le catholicisme a toujours privilégié le don généreux et gratuit comme charité-communion, c'est-à-dire comme lien social d'union des membres de la communauté, comme rapport personnel de chacun aux autres et à la collectivité. Le protestantisme au contraire a surestimé la relation individuelle à Dieu et à la société. Cela a eu pour conséquence de transformer l'éthique en attitude personnelle et en rivalité potentielle entre les mêmes, de diminuer le poids des autorités extérieures à l'individu et de réduire le lien social au contrat librement consenti et intéressé. La fraternité et l'universalité des hommes ont été remplacées par l'individualisme compétitif et la recherche de la satisfaction matérielle. Le désir est devenu manque d'avoir au lieu d'être propension à entrer en relation de réciprocité avec l'autre, même différent. Au lieu de chercher à être reconnu comme personne intégrée dans la communauté, on a commencé de vouloir se distinguer par ses possessions et ses signes extérieurs de richesse. Le rapport de réciprocité sociale et de mutualité des échanges a disparu au profit de l'utilitarisme égoïste et calculateur. A partir de là, on peut tenter l'hypothèse que la culture, subjuguée par le matérialisme et l'hédonisme calculateur, a fait le lit d'attitudes propices à un totalitarisme stratégique et opportuniste. Cela d'autant plus que les médiateurs interprétatifs des valeurs de la communauté, à savoir les prêtres catholiques, avaient disparu au profit des consciences individuelles soumises à la toute puissance de l'Etat. Un signe en faveur de cette hypothèse est que les pays protestants au 20ième siècle se sont livrés à des pratiques d'eugénisme et d'exclusion forcée peu recommandables : la Suède a stérilisé de force des prétendus débiles pendant 40 ans ; la Grande Bretagne a déporté des orphelins, retirés à leurs parents considérés comme marginaux ; la Norvège a fait adopter les enfants nés chez elle mais issus de pères soldats allemands ; l'Afrique du sud s'est illustrée dans l'Apartheid ; le racisme anti-noir est toujours aussi prégnant aux USA...Quand les valeurs universalistes de don et de charité, en tant que lien social et pas seulement attitude individuelle, disparaissent en faveur de l'intérêt et du bien-être résumé à la possession, au lieu d'être une joie de réalisation de la personne dans des relations de reconnaissance mutuelle des hommes et des groupements sociaux, tout devient permis, leçon dont profitera le totalitarisme communautaire ou racial ou scientifique. On peut légitimement se demander si les attaques en provenance du monde anglo-saxon contre Pie XII et le catholicisme ne sont pas un rideau de fumée pour camoufler tout cela ? Ne s'agit-il pas de faire oublier les affinités électives entre l'esprit du protestantisme et celui du capitalisme ? Ne faut-il pas dissimuler que les communautés qui cultivent encore la fraternité et le don en tant que système unificateur des relations sociales et inter-individuelles sont des obstacles au développement de l'utilitarisme, de la marchandisation de toutes choses ou idées et de la transformation des femmes, des hommes et des enfants en instruments, en ressources humaines ? Cependant, reconnaissons que totalitarisme et libéralisme capitaliste utilisent LUTHER et CALVIN contre leurs intentions. Ils ne pouvaient prévoir le détournement de leurs valeurs au profit du capital. Reconnaissons que ce dernier, en réalité, foule au pied les valeurs de toutes les religions, ce que le totalitarisme ne fera que continuer avec une violence officielle au lieu de sournoise. Enfin, si ces valeurs n'avaient pas existé, le libéralo-capitalisme n'aurait pu s'installer, car le marché ne peut fonctionner sans confiance et réciprocité. C'est là la contradiction majeure et actuelle du capitalisme : il fonctionne sur des valeurs que sa mécanique foule aux pieds et sur les croyances de la plupart des personnes, qu'il ne fait que mépriser de plus en plus. Le masque ne pourra pas se perpétuer indéfiniment : le capital s'auto-sape.

DEUXIEME PARTIE

L'ECONOMISME TOTALITAIRE

Le libéralisme est né il y a environ trois siècles en accompagnant et en justifiant la naissance de la modernité. Certes, il y a à distinguer les conditions objectives de la modernité des systèmes de justification qui l'ont accompagnée et parfois précédée. Cela vaut aujourd'hui. Les circonstances de la modernité ont changé et les idéologues patentés pour en tenir compte et argumenter les transformations n'ont pu que transcrire les faits de l'actualité d'aujourd'hui. Cependant, ils n'ont retenu que ce qui les intéressait pour justifier les prétendus acquis de la mondialisation. Ils ont opéré un travail de figuration, de réduction, de justification qui s'apparente totalement à une idéologie. Bien plus, cette idéologie ressemble beaucoup à celle du totalitarisme. Elle en a les caractéristiques. Elle est simple, assimilable par le bon peuple dans le monde vécu au quotidien. Elle est bien loin d'être vraie au sens scientifique du terme. Elle contient des faussetés présentées comme des vérités scientifiques. Elle introduit un décalage terrible entre la doctrine officielle et répercutée dans les organismes d'action et les pratiques réelles. Elle montre ainsi son caractère de justification de ce qu'il faut faire au profit des favorisés de l'hyperlibéralisme contre les victimes de ces pratiques et de leur idéalisation. On pourra ainsi montrer que les pratiques réelles sont très loin d'obéir aux canons de la doctrine libérale d'aujourd'hui. Les béances du libéralisme d'il y a trois siècles ont été partiellement comblées par les solutions libérales actuelles. Mais la modernité d'aujourd'hui en a introduit d'autres, que les libéraux d'aujourd'hui s'efforcent de combler avec l'appareillage libéral ancien et avec des justifications nouvelles de ce dernier. L'essentiel de la modernité libérale aujourd'hui consiste à présenter comme modernes des thèses d'il y a plus de deux siècles en les appuyant sur les circonstances de l'actualité. La thèse ne tient pas la route. Elle est parfaitement idéologique au double sens de système d'idées et de disqualification des adversaires ou d'aliénation des ralliés. Elle ressemble beaucoup à l'idéologie totalitaire qui est fondée sur des idées simples, réductrices, souvent fausses et pourtant présentées comme celles auxquelles l'arrière-plan de significations vécues du peuple devrait obéir et sur lesquelles il devrait s'aligner. On rejoint un autre aspect de l'idéologie, celui de tromperie suffisamment argumentée et justifiable pour que le sens commun s'y rallie et que les choses passent pour des évidences, ce qui amalgame capitalisme actuel et théorie libérale le justifiant.

Le profond travail idéologique du libéralisme totalitaire aujourd'hui passe par de nombreux registres que nous passerons en revue conformément au plan ci-dessus présenté. Dans chacune des dimensions à explorer, il nous faudra appuyer nos interprétations sur le fond du contenu de l'idéologie libérale actuelle et sur des pratiques réelles. Ce sera l'occasion de montrer en quoi certaines pratiques sont conformes à l'idéologie et en quoi d'autres y sont contraires. Sur ce deuxième aspect, il y aura lieu de pointer en quoi l'idéologie justifie des pratiques contraires à ses propres principes et pourquoi. Il nous faudra aussi marquer les distances avec l'idéologie libérale des premiers moments de la modernité, alors que l'idéologie libérale continue de s'appuyer sur les canons de l'ancienne modernité. Quand il y aura des différences avec les aspects de la doctrine libérale actuelle et avec les circonstances de la modernité d'aujourd'hui, il nous faudra les pointer et examiner en quoi elles autorisent un nouveau système de justification restant pourtant pour l'essentiel dans les canons du libéralisme. Le travail idéologique de domination du monde et de toutes les sphères d'activité sociale commence par un intense matraquage de théorie économique scientifique, dite de l'équilibre général ou de la théorie standard et par son relayage et son application sous la houlette du management libéral. D'où les deux chapitres qui suivent.

1) ECONOMIE ET PRIVATISATION NUISIBLE ET SANS PRECAUTION DE LA TERRE ET DE L'UNIVERS

Maintenant nous abordons le pont aux ânes du libéralisme capitaliste et financier de la prétendue nouvelle économie. C'est le domaine où l'on se veut le plus scientifique, alors que la distance et la dissociation entre la théorie et la pratique sont sans nul doute les plus grandes. Les manageurs croient dur comme fer aux démonstrations d'efficacité économique du libéralisme. Or, ce qui est pratiqué, c'est un capitalisme financier pur et sans freins. C'est là aussi que l'on voit le mieux la répartition des rôles entre une pratique à légitimer et une théorie construite sur mesure à partir de modèles savants dont les hypothèses sont fausses dans la réalité. Et les économistes savent qu'elles sont inexactes, bien que dirigeants et manageurs les présentent comme vraies et nécessaires. La difficulté du sujet vient de ce que les hypothèses idéologiques du libéralisme économique sont souvent théoriquement fausses, quoique revendiquées par les tenants de leur application à la réalité (experts FMI,OCDE,banque mondiale, OMC, manageurs de tout poil etc...) et en contravention avec les pratiques des entreprises en situation d'action. Je vais commencer par décrire les pratiques effectives des entreprises (à la fois actrices et victimes de la situation) dans l'économie financiarisée au plan international. Ensuite, nous verrons les insuffisances théoriques du modèle, illustrées par la réalité des choses. Cette situation n'a rien à voir avec les hypothèses de l'économie classique et elle impose sa logique à tous les acteurs. Cependant cette situation a été mise en place par les dirigeants économico-politiques de la planète, fussent-ils socialistes. Elle a pour déterminants :

Un univers de rendements croissants contrairement à l'hypothèse classique. Ces rendements croissants proviennent de ce que les coûts de recherche-développement, de marketing, de force de vente, de publicité (qui n'est qu'un obstacle à l'arrivée de nouveaux entrants sur le marché)...sont devenus monstrueux et que leur amortissement se fait sur des périodes de plus en plus courtes, car la durée de vie des produits diminue à cause des progrès de la technologie et, surtout, par suite des effets de mode installés par le capitalisme lui-même pour augmenter la taille du marché et/ou pour s'y réserver un monopole momentané. Tout est fondé sur l'installation de faux besoins consommatoires chez les individus, qui cherchent à se distinguer par leur avoir. De plus, ces coûts sont essentiellement immatériels (on va vers 90% d'immatériel et 10% de physique dans les coûts de production). Ces coûts, une fois consentis, sont fixes, ce qui conduit à les amortir le plus vite possible sur de très longues séries de production (ce qui suppose l'extension ou la monopolisation des marchés). En effet, le prix unitaire de production baisse dès lors qu'on a atteint le point mort, c'est-à-dire le moment où les frais fixes sont couverts : au delà, c'est tout bénéfice, même en vendant à un prix marginal, voire de dumping... Ce qui explique la stratégie généralisée des firmes pour étendre leur marché. Pour ce faire on peut absorber les concurrents à l'échelle internationale; on peut les couler par dumping ou par une meilleure productivité. On peut profiter d'un immense marché intérieur (cas des USA) pour amortir chez soi avant de vendre à l'étranger. On peut renouveler les produits en s'en conservant le monopole. Partout le monopole pratique contre la théorie !

Un monde de rentabilité financière orientant la production. En effet, aujourd'hui ; les produits financiers et l'argent peuvent circuler sans contrainte, n'importe quand et n'importe où grâce à la technologie INTERNET et à la libéralisation des flux financiers sans régulation voulue par les politiciens de tout pays. De plus, cette financiarisation est auto-référentielle et auto-réalisatrice, puisque les entreprises ont été autorisées à détruire par rachat leurs propres actions (ce qui augmente la rentabilité des titres restant à bénéfice égal) et à acheter des concurrents avec leurs propres actions. Les multinationales ont donc tout intérêt à faire valoriser leurs titres grâce à la spéculation boursière, créant une situation auto-entretenue et de prophétie auto-réalisatrice sur les bienfaits du capitalisme financier. En outre, les fonds de pension (retraites individuelles par capitalisation), exigent une rentabilité minimale de 15%, car, en fait, ils prélèvent 5% de frais de gestion et car les retraites ne pourront être servies par les seuls dividendes et intérêts. Il faudra y ajouter des plus-values sur les titres. Ces rentabilités exorbitantes ne peuvent être obtenues que par des moyens complémentaires aux déjà examinés rendements croissants. Là s'introduisent la chasse aux gaspillages, la compression du personnel, la mise en commun de ressources (par exemple dans la fusion TOTAL-ELF, les services de recherche sont réduits à un seul, ce qui renforce les suppressions de personnel), la standardisation des produits, l'exploitation des fournisseurs, la baisse des charges sociales, l'externalisation des activités secondaires chez des prestataires et autres sous-traitants, la délocalisation dans les pays à bas salaires, la concentration des bénéfices, par transferts internes et surfacturations, dans les pays à faible fiscalité etc. Bref, la productivité a bon dos ; elle n'est pas à confondre avec la maximisation de la rentabilité, qui ne fait qu'augmenter la pression à la productivité. Bref, la course à la finance contre la théorie du primat de la production !

Une demande doublement volatile et aléatoire, car cela dépend des effets de mode installés par la publicité et de la fausse variété des besoins des consommateurs. A ces derniers on ne vend que des produits modulaires standardisés mais différenciés par leur montage final. Mais cela dépend aussi de la solvabilité de la demande et des propensions à consommer. Pour ne pas supporter le risque de la mévente, les firmes jouent sur la flexibilité par tout moyen : prestations de services, horaires à temps partiel, contrats de travail précaires, heures supplémentaires non payées, stocks minimum, flux tendus de production etc....Du coup la flexibilité (facilitée en outre par le fait que le capital est de plus en plus intellectuel et donc mobile ou exploitable quel que soit le lieu où il se trouve) est devenue la stratégie essentielle des entreprises. Cette dernière requiert, bien sûr, la suppression de toutes les prétendus obstacles à la mobilité de la main d'œuvre, notamment des salaires minimaux, du droit du travail et de la protection sociale.

Le risque principal étant devenu financier, les entreprises s'efforcent de le reporter sur les salariés. C'est chose faisable avec des rémunérations liées aux résultats de l'entreprise et des retraites par capitalisation. En effet, cela substitue à des salaires ou retraites fixes et prévisibles et immédiats des revenus aléatoires et futurs. Cela redouble le fait que les aléas de la production ont déjà été répercutés sur les salariés sous forme de précarité de l'emploi. Cette situation, comme effet de système, induit la logique d'action des entreprises. Comme cette logique est très négative pour le salariat, il faut la justifier. C'est pourquoi, les décideurs continuent de se replier derrière l'économie néo-classique, ce qui revient à dire que si les canons de celle-là étaient vraiment appliqués sans entrave, alors la théorie montrerait son imparable vérité scientifique. Or, ce que l'on va voir maintenant, c'est que la science a bon dos.

Le lecteur aura compris que cette situation capitaliste n'a rien à voir avec les hypothèses de l'économie standard. Mais il y a aussi péché contre la cohérence de la pensée avec la vulgate économique propagée par les réservoirs de pensée à la mode, ceux-là même qui inspirent les responsables de tous ordres. La Vulgate économique d'aujourd'hui repose sur des idées qui n'ont de valeur que pour expliquer la réalité. Mais que valent des modèles qui sont démentis par les pratiques effectives ? L'hypothèse fondamentale de l'économie classique et néoclassique (en 1900, déjà de la nouvelle économie !) est que les lois de fonctionnement dépendent de la mêmeté des individus, tous machines désirantes, rationnelles et venant de nulle part, car elles se seraient crées elles-mêmes en quelque sorte par génération spontanée. Chacun établit sa liste de préférences et leur ordre de priorité. Chacun procède à ses calculs d'utilités et des conséquences attendues de ses décisions d'action. Encore faut-il que les préférences soient commensurables sur une même échelle des valeurs. Dieu merci, nous en avons une avec l'argent en tant que désiré par tous et comme équivalent général. Cette identité de base des personnes, si je puis encore employer ce mot, est la réduction de l'anthropologie aux facultés primaires au sommet desquelles trône l'égoïsme. Les postulats sont ceux de l'individualisme et de la rationalité. De ce point de vue, l'économie est amorale. Les individus peuvent faire ce qu'ils veulent à condition que cela ait des retombées économiques. Mais qu'est-ce qui est strictement économique ? N'a-t-on pas vu une université américaine organiser un calcul d'utilité et de prix pour les relations sexuelles entre étudiants. Le « petting » (attouchements) n'avait pas le même prix que le reste ! De plus, globalement, l'économie ne s'intéresse qu'à ce qui est mesurable, calculable, qualifiable, échangeable. Mais la propension pour les valeurs matérielles et l'argent est-elle indépendante de la culture et de la morale, question qui ne préoccupe pas l'économisme libéral ? Et pourtant, la culture libéralo-capitaliste existe. Elle fonde tout sur le progrès, le bien-être, l'égalisation à long terme des conditions, l'individualisme, l'hédonisme ...

Une société atomisée avec seulement des individus

Au postulat de l'individualisme atomisant et balkanisé, l'anthropologie et la sociologie (même l'individualisme méthodologique des sociologues libéraux ; en effet c'est une différence de méthode. Au lieu de partir des structures par une démarche descendante, on part des interactions pour trouver les régularités sociales auxquelles elles conduisent) ont déjà répondu en en prouvant l'irréalisme. Mais même les économistes libéraux d'aujourd'hui sont en train d'y renoncer pour beaucoup. Pour certains, les conduites individuelles sont régies par des conventions sociales qui évitent de tout repenser dans chaque situation et qui procurent les attentes réciproques de rôle et de comportement avec suffisamment de prévisibilité. A ces conventions, spécifiques à chaque domaine de la vie en société, s'ajoutent des critères d'évaluations et des principes valorisant, des grandeurs d'appréciations et des moyens de positionnement des pratiques sur une échelle de grandeur. Ces conventions, ces principes et critères d'évaluation sont particuliers à chaque sphère de l'action sociale. La sphère économique a ses registres – l'argent, le marché, l'échange, l'efficacité utilitaire, mais ils ne valent pas dans les autres domaines. Pour d'autres, s'il existe des organisations, des entreprises, c'est pour diminuer les coûts de transaction. Une entreprise se crée quand elle apporte aux demandeurs des produits et des services sûrs et de qualité au moindre coût. Inversement, une entreprise externalisera ce qui diminue ses coûts de gestion, de passation des contrats, de contrôle de leur exécution en qualité et en quantité. Une fois créée, l'entreprise devient une institution, et pas seulement une organisation, qui développe ses propres normes et son système de relations internes et externes. Le ressort de calcul des coûts institutionnels de négociation et de gestion est fondé sur le caractère incomplet de la plupart des contrats, c'est-à-dire qu'il repose sur l'incertitude dans la bonne exécution du contrat, dans la longue durée des relations de confiance entre fournisseur et client et entre entreprise et salariés. Prenons l'exemple du contrat de travail, alors que malgré tous les efforts des libéraux ce dernier n'est pas une vente de la marchandise - force de travail. Qui garantit que les salariés ne vont pas traîner les pieds, flâner, voire saboter ? (thèse de l'aléa moral). Les solutions ne sont pas nombreuses. Soit il faut des gardes-chiourme munis de knouts, soit il faut contrôler et sanctionner, soit il faut motiver et impliquer par des incitations et par un cadre de travail attrayant. Mais tout cela a un coût. Si on peut, autant le reporter sur des sous-traitants. Mais ces derniers ne sont pas si fiables que cela. Il faut aussi les surveiller. Le coût du contrôle peut être exorbitant, car il est difficilement contenu, sans parler même des cas où l'œuvre se fait au fur et à mesure et parfois par essais et erreurs. Il n'empêche, si on externalise, il faut alors instaurer des relations de confiance dans la durée, ce qui ne va pas sans contrat implicite de coopération. L'économie est donc aussi un problème institutionnel de partenariat interne et externe. Dans le cas du travail, il faudra disposer de moyens de fidélisation du personnel tout en évitant des passagers clandestins. On mettra par exemple un salaire d'excellence, supérieur à celui du marché du travail pour dynamiser et conserver le personnel. Pour éviter que les manageurs ne s'entendent trop avec les salariés afin de conserver leur tranquillité, on installera entre eux et le conseil d'administration une relation d'agence. Les manageurs ne sont que des agents ayant des résultats à atteindre, contrôlés et sanctionnés. Chez les économistes d'obédience plus socialisante, on établit que l'entreprise est aussi régulée, ordonnée autour de règles du jeu qui ont été négociées entre partenaires sociaux, par exemple les qualifications, les postes de travail et les rémunérations. Au niveau global de l'économie et entre les pouvoirs publics, les patrons et les syndicats ont mis en place un pacte social, un compromis souvent qualifié de fordien pour l'entreprise, avec protection sociale et réglementaire du travail dans le pays concerné. C'est justement ce compromis, qui assurait la paix sociale (salaires, sécurités, protections du salariat, sur toute la durée de vie et quels que soient les aléas), que les évolutions actuelles ont jeté aux orties et fait remplacer par la justice, la police et la prison. Notamment parce que la production étant largement exportée, l'industriel n'est pas obligé de verser des salaires permettant de la racheter sur le sol national. Du reste, les entreprises, à la différence des économistes, savent bien que l'organisation industrielle ou de service est un système politique. Elles veillent à leur image pour attirer les compétences indispensables. Elles ont introduit des cercles de qualité, des groupes d'expression et de créativité; elles négocient avec les syndicats les règles du jeu. Elles préfèrent la coopération et les groupes autonomes de travail aux travailleurs postés. C'est du flan, disent les contestataires. Ce sont les nouvelles technologies qui y poussent et, en dernière instance, c'est le patron ou le manageur qui décide seul. Mais cependant on est amené à distinguer entre au moins deux types d'entreprise libérale. Celle qui a le nez au vent et fonctionne dans le court terme et en coup d'accordéon et qui se rapporte à la flexibilité externe du marché du travail et à la précarité interne, malgré les coûts de recrutement et de turn over, et celle qui conserve une « stratégie » de long terme, notamment assise sur la fidélisation du personnel et sur la flexibilité interne du travail et de son organisation. Si toutes les entreprises se réclament de la théorie individualiste de l'économie, même si toutes ne la pratiquent pas, c'est que cela conserve des moyens de manœuvre et des réserves de puissance. Le personnel risquerait de se coaliser s'il n'y avait pas la menace des licenciements et si la prétendue exigence de flexibilité n'était pas crédible. A la façon des économistes, rappelons que s'il y a des organisations et pas seulement des échanges entre individus, c'est qu'une telle multiplicité obligerait à d'énormes coûts d'information et de contrôle (coûts de transaction). Mais il y a aussi des organisations parce que, contrairement à la théorie, les préférences individuelles ne sont pas hiérarchisables en priorités collectives (Condorcet et Harrow)) ; Or, les organisations fixent des priorités et les font passer par le lobbying. Nous avons donc fait justice du présupposé individualiste des économistes néoclassiques. Nous avons ainsi noté que la pratique réelle n'obéissait pas aux canons de l'école, car il y a des organisations, des institutions et des conventions sociales qui pré-existent à tout contrat entre individus.

Vous avez dit rationalité ?

Qu'en est-il du postulat de rationalité ? Il subit le même sort. Les uns ont montré que la rationalité était limitée. Les capacités de mémorisation et de tri de l'information ne sont pas extensibles à l'infini. Les démarches de résolution de problèmes ne sont pas imparables. Au même problème, il peut y avoir plusieurs solutions et plusieurs méthodes de résolution. Les choses sont trop complexes et trop incertaines pour obtenir une rationalité efficace [3] à coup sûr. Il peut y avoir plusieurs points de vue sur les buts et les intérêts. Dans ce cas, des économistes libéraux ont prouvé (en théorie du choix rationnel en milieu d'intérêts pas forcément convergents) que la coopération valait mieux pour tous que l'opposition ou le choix purement individuel. Alors s'impose une rationalité de mise en rapport des protagonistes et de confiance durable, car on n'est jamais sûr que l'autre va suivre les mêmes règles du jeu. Les sociologues libéraux et les manageurs ont aussi rencontré cette rationalité limitée et cette entreprise comme espace de conflits par rapport auxquels chacun adopte une stratégie autour des ressources communes. D'autres ont signifié que la décision n'était qu'un processus assez aléatoire de petites décisions et que l'on faisait le tri en jetant à la poubelle les solutions qui, à vue de nez, ne pouvaient pas coller en situation. D'autres encore ont établi le rôle essentiel de l'innovation, laquelle ne saurait avoir lieu dans les sentiers battus de la routine et du conformisme. La créativité est là

---

[3] On distingue la rationalité « substantive » prétendant à un choix non contestable et la « procédurale », qui se limite à une méthode aboutissant à une solution acceptable.

nécessaire, de même que la coopération dans la recherche, ce qui donne à la rationalité et à la création une dimension pluraliste. La rationalité est trop limitée dans sa puissance et elle est composite et plurielle dans son effection à plusieurs. L'ennui, pour les patrons, c'est que la coopération des subordonnés peut leur faire perdre le pouvoir. Certains préfèrent alors avant tout le conserver, ce qui du reste n'est pas spécialement rationnel. C'est peut-être raisonnable tout au plus. Les libéraux actuels ont inventé une solution à ce problème. C'est la séparation entre le conseil d'administration, qui examine la rentabilité, et la direction générale (théorie de l'agence) qui organise chaque entité du groupe financier. Dans ces conditions, le pouvoir s'éloigne des centres d'opération, des établissements, des usines. Il devient diffus, incernable et injoignable. Dans ces conditions aussi, on peut jouer sur des critères de gestion différents, par exemple la rentabilité pour le groupe et l'efficacité pour l'usine. Autrefois patrons et salariés avaient des relations de proximité et avaient au moins un intérêt commun, à savoir l'existence de l'entreprise. Aujourd'hui, un président de holding peut décider sans état d'âme et sans perturbation la fermeture de sa nième usine... Est-il si rationnel de cliver ainsi la finance de la production et le contrôle de gestion de la gestion ? Certes non. Car la valeur des actions à long terme ne dépend pas des spéculations boursières. Elle dépend de la production réelle et de la rentabilité effective. L'économie immatérielle dépend toujours de la réelle. Ou alors, il faut en arriver à la conclusion que la seule rationalité valable est la rationalité financière. Un libéral comme Keynes avait comparé la bourse à un concours de beauté. Dans celui-là le juge ne cherche pas son opinion, mais celle que les autres membres du jury auront. Ce n'est pas très rationnel, non ? Il est juste de préciser cependant qu'une école libérale actuelle en économie, faisant fi de la critique de la décision et des jeux à somme non nulle (le gain final est plus gros et chacun y gagne), repart sur la rationalité. Il y a des « anticipations rationnelles », correspondant sans doute à des mémorisations du passé et à des stéréotypes, qui font que toute décision annonçable par les pouvoirs publics est anticipée et pervertie par les futures victimes ayant les moyens d'investir leur argent ailleurs. Exemple : la monnaie est faible sur le marché des changes, donc on va remonter les taux d'intérêt pour conserver ou attirer les investisseurs financiers. Donc ces derniers vendent des obligations avant la hausse du taux ou achètent à terme des actions, qu'ils ne paieront que lorsqu'elles auront baissé. Conclusion : le gouvernement ne peut plus prendre de décision ; elle sera détournée par les marchés financiers. La rationalité gouvernementale consiste à ne rien faire ou à suivre les décisions du marché. D'autres prétendent qu'il ne peut y avoir de décisions a priori. Tout fonctionne avec des peurs, des spéculations, des rumeurs, des imitations moutonnières. On ne peut que constater le résultat des micro-actes isolés bien que les économistes aient démontré que les préférences individuelles ne pouvaient se transformer en ordre collectif.

Une information libre et gratuite ?

Un autre postulat néoclassique est la mise à disposition générale et gratuite et transparente de l'information. C'est pourquoi, pour illustrer ce principe fondamental, nous observons le secret des affaires, celui des stratégies d'entreprise, la protection des brevets et des droits d'auteurs, les paradis fiscaux et le secret bancaire... On va même jusqu'à breveter la composition génétique du vivant et les semences transgéniques. Vous me direz que les démocraties libérales veillent au grain. Il y a des commissions de bourse, des délits d'initiés, des obligations d'informer les comités d'entreprise, des contrôles fiscaux et d'Etat. Cela est déjà très efficace, ainsi que la déconfiture (comme celle des responsables mais occultée longtemps) du crédit lyonnais le prouve. Et pourquoi donc, quand on peut faire sauter le secret bancaire, mettre en place des régulations internationales et supprimer les paradis bancaires, y-a-t-il aussi peu d'empressement aux USA, en Grande Bretagne, au Luxembourg... ? Parce que certains pays et financiers y ont intérêt, que si un seul pays le faisait la finance irait ailleurs et parce que tout cela n'est qu'un discours mensonger à l'usage du bon peuple crédule et dûment endoctriné. Supposons le problème résolu dit-on à l'instar des mathématiciens et vous verrez, c'est vrai et c'est efficace. Le problème que d'aucuns veulent délibérément ignorer, c'est que l'information ne peut plus être partagée et diffusée dans un monde fantastiquement inégalitaire. Cela a été établi par la théorie pourtant libérale en économie de l'asymétrie d'information et celle de l'analyse stratégique (l'information- pouvoir pour les acteurs). Et Il y a trop de différences – qui s'accroissent aujourd'hui – entre les capitaux économique, culturel, social, politique, entre les individus et les groupes. Le vulgum pecus doit se contenter de M. Jean-Pierre Gaillard et de M. Sylvestre. L'information est supposée n'avoir pas de coût ! C'est cela sans doute qui explique la gratuité de la recherche – développement. Ce qui est gratuit ou presque pour les entreprises seulement, c'est l'instruction, car ce sont les contribuables qui la paient pour l'essentiel. Quant à la transparence, soi-disant grâce à Internet, c'est oublier qu'il faut avoir des grilles de lecture pour sélectionner l'information et que l'information efficace résulte souvent de la mise en débat argumenté par la confrontation pluraliste des idées. Et que l'on n'oublie pas que les commissions ne contrôlent qu'après que le mal est fait, qu'elles contiennent leurs propres initiés et qu'avant que la justice n'intervienne les sociétés ont eu tout le temps de maquiller leurs comptes. De plus, il n'y a d'information utilisable que pour ceux qui disposent d'un capital culturel et d'un capital social de relations pour vérifier leur interprétation des choses.

Concurrence, que de crimes on commet en ton nom !

L'axiome de concurrence pure et parfait, entre individus atomisés se présentant sur le marché de l'offre et de la demande, est une autre tarte à la crème de l'idéologie néolibérale. On sait déjà pourquoi il y a des organisations et pas seulement des échanges entre individus libres, responsables, et informés. On se demande pourquoi aujourd'hui il y a tant de concentrations, d'absorptions, de fusions, d'OPA, pourquoi nous avons tant de quasi-monopoles privés ou d'oligopoles, pourquoi les entreprises deviennent d'énormes multinationales. Pour avoir une réponse, il suffit d'ouvrir un manuel de marketing stratégique. On y lit qu'il faut faire avoir un avantage comparatif qui vous place, au moins momentanément, en situation de monopole pour le produit ou le service que l'entreprise vend. L'économie libérale ne jure que par le marché concurrentiel alors que les entreprises s'évertuent à y échapper. Les plus malins prétendront que le marché pur et parfait est un idéal qui, à l'instar de la démocratie, est perpétuellement le siège de tendances contraires. C'est pourquoi il y a les lois antitrust. Ainsi, on parle de saucissonner Microsoft pour atteintes à la concurrence ou d'éviter qu'il y ait un seul hypermarché dans une localité. Quelle lucide invention ! Il suffira à Bill Gates de créer un holding ou aux chaînes d'hypermarchés de varier les marques et autres logos. Là encore nous découvrons une dissociation entre la théorie officielle du libéralisme économique et les pratiques des entreprises. Une part de cet écart, qui conduit à réactiver en permanence le mythe de la sainteté de la concurrence atomistique, réside dans l'abysse qui existe entre l'approche micro-économique à partir des individus et l'approche macro. Au passage, les organisations ont été sous-estimées. Une autre part est liée aux effets de la concurrence mondialisée et à la logique intrinsèque du calcul économique effectué par les entreprises – organisations. Les économistes modernes, même libéraux, ont montré que la concurrence se détruisait elle-même (tendance au monopole) et n'atteignait pas à l'efficacité de l'affectation optimale des ressources, s'il n' y avait pas des régulations et des institutions d'ordre politique. C'est le sens profond de toutes les nouvelles théories : coûts de transaction, asymétrie d'information, contrats incomplets, salaires d'excellence, privilèges des installés (insiders) par rapport aux candidats à l'emploi (outsiders), agences, régulation, conventions sociales, institutions, aléa moral, sélection adverse (sélectionner les mauvais clients à risque financier important). Cependant ces nouvelles théories (sauf régulation et conventions) cherchent surtout à sauver les meubles de la théorie standard, dont les hypothèses n'ont rien de réaliste, et à inciter les décideurs à mettre de l'huile dans les rouages pour sauver le système.

Les entreprises ont le choix entre deux stratégies d'avantage comparatif. Soit elles choisissent le coût de revient et la spécialisation du produit, soit elles prennent la voie de la spécificité du produit en qualité, nouveauté, originalité. Si elles comptent sur les deux voies en même temps, elles ont un difficile problème d'intégration – différenciation à gérer. Dans la stratégie quantitative du coût, on peut baisser les coûts de revient par la pression sur les fournisseurs, par la baisse de la masse salariale, par la chasse aux gaspillages et autres coûts « cachés », par le foisonnement avec d'autres des frais de recherche – développement, de publicité et de réseau de vente, d'administration (effet de taille ou économie d'échelle), par l'intensification, du travail et l'élévation de la productivité, par l'extension du marché, ce qui, à structure égale, diminue les prix unitaires de revient...[4] L'imagination est fertile et la logique unique. Encore faut-il sécuriser et étendre le marché. D'où la course au monopole et les délocalisations des productions. D'où les externalisations et les concentrations. La demande demeurant quelque peu incertaine, surtout avec des salaires qui ne permettent pas d'acheter les volumes produits, il faut veiller aussi à la flexibilité des moyens de production. Cependant on observe que les délocalisations ou les investissements directs à l'étranger obéissent plutôt à la sécurisation du marché, de la même façon que les colonies servaient à l'écoulement des produits du « colonisateur ». Extension du marché et réduction des coûts de revient unitaires par tout moyen de foisonnement des structures et moyens correspondent aux fameux rendements croissants. Comme cette logique est à la portée du premier imbécile venu, on finit par se demander pourquoi PDG et autres manageurs sont autant payés. Sans doute parce que ce sont des microcéphales

[4] Les économies d'échelle sont liées au foisonnement, à la mutualisation des coûts et à la standardisation. Les rendements croissants proviennent de l'énorme élasticité du flux de production sans accroissement sensible des frais de structure ou d'investissement.

(avec des micro-ordinateurs) et qu'ils n'ont pas de cœur. La deuxième voie, celle de la qualité et de la nouveauté, est plus difficile car elle est liée à l'innovation, dont les capacités ne font pas partie du patrimoine de l'entreprise. On essaie cependant de nous faire croire le contraire et on est tout prêt de les faire figurer à l'actif, au bilan ! Remarquons qu'avec un seul produit, dont l'innovateur peut fixer le prix avant d'être imité, s'il est très demandé, on peut produire pour toute la terre, ce qui procure des économies d'échelle qui augmentent la marge empochable. Cependant, rien n'empêche les entreprises innovantes de serrer les coûts. Elle le feront du reste, car les financiers exigent une rentabilité de plus en plus élevée. Les capitaux ne vont-ils pas là où ils sont les mieux rémunérés ? Dans les deux cas, nous avons cette pression de la finance sur la production et la relation réciproque et d'interdépendance entre le marché à étendre pour la baisse des prix unitaires (ou la hausse des marges) et ladite baisse pour étendre le marché. Le couple est infernal et quand on est en haut de son toboggan, on ne peut plus s'arrêter. La logique économique semble donc imposée aux entreprises. Mais s'il y a fatalité, alors en quoi consiste la prétendue liberté des entrepreneurs, où sont leurs parts de création et leur fameuse responsabilité ? Sans doute dans la seule innovation et la divination de produits inexistants encore mais porteurs car correspondant à une demande ignorée. Cependant dans ce processus tout ce qui n'est pas marchandable en espèces sonnantes et trébuchantes est ignoré, y compris les besoins sociaux. Au passage, signalons que les 15 % de rendement exigés par les gestionnaires des fonds de pension ne vont pas aux retraités. Ils vont pour 1/3 aux gestionnaires, 1/3 au fonds, 1/3 seulement aux pensionnés. Cela explique pourquoi certains tiennent tant à privatiser la protection sociale et à la retraite par capitalisation. Cela rapportera des frais de gestion sur, en France, 1100 milliards de retraites par an et 2200 milliards d'assurance maladie.

A tous les coups on gagne dans la concurrence

Autre billevesée, l'idée que tous les échangistes gagneraient à l'échange généralisé sur le marché mondial grâce à la spécialisation dans les avantages comparatifs respectifs. Alors le marché produirait la meilleur attribution des ressources et, grâce aux progrès de productivité ainsi induits, conduirait à la baisse des prix pour tous. Tous les experts sont à peu près d'accord pour établir que ce processus conduit aux inégalités aggravées en termes relatifs. Mais en valeur absolue, le niveau de vie global de chaque pays augmenterait à cause du tirage de la croissance par la demande extérieure. Cependant, le niveau de vie par tête peut baisser à cause de la démographie galopante chez certains pays. On constate cependant pour quelques pays la dégradation absolue du P.I.B. (URSS, Afrique sub-saharienne...). Là, les libéraux répondent que les choses s'égaliseront à long terme et que cela est dû aux exactions de gouvernements non démocratiques. Mais, aussi, les libéraux négligent plusieurs problèmes. Si un pays n'a aucun produit sans concurrence mieux- disante où vendra-t-il pour se procurer des ressources pour des biens qui lui sont indispensables ? Comment une industrie efficace et spécialisée peut-elle se développer sans protection aux frontières pour décoller ? Impossible à moins d'innover dans un produit nouveau. Mais il faut des moyens pour ce faire. Un investissement étranger direct ne se ferait que si la rentabilité est suffisante. Il se fera, disent les libéraux économistes, parce que dans un pays aussi arriéré et pauvre, les coûts de production sont beaucoup plus faibles. Cela ne marche pas aujourd'hui car le coût physique des produits et des services est de plus en plus faible. Recherche – développement, publicité, études de marchés, formation interne..., tout ce qui est immatériel, font déjà dans bien des cas 80% du coût de revient. Et cela ne fait qu'augmenter. C'est pourquoi on se concentre, pour « mutualiser » ces coûts On ne donnerait alors aux pays à faible niveau de vie que les usines de production. Cela ne marcherait guère non plus parce que pour les entretenir et les faire fonctionner il faut des compétences avérées. A ce sujet, l'exemple de l'Algérie est tout à fait patent. Les chiffres montrent que les investissements sont le plus souvent des prises de participation financière et ont lieu entre pays développés, souvent dans la même zone (union européenne, ALENA, sphère asiatique). Plus typique de la fracture entre théorie et pratique, est le recours de tout pays à des formes variées de protectionnisme. Si les tarifs douaniers disparaissent, au moins en apparence, il y a des formes beaucoup plus subtiles de protection. Subventions étatiques à la production et à l'investissement, brevets même pour des biens communs à l'humanité, normalisation, encouragements à la culture autarcique de consommation (Japon), arguties en tout genre. Et il y a aussi tout ce que les contribuables procurent presque gratuitement aux entreprises en payant les infrastructures de communication et de formation. C'est sans doute la raison réelle de l'échec de la « conférence de l'O.M.C à Seattle, notamment à cause des subventions à l'agriculture, de la monopolisation des O.G.M (organismes génétiquement modifiés), de la dégradation des termes de l'échange (P.V.D, pays en voie de développement). Car, comme le disent des acteurs plus critiques, l'économie devient effectivement de plus en plus technologique et immatérielle. Services, (du genre conseil, expertise, administration...), nouvelles technologies de l'information et de la communication, innovation, marketing, avantagent les pays de haut niveau culturel et scientifique. Une énorme prime est, aussi, procurée aux pays qui ont un très vaste marché intérieur (USA), qui peuvent donc amortir l'essentiel des frais chez eux et vendre, au début, à la marge pour conquérir les marchés étrangers, y compris avec du dumping. Le phénomène est cumulatif, car plus on vend, plus les prix unitaires de revient diminuent. Les rendements deviennent croissants, hypothèse que l'économie classique avait exclue... A vrai dire quand un réseau est en place (réseau technique, réseau commercial, réseau d'innovation) grâce aux participations croisées et aux concentrations mondialisées, plus il y a d'unités produites, plus les prix peuvent baisser par unité produite. Cela donne un avantage décisif car les frais d'entrée sur le marché pour un nouveau compétiteur deviennent exorbitants. Ainsi, que tout le monde gagne à l'échange est tout simplement faux dans l'état actuel de la situation de concurrence entre pays. Les auteurs les plus modérés soulignent qu'il devrait y avoir un processus à deux temps. Celui de la protection pour faciliter le décollage et celui de l'ouverture une fois que la compétitivité est suffisamment assise. Du reste, quand on regarde de plus près, les échanges sont essentiellement intra-zones économiques (ASEA, ALENA, UE). Dans l'union européenne, c'est à 80 % inter-pays de la zone et, qui plus est, dans une concurrence entre les mêmes branches de production. C'est cela qui explique le dumping fiscal et social entre pays européens. En effet, avec la monnaie unique et l'interdiction libérale du déficit budgétaire, la concurrence ne peut plus se faire que sur le social et le fiscal. Ainsi, notamment, la variable d'ajustement n'est plus la baisse du taux de change, mais l'effectif salarié, la masse salariale, la protection juridique et sociale. On ne peut plus jouer que sur le différentiel de productivité et de coût social. En passant, signalons que la concurrence intra-zone et intra-branches européennes invalide le postulat de la spécialisation puisque on a une compétition sur les mêmes produits. C'est, qu'en réalité, on vise les rendements croissants par extension du marché et les économies d'échelle par mutualisation des moyens de production.. Et, dans cela, on ne s'occupe que de la demande individuelle solvable et aucunement des besoins sociaux et communs, demande doublement variable, inductrice de flexibilité, à la fois par son volume aléatoire et par sa perverse diversification en faux besoins du client-roi. Enfin il convient de remarquer que l'axiome libéral de l'équilibre à long terme sur le marché mondial, par suite d'une meilleure affectation des moyens, là où ils sont le plus efficaces, suppose que les sociétés globales sont encastrées dans l'économie. La culture, le droit, le social, la politique, la morale ne comptent pas. Et cela revient au même que la stupide position marxiste-léniniste sur le primat de l'économie dans les systèmes sociétaux. Tout se passe comme si les économies néoclassiques fonctionnaient avec des catégories dans lesquelles l'immatériel était minoritaire par rapport à la sphère productive. C'est oublier aussi les énormes gaspillages de moyens matériels, écologiques et humains qu'une telle course à un rythme aussi effréné produit. De plus, on y néglige les besoins sociaux et on détruit la nature. Au profit de la bulle financière, le primat effectif de la production et de la productivité réelles est oublié. Quand aux gains pour tous dans l'échange, SISMONDI avait déjà montré au 19ième siècle que cela n'était possible que si les échangistes étaient de force égale ou équivalente ! La concurrence ne peut atteindre son but présupposé, à savoir l'efficacité économique, séparée de la morale et du politique, qu'en faisant fi de la justice et à condition que la demande solvable soit supérieure à l'offre, seul cas où les moins compétitifs peuvent vendre sauf s'il y a guerre des marchés.

Harmonie spontanée du marché ?

Un nouveau bilboquet du libéralisme économique prend sa source dans le caractère spontané du marché et de ses résultats, lesquels conduisent à un équilibre général et même à un optimum. Le marché a l'air d'être une invention que personne n'a voulu et qui a une évidence de toute éternité. L'anthropologie a déjà fait justice de ce postulat. Il y a des sociétés qui fonctionnent au troc et, surtout, au don comme engagement mutuel et relation de confiance. Sociétés archaïques et à solidarité mécanique fondée sur le sacré et la mythologie répondront les libéraux. Sociétés sans liberté, sans risque et sans responsabilité individuelle puisqu'elles sont fermées et sans histoire. Comme quoi, l'anthropologie peut servir, même aux libéraux. Peut-être. Mais en tout état de cause, il a fallu des siècles, sinon des millénaires, pour que le marché moderne s'installe. Il fallait qu'existent des sécurités que seule la puissance publique pouvait organiser (poste, routes et justice). Il n'en est plus besoin proclament les libertariens pour lesquels tout cela peut être assuré par des moyens privés et payants. Peut être. Mais jusqu'à quel niveau de coût payant et privé les tenants de cette thèse sont ils prêts à aller ? Ils payent déjà – de moins en moins – pour la force publique par le biais de l'impôt. Du reste, ils réclament donc de ne rien payer du tout, en tout cas pas les entreprises, car le socio-politique est affaire d'Etat et pas d'économie. Cependant, par suite de l'accroissement des inégalités, les tensions sociales deviennent plus intenses. Cela renchérira le coût de la protection privée. Jusqu'où ? De plus si police, justice, sécurité sont privatisées, qui sera le juge de paix ? Et qui payera cette justice ? Cela ne tient pas la route. Il y a nécessairement des règles de vie en commun et des moyens appropriés. Le marché ne peut être instauré que si il y a un équivalent général crédible et stable que la puissance publique est seule à pouvoir garantir. Quand les caisses d'épargne américaines ont fait faillite, qui les a secourues aux USA ? La puissance publique aux frais du contribuable. Qui paye les cent milliards de francs de l'ardoise du Crédit Lyonnais ? L'Etat et le contribuable. Qui a stabilisé et ressuscité pour ainsi dire les sociétés spéculatives liées à la bulle immobilière ou à la bulle financière ? Toujours l'Etat. Sans tarder, ce serait les fonds de pension avec des titres dépréciés. Et pour que le marché soit durable, il faut une morale. Celle de l'échange non léonin et de la négociation plutôt que celle de la mafia et de la kalachnikov. Le marché est donc une institution socio-politique et pas seulement une production émergente des rapports purement économiques. Prétendre le contraire a une utilité, c'est d'en faire supporter la charge par les contribuables et les gouvernements locaux. Les profits sont mondialisés, mais les charges sont socialisées. On aperçoit déjà ici que dans la globalisation des échanges et de la finance, le rôle postulé pour l'Etat par le néoclassicisme libéral se réduit à faire assumer un ordre convenable par chaque gouvernement rationnel et local. Un ordre favorable au développement des échanges mondialisés. Le centre gouvernant les échanges mondiaux cantonne les structures politiques étatiques à un rôle de surveillance et de punition. Le rôle du gouvernement n'est plus que de favoriser l'économie mondialisée. Quant à l'équilibre automatique du marché, soit c'est un truisme car il y a toujours équilibre statique, soit c'est une prophétie peu réalisée, car il y a accentuation des inégalités aujourd'hui tant entre le Nord et le Sud qu'à l'intérieur des pays développés. Enfin, pour qu'il y ait légitimité de l'approche néoclassique, il faudrait aussi que ledit équilibre soit optimal et que le marché soit l'institution souveraine des relations sociétales. Au nom de l'efficacité, l'optimum reste à démontrer. Au nom de la justice, il faudrait que les inégalités induites par le marché soient peu contestables. Cela n'empêche pas les Etats de faire du dumping social et fiscal. D'où la concurrence entre Etats pour attirer les capitaux étrangers par le biais des taux d'intérêt, des garanties étatiques et dans l'obéissance aux critères de saine gestion économique propagés par le FMI ou par les instituts de « notation » des pays et des entreprises. Quant à l'équilibre général, les libéraux ont démontré eux mêmes qu'il n'y avait que des équilibres partiels et le raisonnement cohérent prouve qu'un état d'équilibre n'est pas forcément un optimum. De plus, l'économie moderne a prouvé que le marché n'était pas auto-régulateur. En outre, la plus grosse part des échanges prétendus extérieurs se fait à l'intérieur des multinationales réparties en plusieurs pays et entre firmes transnationales afin d'exploiter les différences de régimes fiscaux ou sociaux. Le tout est facilité par l'énorme baisse des coûts de transport, ce qui fait plus facilement délocaliser la production.

Vive la demande extérieure !

On nous dit que la croissance est tirée par la demande extérieure... Par rapport à ce postulat, on pourrait déjà se demander si la demande intérieure est satisfaite et quelle est la nature de cette demande : privée-individuelle ou sociale-publique ? Il faudrait aussi savoir si la demande extérieure ne trouve pas une réponse délocalisée non créatrice d'emplois internes. Il y aurait à s'interroger sur les atouts internes et sur les payeurs réels de ces derniers au titre des externalités positives fournies par le pays exportateur aux frais du contribuable. A-t-on fait la balance de ce que coûte au pays de favoriser son commerce extérieur et de ce que cela rapporte et à qui ? Enfin, les économies ne sont pas si ouvertes à l'international que cela. La demande intérieure devrait rester primordiale : au moins 80 % des échanges économiques de l'UE sont intra-zone. Il vaudrait mieux parler d'offre compétitive vers l'extérieur. Mais qui l'a financée et qui en a les fruits ? Et cette croissance par l'extérieur est-elle créatrice d'emplois et de quel niveau de qualification ? Bref, le postulat de la croissance par la demande extérieure demeure tout à fait problématique et n'a donc rien d'un axiome, sauf pour les libéraux de l'économie mondialisée qui ne cherchent qu'à agrandir le marché aux fins d'économies d'échelle et de privatisation des rendements croissants. Du reste, la croissance ne dit rien sur le volume, le contenu et le statut des emplois. Si la croissance extérieure fait échanger des produits à très forte valeur ajoutée contre d'autres à faibles frais de main d'œuvre, on peut être sûr que cela aura des effets négatifs sur le volume et la qualification de l'emploi. En outre, les investissements ne sont pas réversibles.

Ici, on utilise gratis

Le néoclassicisme économique continue de considérer pour l'essentiel que beaucoup de choses sont gratuites au moins pour les entreprises. L'air, l'eau, la nature sont dépourvus de coût. Les nuisances des dégradations de l'environnement sont à payer par les contribuables. Comme disent les économistes, il s'agit là d'externalités négatives. Les infrastructures (rail, route, éducation, urbanisation, culture,...) sont aussi externalisées, mais comme positives, comme facteurs intérieurs (endogènes) de compétitivité. Cela doit être gratuit aussi. Du reste, les gouvernements s'y emploient pour augmenter les facteurs de succès du territoire. Ce dernier n'est pas forcément national. Il y a des aires géographiques performantes et transversales. Comme la banane hanséatique (des Pays-Bas jusqu'à Hambourg), comme l'axe Rhin-Rhône, comme le territoire Midi toulousain – Catalogne, comme l'Italie du nord et la région de Lyon. Ces territoires bénéficient de la simultanéité des compétences et des ressources comme facteurs positifs de compétitivité. Ces territoires répugnent de plus en plus à payer ainsi les (faux) frais des régions peu développées à l'intérieur d'un territoire national. Les plus modérés exigent le fédéralisme (territoire autonome hors monnaie et relations extérieures, voire justice). Les plus excités réclament l'indépendance (Italie du nord et prétendue Padanie ou Ecosse ou Pays de Galle, ou Pays basque ou Corse,...cela dit sans préjudice des questions de pouvoir et de féodalité locale au niveau politique). Les tièdes refusent de payer les frais de l'assistance au développement des régions arriérées. Mais il y a encore plus grave. Les entreprises défaillantes ne payent jamais les dégradations qu'elles ont causées à l'environnement, ni les frais de remise en état. Du reste, entre temps, elles se prévalent de ce qu'elles ont fait faillite. Des solutions seraient simples : application du principe pollueur - payeur et création d'un système assurantiel contre les risques financé par les entreprises. Horreur économique ! Cela handicaperait les entreprises dans la concurrence internationale. Il y a une meilleure solution. C'est que les contribuables financent des sociétés de réparation des dégâts comme les compagnies des eaux. Le paysan pollue les nappes phréatiques et les rivières, la société des eaux dépollue et c'est le consommateur urbain de l'eau qui paye. On pourrait faire deux réseaux. Un d'eau potable et un d'eaux usées pour arroser les jardins. Ce serait trop simple, et cela rapporterait moins aux fournisseurs d'eau épurée. Nous y reviendrons lorsque nous traiterons de la théorie des droits de propriété. Mais afin de dynamiser marchés et profits, y compris pour des besoins superfétatoires et avec casse de tout ce qui est vieux (avec une voiture de 19 ans d'âge, j'étais un diplodocus), il y a une course à la croissance incessante et immaîtrisée. Liberté, civilité, propriété demeurent les principes de base du libéralisme au nom de l'équilibre de la concurrence. Mais tout cela n'est pas neuf. Cela correspond totalement à la vieille logique de la socialisation des pertes et de la privatisation des profits. S'y ajoute la coupure totale entre le domaine économique et le registre politique. Coupure bien commode, car la réalité montre plutôt un système intégré et interdépendant. Cela permet de signifier aux autres acteurs de la société qu'ils devraient ne s'occuper que de ce qui les concerne et aux gouvernements qu'ils doivent se plier aux lois de l'économie que seuls les dirigeants d'entreprises et les manageurs savent mettre en œuvre grâce aux conseils des experts et des organismes internationaux (FMI, BRI, OCDE, OMC...).

Patrimoine ou travail ? Production ou finance ?

L'orientation de la production au service de la demande, où le consommateur est roi, est un autre mythe commode. Il présente les entrepreneurs comme des saints qui sont les seuls à prendre les risques des invendus et qui pour cela méritent d'excellentes rémunérations. Leur dévouement à la cause commune fait qu'il y a maximalisation du bien commun. Chacun suivant son utilité personnelle – et celle des entrepreneurs est double, eux et l'entreprise - augmente le bonheur du plus grand nombre, malgré quelques exclus. Le problème aujourd'hui, c'est que cela ne coïncide plus avec les frontières nationales. L'entrepreneur, sur le marché mondial, ne ferait que le bonheur du plus grand nombre sur la terre entière. On a déjà vu ce qu'on pouvait penser de l'aggravation des inégalités à ce sujet. On sait aussi que les relations de proximité dans la production entre entrepreneurs et salariés se sont énormément distendues. On a encore vu que la production devenait de plus en plus immatérielle. Alors de quelle production peut-il s'agir ? Correspond-elle vraiment à des besoins ou ces derniers ne seraient-ils pas quelque peu manipulés ? Certains acteurs le reconnaissent implicitement en posant le principe de la suprématie de l'offre au point que certains préfèrent organiser la rareté car ils pourront vendre plus cher. Pour une entreprise vendre mille tonnes de pêches à 1000 francs la tonne ne rapporte pas plus que 100 tonnes à 10 000 francs. Et on s'ennuie moins à organiser le transport et la distribution. Ou, au contraire, on réclame des aides pour écouler les excédents aux frais des contribuables. Ces jongleries occultent le phénomène principal. C'est que la production devient moins rentable à court terme que la spéculation financière. La finance mène le bal à tout point de vue. Les taux de rentabilité pesant sur la production sont exigés à un niveau d'au moins 15%.Ce qui ne peut être obtenu qu'avec le concours des plus-values de vente des titres, en sus des dividendes liés aux bénéfices. D'où la course à la spéculation financière sans fin et la création d'une bulle qui éclatera un de ces jours comme la bulle immobilière. En outre, les plus-values permettent de financer des absorptions avec ses propres titres, c'est-à-dire de payer en monnaie fictive, ce qui entretient la bulle. 2000 milliards de dollars circulent tous les jours dans tous les sens et avec des allers et retours incessants à la recherche de la meilleure rentabilité. Les fonds de pension de l'OCDE détiennent huit mille milliards de dollars. Une bonne part de la stratégie des multinationales consiste à racheter leurs propres titres en s'endettant. Les américains s'endettent à tour de bras pour acheter des valeurs. Cela est d'autant plus facile que les USA ont inauguré la surprenante pratique de la faillite personnelle, pratique ô combien contraire à leur idéologie de la responsabilité individuelle. Les gouvernements avec des déficits budgétaires répétés et importants se sont mis eux-mêmes sous la coupe des marchés financiers internationaux. Aujourd'hui ces derniers redoutent des dévaluations ou des cessations de paiement si l'endettement des Etats devenaient trop importants et cela sous la surveillance des experts libéraux du F.M.I. Le bal a été inauguré avec la valse des pétrodollars des émirs du Moyen Orient à la recherche de placements juteux (organisée par l'Angleterre) et quand les USA ont autorisé les non-résidents à détenir des obligations du trésor américain pour financer leur déficit. Les autres pays ont suivi. Du reste, les spéculations rapportent plus que l'investissement dans l'industrie. Cette dernière est difficile à gérer et organiser, car il y a d'autres parties prenantes et car les installations de production ne sont pas mobiles. La spéculation semble moins risquée qu'un investissement dont les coûts pourraient échouer. Ces énormes liquidités ne sont donc pas investies assez alors que tant de pays manquent d'usines et de production. L'investissement ne se fait pas parce que l'offre ne s'adresse qu'à la demande solvable. L'exemple des médicaments contre le Sida est éloquent. On ne les fournit pas aux pays qui ne peuvent les payer. Investir, pourtant, aurait bien des avantages, par exemple éviter la pression potentielle de l'immigration en créant des revenus locaux. L'économie est devenue rentière et cela davantage par les plus-values que par les dividendes. Rentière, l'économie mondiale ne peut accepter l'inflation qui ruine le patrimoine. D'où les objurgations du FMI, de l'OCDE , des experts libéraux contre le déficit budgétaire, la hausse des salaires...

Une économie virtuelle

Mais cette économie n'est pas seulement rentière, elle est aussi virtuelle. Virtuelle, car ce qui circule ce sont des impulsions électroniques sur le réseau Internet. Virtuelle, car les plus-values sont fictives tant que les avoirs ne sont pas liquidés. Virtuelle, car la flèche du temps n'y existe plus, les choses se déroulant dans l'instantanéité quasiment à la vitesse de la lumière. Aujourd'hui les mouvements spéculatifs représentent plus de 60 fois la valeur réelle de la production. La finance n'est pas seulement immatérielle. Elle est devenue soi-disant virtuelle mais rendant l'économie très secondaire, la finance étant hélas, tout à fait réelle. Le vœu des mercantilistes a été réalisé. L'argent est bien le perpetuum mobile. Au passage l'argent (ni fiduciaire ni scriptural, ni de bons de crédit, ni même monétique) est devenu imaginaire et sert pourtant de référent à toutes les conduites humaines. Le pouvoir absolu, envahissant, tentaculaire de l'argent est bien d'essence parfaitement totalitaire. Certes son origine est douteuse, son flux immatériel, son existence virtuelle, ses détenteurs occultes et diffus, mais il y a là un pouvoir totalitaire dont le despote n'est pas une créature. Ce qui signifie que c'est l'argent qui représente lui-même le despote. En quelque sorte, la tyrannie de l'argent se produit parce que ce dernier n'est plus un symbole de confiance. Se symbolisant lui-même, il a disparu en tant que symbole. Là où l'argent tranche sur le despotisme totalitaire, c'est qu'il est devenu absolument impersonnel. Il ne peut plus figurer ni un tyran (du reste l'effigie des souverains disparaît peu à peu des billets en numéraire), ni une communauté. En effet, il est mondialisé comme toute la finance. Cette mondialisation a commencé quand les USA ont supprimé la convertibilité du dollar en or afin de faire financer leur déficit commercial par l'extérieur grâce au dollar, monnaie internationale de change. Ensuite, ils ont autorisé l'étranger à détenir des obligations de leur trésor pour financer leur déficit budgétaire, ce qui a été imité par les autres pays. Puis, les pléthoriques pétrodollars se sont mis à flotter partout. Enfin, les Etats, s'étant endettés, ont dû peu à peu supprimer les restrictions à la circulation des capitaux. Pour couronner le tout, les moyens informatiques et le réseau ont rendu les transactions immédiates, difficiles à tracer et proprement immatérielles. Les effets en sont aussi que les rapports au temps et à l'espace dans l'esprit des hommes changent profondément. Le temps n'est plus dans la durée. Il réside dans le moment, dans l'instant. L'espace n'est plus territorialisé, mais se trouve partout, sans frontières. Ainsi se crée une pseudo élite cosmopolite sans attaches et qui ne vit que dans sa propre durée subjective car, pour l'homme concret, la durée demeure subjectivité. Ce qui a disparu, c'est la durée comme référent collectif, comme organisateur de la vie commune. C'est pourquoi la finance intemporelle et utopique impose à la production la flexibilité du temps en se moquant totalement des rythmes de vie. Vingt quatre heures sur vingt quatre, il y a toujours des bourses ouvertes sur le globe. Quant à l'espace, de partout, on peut envoyer des ordres de bourse. Le centre des opérations est partout, la circonférence nulle part. Alors il faut que les opérateurs et les salariés soient disponibles tout le temps et de n'importe où. Dans cette financiarisation échevelée du monde où se trouve l'organisation du pouvoir ? Les libéraux disent que c'est un grand bienfait, car il y a une pluralité de décisions parfaitement décentralisées. Observons que le pouvoir n'est pas non totalitaire parce qu'il serait diffus. Il l'est parce qu'il est absolu, dominateur, intégré partout dans toutes les sphères de la vie sociétale. Remarquons qu'il y a bel et bien des organismes très concentrés et très puissant porteurs de ce pouvoir financier qui n'est en réalité pas du tout décentralisé. Il y a les organismes experts (FMI, OMC, OCDE, BRI, Banques Centrales, BIRD...), qui propulsent en permanence des conseils et des critères d'action favorables à la rente financière. Il y a aussi la montée en puissance des énormes fonds de pension. Il y a encore le poids des multinationales et des banques d'affaires mondialisées. Cela ne fait pas tellement d'organisations et, surtout, elles fonctionnent sur le même modèle de pensée unique, dans laquelle seule la rente financière compte. Le totalitarisme, c'est aussi des organisations-relais inféodées et un dogme simpliste et réducteur. Pour, soi-disant, contrer cette évolution, les socialistes libéraux se réfugient dans l'épargne salariale (plans d'épargne d'entreprise abondés, partiellement défiscalisés, stock options diffusées plus largement, compléments de retraite par capitalisation, assurances vie peu fiscalisées...). Cela a pour effet de transformer tout le monde en petit individualiste et en rentier. Car la finance contient une morale ; celle du petit homme aux écus et qui protège sa cassette personnelle. C'est un autre exemple de totalitarisme puisque tout le monde devra s'y conformer (on dira ensuite, voyez tout le monde en veut, ce qui est une conclusion attendue d'une prophétie auto-réalisatrice) et que le contenu en est très pauvre. C'est même un mensonge délibéré, camouflé en idéologie d'intérêt général. En effet, dans cette conception, on oublie l'essentiel. C'est que ce qui est dangereux, c'est la logique du système, laquelle induit un modèle de comportement. Cette logique, autant que la finance, est aujourd'hui mondialisée. Elle repose sur la rentabilité croissante, sur la maîtrise indéfinie de la nature à des fins de croissance du PIB, sur l'accumulation permanente de capital productif et, surtout, financier. Cette imparable logique de système, quand elle est vue par l'acteur individuel, fonctionne mécaniquement, en tout lieu et à tout moment. Ses dangers sont énormes et imminents par suite de la pollution de la planète et de l'accroissement des inégalités. Et on ne remédie pas à la rage en faisant mordre tout le monde. L'élite mondialisée a pour caractéristique première la mobilité. Du reste, elle se sent à l'aise partout, car la culture des classes dominantes est quasiment la même en tout lieu. C'est un avantage décisif par rapport à ceux qui sont fixés ici et maintenant par leur manque de moyens. C'est une hypocrisie sans nom que de faire accroire à ces derniers que, aussi, ils peuvent jouer aux mêmes règles du jeu grâce à la diffusion de l'épargne salariale, à la capitalisation et à la circulation du savoir grâce à Internet ! Cela revient à cacher sciemment que l'argent n'est pas qu'un signe (surtout quand il s'auto-signifie). C'est l'instrument de la puissance et de la stratégie individuelle dans la durée subjective de celui qui le détient et peut attendre à cause de son patrimoine. La monnaie n'est pas qu'un voile, qu'un équivalent des échanges. C'est un pouvoir individuel. C'est aussi un système de relations de confiance collective. Le mot fiduciaire l'indique d'ailleurs pour la monnaie de ce nom. Or, on a assisté depuis longtemps à un renversement idéologique des choses en leur contraire. Ainsi, quand vous allez voir un banquier, il vous dit qu'il vous fait confiance (du reste limitée car en plus du loyer de l'argent il demande une prime de risque) et que cela mérite un plus de rétribution. Or, c'est assez faux car le banquier dispose de dépôts antérieurs, qu'il fait foisonner ; c'est pourquoi les dépôts sont inférieurs aux crédits ; ce sont les déposants qui lui font confiance... Et cette confiance, qui appartient à tous les déposants, qui est collective, le banquier la vend à son profit. En tant que force et confiance collectives, il s'ensuit que la banque devrait être une activité coopérative et mutualisée. On fait tout le contraire au profit de la finance internationale privatisée. Les gouvernements ont abandonné la défense de la monnaie, qui est pourtant un bien commun et un symbole de la confiance dans la collectivité, à des banques centrales indépendantes. Ils s'opposent aussi aux monnaies de crédit local (les systèmes d'échanges locaux, SEL, avec leurs bons de crédit et la compensation en temps) au prétexte que cela évacue la TVA, cela dit pour des gens qui sans le SEL ne pourraient subvenir à leurs besoins ! On n'observe pas non plus que le banquier avance l'argent, mais pas les intérêts de l'argent, ce qui fait que non seulement l'intérêt est prélevé sur l'investissement et la consommation mais encore qu'apparaît une masse supplémentaire de liquidités, à savoir le volume des intérêts, qui disparaît dans le trésor des banquiers. C'est pourquoi Keynes voudra réduire l'intérêt au minimum et organiser l'euthanasie des rentiers.

La croissance ou le bonheur dans x temps

Une ânerie libérale consiste à prétendre que la croissance du PIB résout tous les problèmes. D'abord, il faudrait que le taux de productivité du travail s'accroisse dans les mêmes proportions que celui de la croissance pour pouvoir fournir plus à moyens égaux. Ou bien, il faudrait investir pour avoir plus de capacités de production ou de productivité du capital. C'est pourquoi nous trouvons le théorème de Schmidt (l'ex chancelier social-démocrate de RFA). Les profits d'aujourd'hui sont les investissements de demain, les emplois d'après demain. C'est négliger que les profits préfèrent aujourd'hui la spéculation financière. C'est sous-estimer que dans bien des pays la part du travail relativement à celle du capital dans le revenu national s'est beaucoup dégradée (en France, de 70 – 30 %, on est passé à 60 – 40 %, grâce aux socialistes). C'est aussi ne pas tenir compte des effets de la croissance sur la destruction de la nature et de ce que des activités industrielles de réparation des dégâts ou des nuisances ou des accidents sont comptées comme positives dans ladite croissance. C'est enfin refuser de considérer que la croissance ne correspond pas forcément à des besoins réels. C'est souvent une croissance du paraître et de l'avoir ostentatoire au détriment de l'être et de l'estime de soi. Cette morale matérialiste s'insinue partout et renforce le totalitarisme de l'économie capitaliste en s'appuyant sur l'individualisme utilitariste et hédoniste le plus plat. La publicité, comme politique du signe de distinction, va même depuis longtemps jusqu'à susciter de faux besoins pour augmenter les marchés de produits inutiles. C'est aussi sous estimer que la croissance produit précarité des emplois et sous-emploi par le temps partiel. Enfin, c'est ne se préoccuper que de la demande marchande individuelle et oublier que si l'accroissement de la productivité est supérieur au taux de croissance cela crée automatiquement du sous-emploi.

La théorie de l'équilibre général considère que le temps n'existe pas et qu'il est réversible. C'est faire peu de cas de ce qu'on appelle les actifs spécifiques, lesquels ne peuvent pas être facilement reconfigurés. Du reste, la chose a été prise en compte par la logique des coûts échoués, dans laquelle un mauvais investissement devrait être passé par pertes et profits aux frais du contribuable. Cependant, les fameux produits financiers de réassurance, dits produits dérivés, contre les pertes possibles sur les marchés financiers, donnent l'illusion qu'effectivement le temps ne compte pas...La thèse monétariste (adéquation entre la valeur de la production et le volume des échanges, d'un côté, et la quantité de monnaie en circulation, de l'autre) repose seulement sur la monnaie fiduciaire (les billets de banque garantis par la banque centrale) et le crédit. Or, les financiers et les groupes internationaux ont crée leur propre monnaie, à savoir les titres et les plus-values, fictives tant qu'elles n'ont pas été réalisées dans des ventes, sur lesdits titres. Cette nouvelle monnaie est infiniment plus volumineuse que la monnaie émise par les banques centrales. Elle est en outre parfaitement virtuelle et n'est garantie par rien. C'est pourquoi du reste on voudrait en refiler le risque aux salariés sous forme d'épargne salariale ! Elle est totalement indépendante du volume de la production et du niveau de productivité. Du coup le premier principe monétariste tombe. Et pourtant dans la logique shaddok et anglo-saxonne on continue de pomper pour restreindre la masse monétaire des Etats afin de parer à l'inflation. Observons aussi qu'un pays sous-productif et déficitaire dans son commerce extérieur devrait voir sa monnaie s'effondrer. Cela ne se passe pas tout à fait ainsi car le pays est renfloué par les organismes internationaux afin qu'il puisse continuer de servir sa dette sans rembourser en monnaie de singe. Les intérêts des rentiers sont servis d'abord, tant pis pour la théorie que dans ce cas précis les financiers ne respectent pas, alors qu'ils l'imposent aux Etats plus sains et solvables.

De la prétendue séparabilité des facteurs de production

La théorie de l'optimisation de la combinaison de facteurs de production (capital financier, capital physique, force de travail) jugés substituables en fonction de leur coût marginal, c'est-à-dire considérés comme indépendants les uns des autres, est aussi invalidée. En effet, tout système de production est intégré en tant que totalité d'interdépendances, ce qui fait qu'on ne peut guère calculer la contribution de chaque facteur à la performance globale. Rappelons que l'équilibre général était censé provenir de la convergence des utilités marginales. Alors, si on ne peut les calculer, d'où proviendront les conduites d'optimisation individuelle conduisant à l'harmonie spontanée du marché ? Et le problème s'aggrave pour les investissements à très long terme, alors que le marché ne fonctionne que dans le court terme du présent. Les économistes continuent de raisonner en termes de coûts, lesquels sont devenus essentiellement immatériels, donc non répartissables analytiquement dans leur contribution au résultat global. Le commerce extérieur est censé parvenir à l'égalisation à long terme des conditions de concurrence. Cela n'est pas vrai maintenant, car pour produire il faut maîtriser les technologies nouvelles et disposer d'un environnement culturel et social propice à leur utilisation, de même que d'infrastructures (poste, routes, téléphonie, informatique de réseau, échanges culturels, recherche publique). Il faut une mise en réseau de tout cela, ce que font les firmes. Mais dans le réseau peut-on apprécier chaque contribution ? C'est pourquoi on observe en fait qu'il y a des territoires dont le développement est auto-accéléré, car ils disposent de tous ces atouts, et d'autres qui vont vers la régression, ce qui accroît les inégalités, contrairement à la thèse libérale sur les investissements (en plus, le plus souvent financiers) qui aideraient les pays en voie de développement à décoller. De plus, l'argent renforce l'impersonnalisation des rapports sociaux, puisque le lien entre le producteur et le consommateur finit par se perdre dans les méandres du marché et que plus rien n'a de valeur en soi, l'argent étant l'équivalent général et universel porteur de toutes choses. Alors, qu'est-ce qui compte le plus : le résultat global ou la répartition des apports de chaque élément du système financier ? Du reste, la finance ne se contente-t-elle pas de la nouvelle monnaie, non contrôlée ni dans sa création, ni dans sa circulation, que sont les plus values boursières ? Monnaie qui, du reste, n'a plus de matérialisation telle qu'elle est transformée en simples impulsions électroniques sur le réseau internet et en titres boursiers soumis à la seule appréciation des marchés financiers internationaux.

A bas les parasites publics

Autre tromperie : seules les entreprises sont créatrices de valeur ; les services publics ne sont que parasitaires.

D'après la théorie néo-classique, le concept clef est celui d'utilité, définie comme l'expression d'un besoin individuel. De ce point de vue un service public peut être utile s'il est demandé par tel ou tel agent économique. Mais, aussitôt, la théorie se jette de travers et amalgame tous les individus comme étant identiques dans leurs besoins à cause d'une anthropologie naturaliste où tout un chacun est égoïste et calculateur et désire les mêmes choses. Ce qui permet de construire des courbes globales de préférence (autre nom de l'utilité). L'individu devient standard, comme la théorie, et transformable en point sur des courbes statistiques. Puis, on mathématise. L'utilité se transforme en utilité marginale ou intérêt ou désutilité des dernières affectations de ressources ou de coût. Or, dans le cas d'un service public ce calcul de l'utilité marginale de la dernière unité offerte ne peut pas être fait pour la bonne raison que l'utilisateur ne consomme pas le bien public. Il en use et en laisse autant pour tous les autres consommateurs. Du coup l'utilité de la première unité vendue ou offerte est identique à celui de la n plus unième consommation, n étant indéfini. Personne n'est privé du bien offert et le service public est indivisible dans la façon de le présenter et dans son coût. Dès lors, en outre, on ne peut pas calculer quelle est la contribution de telle ou telle partie du service public à l'offre globale. Cela dit entre parenthèses, c'est devenu le cas des grandes entreprises complexes où on ne peut parler que d'efficacité globale de l'organisation d'ensemble et certainement pas de celle d'une sous-partie du système de production. Bref, on ne peut pas mesurer les effets de causes interdépendantes et indivisibles dans la production d'un service public Alors comment peut-on dire qu'un tel service n'apporte pas de valeur ajoutée ? Si, mais elle n'est ni mesurable, ni divisible. L'utilité de la théorie néo-classique est à somme nulle (il y a un gagnant et un perdant pour un montant équivalent). C'est le fameux optimum de PARETO quand ce qui est en plus est acquis par l'un au détriment de l'autre, ce qui donne un équilibre, qui plus est optimal ! Or, dans le service public, il y a en fait un jeu gagnant-gagnant car personne n'est lésé grâce à la coopération de tous les acteurs sociaux ayant estimés que telle activité devait être mise au service de tous pour maximiser le bien commun. L'utilité marginaliste se présente ici et maintenant. Or, un service public tient compte du temps et de la liaison permanente entre les différentes générations dans une institution des rapports sociaux sur la très longue durée. Le marginalisme ne tient nullement compte des externalités (environnement, infrastructures). Le service public est une externalité positive construite pour l'intérêt général, souvent au nom de l'égalité des chances et/ou de la justice sociale. L'utilité ne tient compte que de la demande individuelle; le service public est une réponse collective à un besoin social. L'utilité est substituable. Le service public offre un bien indispensable et non substituable. L'utilité n'est qu'un désir individuel assis sur la solvabilité du client ou de l'individu. Le service public est un choix collectif et politique et indépendant des moyens des utilisateurs. Le service public n'engendre pas de rivalités entre utilisateurs, contrairement à la demande solvable de biens privés, et assure à chacun l'accès minimal à tout service indispensable (principe de non exclusivité, c'est-à-dire de non réservation de l'offre aux seuls clients capables de payer). De plus, il répond à des normes sociales de justice dans la distribution du bien ou du service et ne cherche qu'à couvrir ses coûts au lieu de maximiser la rentabilité.

En résumé nous avons une économie réelle qui ne correspond pas au catéchisme déjà faux de nombreux économistes néoclassiques. Nous obtenons aussi des idées carrément fausses, contradictoires et simplistes. Nous avons cependant un dogme et des propagandistes de la chose, de même qu'une subordination de toute la vie sociale aux « impératifs économiques ». Nous avons ensuite une naturalisation matérialiste de la morale et des rapports sociaux par envahissement de tous les domaines de la société par la rationalisation financière. Une seule idée tentaculaire, dominante, absolutiste, dogmatique et mythologique suffit à caractériser le libéralisme capitaliste aujourd'hui comme totalitarisme économique. Cette nouvelle religion a un credo, le bonheur du plus grand nombre, un peuple élu, les survivants au stress comme les plus adaptés à la nouvelle économie et un prophétisme, les dogmes néoclassiques propagés par les experts, les gouvernements et les institutions financières. Mais le totalitarisme d'entre les deux guerres mondiales s'est installé à la faveur de circonstances favorables et s'est doté de moyens et d'organisations pour se justifier et se maintenir. Le néolibéralisme d'aujourd'hui présente-t-il les mêmes caractéristiques ?

Il a été favorisé par la disparition de l'idéologie concurrente et des Etats et moyens les plus puissants qui la soutenaient et la diffusaient. Il a bénéficié, toujours dans le domaine économique, de la mondialisation de la finance et de la puissance des nouvelles technologies de l'information. C'est ce qui a permis l'extension indéfinie et incessante de la logique de l'économie capitaliste. Il dispose d'experts plus ou moins convaincus ou opportunistes pour relayer le message. Il maîtrise énormément de lieux de recherche et de vulgarisation. Il dispose de la plupart des médias qui dépendent de la finance à cause de la publicité et qui fonctionnent dans le temps réduit du spectacle commercial. Il détient la mainmise sur les organismes internationaux qui sont censés réguler l'économie. Les pouvoirs politiques sont devenus trop petits pour les grands problèmes et trop grands pour les petits. Du reste le temps et l'espace ont été gommés. Et il y a une superpuissance comme tête de pont, les USA. Ces derniers ne feront rien pour réguler et coordonner quoi que ce soit, tout simplement parce que l'organisme le plus puissant, le plus développé, le plus en avance dans les techniques modernes, le mieux placé pour amortir ses investissements, n'a aucun intérêt à ce qu'il y ait des règles du jeu communes à l'échelle internationale. Nous avons donc bien un chef d'orchestre du totalitarisme économique, associé à des organisations et à des hommes qu'il domine. Ce sont les USA et leurs alliés occidentaux. Le tout étant relayé par des clubs, centres de recherche, universités, journalistes. Par exemple avec la conférence de Davos, le Manhattan Center, le Club Hayek, la London Business School, HEC, les Universités Américaines subventionnées par les entreprises, les médias conditionnés par la publicité. Pourquoi un tel unanimisme dans la propagation d'idées parfaitement simplistes et démenties par la réalité ? C'est que seule cette théorie est enseignée, c'est qu'à tenir un autre langage dans les cercles d'initiés cités plus haut, on détonne et on est rejeté, c'est que pour faire carrière de façon opportuniste, il ne faut pas se marginaliser. C'est qu'il est difficile de se remettre en cause et qu'il faut hurler avec les loups. C'est surtout qu'on y trouve de sordides intérêts et que l'on peut toujours arguer que c'est la logique de la situation qui le veut. Mais qui a contribué à créer la situation ? Ceux-là mêmes qui se laissent aller aux évidences, aux solutions de facilité, aux fastes du pouvoir, à la notoriété médiatique...L'entente cordiale entre sphères d'influence, MEDEF, gouvernement libéralo-socialiste, médias et même certains syndicats, en matière économique, se voit parfaitement dans la « comédie des fonds de pension » et « l'épargne salariale ». Les innovations consistent à ne plus payer le salarié avec des salaires en fin de mois, mais avec des plus-values dégagées ultérieurement et des dividendes versés bien plus tard. Désormais, ce serait le salarié qui ferait crédit et qui supporterait les risques de la perte de valeur des actions. Et on prétend que le capitaliste est bien payé car il prend des risques. Au passage, la sécurité sociale et la retraite par répartition perdraient sans doute les cotisations correspondantes aux placements des salaires et aux abondements des entreprises. Enfin, cela ferait des volumes astronomiques d'argent sur lesquels les gestionnaires prélèveraient des frais de gestion. Tout cela est justifié par un prétendu manque d'épargne longue. C'est faux, il y a déjà trop d'épargne pour la demande solvable d'emprunts et elle est déportée à l'étranger ; c'est faux, car c'est le rôle des banques de dépôt de transformer l'épargne disponible à court terme en long terme. C'est faux, car les entreprises françaises s'autofinancent déjà à 120 %. Ou alors, on dit que cela permettrait de sauver le capital français des convoitises étrangères. Mais, c'est le gouvernement, depuis 25 ans, qui a facilité l'investissement financier étranger en plaçant la France au premier rang des pays qui taxent le moins les revenus du capital, notamment avec le remboursement de l'avoir fiscal aux étrangers non résidents. Du reste, peu m'importe d'être exploité par une entreprise française plutôt que par une étrangère. De plus, si on peut placer l'argent au frigo, on ne peut pas le faire pour la production et la consommation. Donc, dans 40 ans, le revenu de la prétendue épargne salariale sera prélevé sur la production de l'époque, s'il y en a une. Peut-être dans les pays en voie de développement ? Mais alors on prélèvera nos revenus occidentaux et financiers sur eux. Vont-ils l'accepter longtemps et ne pas exiger un réinvestissement chez eux des profits de la production ? Ce qui confirme que l'économie financière totalitaire ne cherche qu'à augmenter la rente et le patrimoine au détriment du travail. De plus l'épargne salariale sera très inégalitaire, car elle dépendra de la taille et de la réussite de l'entreprise et du niveau social et de qualification des salariés. Le plus grave est que tout cela induit une morale rentière, spéculatrice, individualiste et matérialiste au détriment des liens de solidarité intra et inter générationnels. Et pourtant, le bloc hégémonique favorable au capital financier propulse tout cela comme une nécessité scientifique alors qu'il ne s'agit que d'un dogme idéologique.

2) LE MANAGEMENT FEODAL DE LA PEUR

Vous avez dit management ?

Management, le mot est d'origine assez récente et nous vient tout droit des USA. Certains prétendent que son étymologie provient du français manager au sens de manège de chevaux à diriger. Une telle origine ferait penser que le management tourne en rond. Autrefois, on parlait de gestion et d'organisation et de personnel. Aujourd'hui, c'est le management. L'étiquette a plusieurs sens. Il signifie tout à la fois une doctrine, une théorie a prétention objectiviste et rationnelle, un style de conduite de l'action dans les entreprises et un corps de personnes (ex encadrement) qui met les deux premières choses en œuvre. En tant que théorie le management relève de l'économie des firmes et des prétendues sciences de gestion. Mais si l'économie néoclassique se présente comme science dure avec formalisation mathématique de l'approche dite micro-économique (collection d'individus ayant les mêmes propensions et la même rationalité), science de gestion et management sont empiriques et tiennent compte des situations, des pratiques, des phénomènes institutionnels et même politiques. C'est pourquoi la théorie managériale n'est pas un modèle de solution, mais un modèle de résolution des problèmes de management. Cela unifie, sous l'angle d'une seule démarche d'étude, des domaines spécialisés véhiculés par une diversification des experts. En vrai, la doctrine managériale implique les « sciences de la gestion » (gestion, contrôle de gestion, économie d'entreprise, rationalisation des budgets, choix des investissements, tarification, comptabilité d'exploitation et de coûts de revient...), le marketing-études de marchés, (positionnement stratégique de la firme, stratégies d'action commerciale, force de développement des ventes, présentation des produits et distribution ou merchandising), la gestion des ressources humaines (sic), l'organisation, la finance... Le management garde la prétention d'être pluridisciplinaire et transversal à tout cela. C'est pourquoi il est devenu « stratégique », car la stratégie répond à la guerre commerciale et car elle organise l'action et son déroulement dans le temps en combinant les moyens disponibles. En tant que doctrine le management fait le pont entre la théorie économique, les individus salariés et consommateurs, l'institution spéciale qu'est la firme et qui, justement, n'obéit pas aux hypothèses de l'économie néoclassique. Le management – et les manageurs – est coincé entre des réalités économiques, une logique de réponses à ces réalités, une justification à trouver pour faire gober cette logique par les autres acteurs sociaux. En tant que corps social dirigeant, le management joue les intermédiaires entre les actionnaires-propriétaires, représentés par le conseil d'administration ou de surveillance, pour lesquels il n'est qu'un agent d'exécution (théorie de l'agence) et le système socio-économico-politique qu'est l'entreprise réelle avec ses parties prenantes (fournisseurs, clients, salariés, les « stake holders »). Comme le petit bourgeois, le manageur est au milieu, entre le bas peuple des petits salariés et la lointaine classe supérieure des propriétaires. Position instable qui pousse le manageur à lorgner vers le haut pour favoriser son ascension sociale et qui le contraint en même temps à séduire le bas, surtout ses employés, pour assurer sa tranquillité et obtenir suffisamment de performance satisfaisant le haut. C'est pourquoi, le management-corps a besoin du management-doctrine pour habiller sa stratégie et son action.

Le management-corps se subdivise en strates hiérarchisés : Les manageurs de direction et de décision (les « Top Managers »), ceux de responsabilité opérationnelle (Middle Management) et ceux de l'encadrement direct des personnels ou manageurs de proximité. Ce vocabulaire de manageurs a supplanté cadres et encadrement en France. Car la conception de la fonction est beaucoup plus globale et complexe que le simple commandement ou la pure technicité chère aux ingénieurs de production. Il est prisonnier de la bonne vieille logique économique productrice de rentabilité accélérée et que nous avons déjà vue. Car l'entreprise est en concurrence sur le marché mondialisé et cherche soit à y être la meilleure, soit à y acquérir un monopole ou à y former un cartel afin de parer à l'incertitude. Cependant il faut s'interroger sur les raisons profondes de cette situation de contradiction permanente entre la concurrence (que les pouvoirs publics font semblant de protéger) et la recherche du monopole qui, déjà, finit par advenir si on est vraiment le meilleur ou le plus innovant dans son domaine. La raison profonde, c'est le choix de société en faveur de la logique démentielle du libéralo-capitalisme prétendument de marché. Ce système dynamique, mais absurde, conduit à l'accumulation sans fin de moyens de production et de consommation, à l'obsolescence rapide de matériels et d'installations encore performantes, au gaspillage des ressources naturelles, à la destruction de l'environnement sauf à faire payer le prix de sa restauration au contribuable ou au consommateur, à la spéculation financière sans base matérielle ou physique, au rejet des besoins sociaux, à l'organisation même de la pénurie quand ce n'est pas assez rentable, à la rationalité calculatrice et instrumentale envahissante... Certes, le capitalisme est né au XVIème siècle sans que quiconque l'ait construit. Il s'est renforcé peu à peu par suite de la conjonction de plusieurs facteurs qui se sont combinés dans une configuration stable. Régularité, congruence tout à la fois politique, morale, culturelle, économique . Il n'a été l'œuvre de quiconque. Il a été émergent comme on dit aujourd'hui et a créé des interdépendances systémiques et complexes. Ce ne fut pas un choix collectif, mais une situation qui s'est instaurée pour de multiples raisons. Aujourd'hui le retour à des formes pré-démocratiques et dramatiques, pour le salariat et ses exclus, est une volonté cachée. C'est celle des dirigeants des multinationales qui y puisent de fantastiques avantages et y satisfont leur opportunisme et leur goût mégalo-maniaque pour le pouvoir. Celle aussi des experts, tous formés au même moule du management dans les super universités américaines. C'est celle des politiciens qui organisent le marché politique en leur faveur au nom de la théorie du choix public. Cette dernière (public choice) a exporté les approches de l'économie dans le domaine politique et a transformé les choix politiques en calcul d'utilité publique, ce qui donne, non pas les services publics à la française, mais les « publics utilities » à l'anglo-saxonne. C'est un avatar de l'utilitarisme, courant actuellement dominant de l'idéologie libérale. La public utility consiste à maximaliser le bonheur du plus grand nombre dans un calcul anticipateur des conséquences possibles et prévisibles. Ainsi une entreprise privée peut-elle être d'utilité publique ! Le deuxième courant du libéralisme de la modernité, celui qui associe les droits de l'homme à ceux de la collectivité républicaine et démocratique, a été laminé par le succès du capitalisme libéral. Contrairement aux premiers penseurs du libéralisme économique, qui étaient pourtant tout à fait utilitaristes, le capitalisme libéral, s'appuyant sur les hypothèses infondées de l'économie néoclassique, a transformé les « lois de nature » (celles observées et caractérisées par la comparaison et l'observation des sociétés) en lois de la nature identiques à celles des sciences exactes. Cette volonté cachée, organisée, anti-démocratique est propagée par les journalistes vulgarisateurs eux aussi éduqués dans le catéchisme capitaliste et de plus en plus stipendiés par les propriétaires des médias. Que le capitalisme non seulement perdure, mais encore aggrave les inégalités et même le paupérisme absolu dans certains pays ou pour les SDF et autres Rmistes, fasse revenir au contrat commercial et/ou de louages de services, est un choix de société tout à fait délibéré chez les pseudo élites en tout genre. La vie est courte, n'est-ce pas, et l'intérêt individuel prime, alors il faut amasser le maximum dans le minimum de temps. Après nous le déluge et pour l'instant que la fête commence. Ce choix conduit à perpétuer l'absurde logique du capitalisme et à contraindre les intermédiaires de son pouvoir diffus que sont les prétendus manageurs. On a même vu plusieurs fois dans cet essai que l'on créait sûrement (volontairement et « scientifiquement ») les structures favorables au développement de cette logique de système englobant, transversal et phagocytant tout le social. Ces structures, matérielles, réglementaires, idéologiques créent une situation de non choix car la réponse aux situations qu'elles installent va toujours dans le même sens. C'est-à-dire le sens de ceux qui touchent les dividendes de la situation instaurée. Cette dernière conduit les autres acteurs à se comporter dans l'évidence naturalisée. Alors il est facile d'expliquer que l'offre répond à la demande même si c'est l'offre qui la suscite. Dans cette configuration, la théorie managériale et le corps (au sens de corporation...), du management occupent une position d'intermédiation ambivalente par nature, car elle est à l'intersection de toutes les contradictions ou décalages (entre la réalité et la théorie) du système. Ce dernier étant présenté en quelque sorte comme auto-cinétique , si ce n'est conforme aux lois scientifiques de la nature, permet de dire, de prétendre faussement, que ce qui se passe n'est que la conjonction involontaire (au niveau de chacun) des conduites individuelles, libres et indépendantes des structures économiques et sociales. C'est un évolutionnisme auto-justificateur de promesses comme toute religion du salut..

Une doctrine tout terrain

La théorie du management, parce qu'elle est empirique et parce qu'elle se positionne dans un contexte tout à fait particulier, celui du modèle capitaliste, cherche à procurer les recettes et la démarche qui permettent de faire face à toutes les situations concrètes. Elle le fait en émettant une logique d'ensemble de l'approche managériale totalisant les domaines particuliers de la décision et de l'action. Pour ce faire, elle formalise, uniformise les choses sous un angle technique et rationaliste à caractère pseudo-scientifique. Car la seule chose qu'elle puisse faire, c'est de donner des moyens de réponse à des singularités dans la seule configuration du système capitaliste en évacuant toute autre configuration possible dans les pratiques sociétales. Ainsi, ce qui n'est qu'une représentation intellectuelle d'une situation particulière se trouve chosifié et universalisé comme étant le seul modèle possible de justification pour toutes les circonstances possibles. Pour appuyer le caractère scientifique de ses conclusions et de ses recommandations (préconisations rationnelles, mais en fait normatives), la théorie du management rassemble tous les outils disponibles : recherche opérationnelle, choix rationnels, théorie des jeux, physique des équilibres instables, théories de la complexité et du chaos, économétrie, économie néoclassique, économie des conventions et des institutions... Déjà ce syncrétisme est de mauvais aloi. En réalité, l'idée-force est la stratégie des avantages compétitifs qui complète utilement celle des coûts comparatifs. Car la théorie managériale se préoccupe de procurer une ligne directrice pour la diversité des pratiques et la variété des situations, qui existent encore pour l'instant. Ce faisant elle préconise une uniformisation méthodique qui s'imposera comme modèle normatif du management efficace. Au passage tout est aplati sur la stratégie et ce n'est pas par hasard que les finalités existentielles des hommes sont gommées. C'est comme chez les grands stratèges chinois de l'art de la guerre. L'harmonie postulée de la nature n'était pas interrogée, car elle allait de soi dans les conceptions confucianistes et taoïstes, et le pouvoir du despote asiatique n'était pas questionné par les « légistes » (légalistes). L'empereur n'était-il pas la personnification de l'ordre cosmologique ? C'est sans doute la raison pour laquelle les chinoiseries et autres sagesses orientales font les choux gras des séminaires de conditionnement au management de l'évidence. Présenter comme une science comparative et dégageant des principes réguliers ce qui ne sont que des préconisations normatives, est déjà une supercherie. Celle-là découle de la position d'intermédiation du management dans les trois sens déjà vus de ce terme. Voilà pour la réduction des pratiques à un modèle globalisant. Mais cela ne suffit pas. Il faut aussi justifier que la situation de compétition internationale sauvage et que les suppressions d'emplois locaux dans les entreprises sont là pour la bonne cause. Alors on entre dans le syllogisme, la pensée circulaire et la tautologie. Suivons pas à pas la logique idéologique de justification. On verra qu'elle relève de la pensée du Docteur Pangloss sur l'harmonie naturelle du monde. La situation est là. Le rôle du management-doctrine est d'y trouver des bonnes armes de réponse. Mais qui a créé la situation et sa logique implacable ? Cela s'est fait naturellement, conformément à des lois nécessaires, car l'économie néoclassique démontre (dans les hypothèses fallacieuses que nous avons déjà décrites) que cela conduit au meilleur équilibre possible grâce à la concurrence sur le marché de l'offre et de la demande. Les investissements vont là où il faut, ce qui permet d'allouer les ressources financières là où elles sont le plus utiles au plus grand nombre, en déclassant automatiquement les installations les moins productives, et susceptibles de faire baisser les prix de revient et de vente pour les clients. La spécialisation conduit à l'échange ainsi avantageux pour tous etc... car déjà vu. Il restait cependant le problème de l'existence de firmes par rapport à une offre et une demande atomisées dans la loi des grands nombres. Cela a été résolu, à la marge, par la théorie des coûts de transaction en situation d'asymétrie de la détention des informations. Mais ces compléments ne changent rien à la logique résultante macro-économique pour l'homo economicus généralisé et utilitariste. Donc la logique des firmes en réponse à la situation est doublement justifiée. A la fois par la situation et par la justesse de cette situation globale légitimée par l'approche libérale néoclassique. Certes, il y a d'autres approches, mais précisément elles ne peuvent pas servir à justifier le régime capitaliste parce qu'elles le critiquent. La théorie managériale, qui vit du régime capitaliste, comme le gui est le parasite du chêne, ne peut qu'utiliser le néoclassicisme qui justifie la configuration économiciste en dernière instance. Ainsi la théorie néoclassique conjecture-t-elle la rationalité scientifique des lois économiques, recommande-t-elle de ne pas les entraver pour que s'installe un système conforme à ces lois. Ainsi, la situation en place oblige les circonstances particulières à se conformer à une seule logique. Alors la pratique confirme la théorie et celle-là justifie la pratique. Il s'agit donc bien d'une prophétie auto-réalisatrice, même si le caractère fallacieux de la tautologie a déjà été maintes fois dénoncé par les économistes libéraux eux-mêmes. Pourquoi ne divulgue-t-on pas leurs conclusions ? Parce que seule la vulgate néoclassique permet de justifier le fonctionnement du système libéralo-capitaliste en faisant appel à des forces automatiques dont personne n'est responsable. La liberté consiste à obéir aux lois. La responsabilité devient un effet de composition automatique des résultats individuels soi-disant indépendants les uns des autres et des structures sociales. Que penser alors du dogme de la responsabilité dans la pensée libérale. Elle se dédouble : il y a ceux qui refusent irrésponsablement d'obéir aux lois nécessaires et il y a ceux qui responsablement s'en servent pour maximiser le bonheur collectif. Mais qui ? La question ne sera pas posée. Il vaut mieux que ce soit le système hologrammatique qui soit la cause de tout. Auquel cas on ne pourra pas identifier les vrais responsables du maintien dudit système. Le choix est simple : se soumettre ou se démettre dans la grande mécanique de la main invisible du marché. La logique du management est ainsi totalitaire. Elle est auto-justificatrice et totalisante. Elle contient un modèle simple présenté comme une vérité. Elle dispose des plus grandes écoles et universités pour être diffusée sans nouveaux frais. Elle a ses gourous et ses idéologues de service. Elle a ses centres de recherche et ses vulgarisateurs. Elle est diffuse et pourtant monopolistique. Elle ne saurait être contestée sous peine d'insanité. Et elle a ses chiens de garde, à savoir les corps de manageurs. Elle dispose aussi de structures favorisantes, de la conversion des politiques au tout économique capitaliste, de la répercussion de son idéologie par les experts, les conseils, les consultants et la presse. C'est cela aussi la pensée unique qui n'a qu'une seule idée. Et pourtant, dans les apparences, personne n'est responsable car tous communient dans le fatalisme des lois de l'économie libéralo-capitaliste. C'est pourquoi aussi la morale de la responsabilité individuelle pure est un mensonge intéressé et une hypocrisie dissimulatrice. Les manageurs le savent sûrement, mais ils préfèrent l'optimisme en vue de leur position personnelle et pour maximiser leurs pouvoirs sur les subordonnés. Car il n'y a plus de temps commun. Il n'y a que le temps immédiat et subjectif de ceux qui maximisent leurs avantages personnels, dans le flux tendu permanent des occasions à saisir par les détenteurs d'un patrimoine assurant sécurité et attente possible des aléas.

Intéressons-nous maintenant au mode de management et à ses pratiques de fait. En ce qui concerne les pratiques liées à la justification des choix de gestion, on en a déjà assez parlé. Je vais plutôt me concentrer sur celles qui découlent des choix économiques et ont des conséquences directes sur les acteurs.

Flexibilité avant tout

On prendra l'exemple de la Gestion des Ressources Humaines (GRH). La GRH est organisée par les manageurs dans deux directions principales : La flexibilité et la personnalisation-individualisation des rémunérations principales et annexes. La flexibilité est obtenue par le temps partiel, le CDD (Contrat à Durée Déterminée), l'intérim, la sous-traitance, le télétravail à domicile ou regroupé dans des locaux fonctionnant quasiment 24 h/24 (centres d'appels par exemple) et les 35 heures dont on a déjà dit tout le bien qu'on pouvait en penser. On peut aussi recourir au recrutement quand le marché du travail n'est pas tendu et que les coûts, y compris de turn over, ne sont pas trop élevés. Si l'on dépasse la diversification du statut des personnels et la nature des contrats de travail (tant qu'il en reste), la flexibilité est obtenue par une autre forme de sous-emploi. On embauche des qualifications très supérieures aux compétences requises pour l'emploi. Cela donne une réserve d'adaptabilité qui, évidemment, ne sera pas rémunérée à sa valeur. Ce qui fait que des surqualifiés occupent des emplois sous-qualifiés, fermant ainsi la porte à ceux qui n'ont pas assez de qualification. On fait souvent miroiter aux impétrants que pour augmenter leurs chances de promotion, il doivent patienter ou se former. Mais il n'est pas question de le faire avec les trente deniers de l'entreprise. Il faut le faire en cours du soir, en cours par correspondance, en enseignement à distance assisté par ordinateur. De plus il ne s'agit que d'augmenter ses chances. Au nom de la flexibilité, le manageur ne s'engage pas contractuellement à trouver un emploi adapté après la réussite constatée dans la formation suivie. Certes les grosses entreprises ont essayé de mettre en place des gestions prévisionnelles de l'emploi et des compétences. Cependant il s'agit bien plus d'une gestion globale et quantitative des effectifs que d'une organisation des parcours professionnels et d'une sélection sérieuse des potentiels et des capacités. Une autre source de flexibilité réside dans l'extension indéfinie des horaires. Notamment pour les cadres la loi Aubry sur les 35 heures a fait sauter la limite de pas plus de 10 heures de travail par jour qui valait pour tous les salariés. Les heures supplémentaires sont déjà moins bien valorisées tant en temps de compensation qu'en rémunération. Mais encore faut-il qu'elles soient effectivement comptabilisées. Le manageur vous fait rapidement comprendre qu'il vaut mieux ne pas réclamer. Vous seriez un tire-au-flanc ou un mauvais esprit. La flexibilité, associée au temps partiel et aux 35 heures, permet au manageur de vous transformer en bouche-trou qui doit être disponible en permanence. Le cas de caissières de supermarché est particulièrement éloquent : pendues au téléphone, mobilisées chez elles au cas ou il faudrait faire un remplacement et cela pour un demi SMIC ou bien obligées de rester au magasin entre deux vacations. L'organisation des horaires devient une arme redoutable aux mains des manageurs qui peuvent s'en servir pour punir les salariés, les harceler, les décourager. Certes, la loi Aubry était pavée de bonnes intentions. Mais on aurait dû se déplacer dans la plupart des entreprises françaises qui, plutôt que de se réorganiser, trouvent plus facile de jouer sur la variabilité des horaires et des rythmes de travail. Par exemple, aussi, le passage à temps partiel lié aux 35 heures n'implique pas du tout que la charge de travail hebdomadaire diminue. Comme il y a des primes étatiques attribuées à la réduction du temps officiel de travail avec création d'emplois, les entreprises souvent les empocheront momentanément avant de se remettre à l'aggravation des progrès de productivité. C'est à croire que les fonctionnaires et les représentants politiques ne comprennent rien à la logique rentabiliste des entreprises.

Drôles de compétences

L'exemple le plus éclatant de flexibilisation se trouve dans la substitution de la notion de compétences à celle de qualification. Les catégories de qualification fondaient une échelle de rémunération sur la base de critères objectifs et précis liés aux capacités prouvées. Il est vrai que les qualifications des postes de travail étaient impersonnelles en général et démontrables individuellement pour le positionnement de chacun dans l'échelle. Il est vrai aussi que si l'on augmentait un échelon, on devait revaloriser les autres. Mais l'aspect fondamental des qualifications et des échelles de classification résultait de ce qu'il s'agissait d'un compromis stable et durable, négocié entre partenaires sociaux à l'échelle de la branche et « déplorablement » applicable, grâce aux procédures d'extension prises par les pouvoirs publics, à toutes les entreprises. En période de pénurie de main d'œuvre, cela avait un avantage pour les entreprises car elles ne pouvaient pas faire de la surenchère entre elles. Les syndicats y voyaient parallèlement un ressort d'indivision du salariat. Ils n'étaient pas non plus, eu égard à leur faiblesse locale, obligés de négocier entreprise par entreprise. La qualification relevait donc de ce que les économistes de la régulation (sociale) appellent un compromis fordien très intéressant en période de croissance, de stabilité et de relative fermeture des frontières. Cela permettrait aux salariés nationaux de racheter suffisamment la production des pays avec leurs revenus directs ou de redistribution. La qualification était prouvable par des épreuves objectives. Elle était à la fois collectivement normalisée et individuellement démontrable dans l'observation des capacités. Mais de quelles capacités s'agit-il ? Il est vrai qu'elles étaient plutôt techniques et opératoires dans le cadre du compromis fordien. Enfin cela était codifié dans le texte durable d'accord qui était une convention collective. Tout cela présentait effectivement quelque rigidité dont la contrepartie était d'apporter aux salariés une relative sécurité et une identité sociale reconnue. Aux yeux du patronat tout cela était trop collectif et trop résistif. Cela ne collait pas avec la flexibilité économique dont on a vu les raisons. Il fallait déjà, de ce point de vue, élaborer quelque chose qui garantisse plus de souplesse. Ce fut la notion de compétences qui fait florès en France depuis vingt ans. La compétence dispose de cette remarquable propriété d'être momentanée et extensible dans son application. Sur un même ensemble de compétences (souvent appelées génériques ou transverses) un employé peut occuper une plus grande variété d'emplois (plus de postes de travail) ou se voir confier plus de tâches (polyvalence) ou davantage de responsabilités (enrichissement du travail) ou des tâches de niveau supérieur. Mais comme la compétence est large, globale, momentanée, en réalité peu déterminée, la rémunération ne bouge pas. Ensuite, la compétence est définie par le management en fonction des exigences de l'emploi, situées par l'organisation du travail. C'est une compétence requise, tant pis si celle du postulant à l'emploi est plus élevée, si ses compétences réelles sont plus grandes. On n'en tiendra pas compte au nom de l'adaptabilité. La définition de la compétence relève du pouvoir discrétionnaire du manageur dans la mission d'organisation qui lui est confiée. Il n'est donc pas question de la négocier vraiment ni avec le salarié, ni avec les délégués syndicaux. La compétence ne figure plus dans une échelle collective. Elle réside dans les fluctuations de l'organisation du travail et des emplois ; est téléguidée par le groupe ou la société holding et reporte les risques de la disqualification par le temps sur les salariés. La compétence devient particulière et à géométrie variable. Il n'y a donc pas à en faire une affaire de négociation de branche. Enfin, la notion de compétence se situe dans le cadre de tous les ressorts qu'actionnent les manageurs pour impliquer et motiver les salariés. Le management met en place et surveille la mise en œuvre de tout ce qui fait adhérer les personnels à l'entreprise, au service, au travail dans l'emploi. L'imagination, issue particulièrement de l'école psychologique des relations humaines, a été fertile : cercle de qualité, réunions, conseils d'ateliers et de bureaux, groupes autonomes de travail, séminaires, projets d'entreprise, projet qualité, réunions, travail par projet, travail en réseau, relation client-fournisseur. Tout cela vise à renforcer les relations, la communication, l'implication dans l'entreprise. Cela vise aussi à résoudre de façon plus coopérative des problèmes d'interdépendance par rapport auxquels chacun ne dispose que de quelques pièces du puzzle. Cela aide aussi à la créativité. Encore faut-il que les salariés croient qu'ils sont considérés comme des parties prenantes et qu'il y ait des contreparties tangibles (matérielles ou symboliques) à leur engagement. Ce n'est pas – et de moins en moins – le cas : charrettes de licenciements, intensification du travail, productivisme, précarité, ralentissement des déroulements de carrière, augmentation des charges de travail, tant mentales que physiques, parfois harcèlement... Mais la peur de ne pas être à la hauteur d'exigences accrues fait que cela peut encore suivre à coup de stress et d'antidépresseurs. Heureusement qu'on peut liquider les vieux et qu'on peut apporter du sang neuf jetable dès qu'il aura 45 ans. La signification de ces évolutions, c'est que la compétence devient d'autant plus insaisissable qu'elle n'est plus technique. Elle concerne aussi les capacités de relation, de communication, de travail avec autrui, d'obéissance aux chefs, de résistance aux contraintes, d'adaptabilité aux évolutions en tout genre, de connaissances plus générales permettant de comprendre des processus, de langage plus large facilitant la compréhension et l'échange entre les différentes spécialités, de prise en charge des aléas, de mise en œuvre des complexités... Or, il devient clair que ce type de compétences, s'il peut être développé et encouragé par l'organisation et par le mode de fonctionnement de l'entreprise, repose avant tout sur les aptitudes, les potentiels et les capacités personnels. La boucle est bouclée, la compétence ne peut être que personnelle et elle doit être conforme à ce qui est requis. La flexibilité des capacités techniques rencontre celle des attitudes et des comportements. Le « savoir-être » fait pièce au savoir-faire. Sauf pour les dirigeants, qui disposent d'un capital social de relations, non pas de compétences, monnayable en situation libéralo-capitaliste. Pourquoi, du reste, des compétences quand elles ne sont plus socialement reconnues comme domaine de responsabilité et sont l'objet de réductions d'effectifs ?

Tout pour le mérite individuel

Les manageurs, avec cet objet théorique non identifié et aléatoire qui est la compétence, tiennent déjà les salariés à leur merci et peuvent user et abuser de leur pouvoir de division, de segmentation, d'individualisation. Mais comme le grain à moudre a, si je puis dire, rétréci comme une peau de chagrin, il fallait trouver de nouvelles carottes encourageant les bons et stigmatisant les mauvais salariés. Il fallait personnaliser les « rétributions » en fonction des « contributions ». Alors le management s'est lancé à corps perdu dans les procédures et les processus d'évaluation. L'imagination fut débridée grâce aux services experts de GRH et aux consultants de tout poil en GRH. Nous eûmes, nous avons, les « contrats » d'objectifs dans le cadre d'une gestion par les objectifs avec indicateurs, ratios et tableaux de bord associés. Le contrat est « négocié » entre le manageur et le salarié, entre le rang N et N-1 suivant toute l'échelle des responsabilités. Dans la plupart des cas on ne négocie que sur les résultats à atteindre, pas sur les charges de travail, ni sur le temps, ni les moyens (citons cependant l'innovation déjà ancienne de l'organisation par activités avec budget dit de base zéro, c'est-à-dire que l'on part théoriquement de rien pour définir les fonctions et les moyens nécessaires). En fin de période et avec des points effectués périodiquement, le salarié est évalué sur sa « performance », c'est-à-dire sur l'écart entre les résultats atteints et les objectifs fixés. Si les objectifs sont des buts de type développer les ventes de 30 %, on évalue la performance-efficacité. S'ils sont de type mise en œuvre de moyens d'action, par exemple mener trois campagnes publicitaires, on évalue la performance-efficience. Ce qui n'est en fait qu'un rendement. Et dans tous les cas, on ne tient guère compte du contexte d'action, des aléas internes et externes et des contributions des collectifs et des voisins de travail, comme si l'opérateur faisait tout seul sa performance. Ce qui montre encore au passage l'insuffisance de l'utilité marginale des éléments isolés les uns des autres. Outre la performance, on a aussi évalué les capacités ou compétences suivant des grandes catégories (savoir, savoir-faire, savoir-être...), et on mesure l'écart entre les compétences requises et les capacités prouvées ou estimées. On en tire un « contrat de progrès ». On apprécie aussi la quantité et la qualité du travail effectué par rapport à des critères ou principes préétablis et censément discutés avec l'opérateur, par exemple des standards, des normes, des moyennes. Sur une chaîne, on pourrait prendre, par exemple le taux de rejet des pièces fabriquées ou dans le tertiaire le nombre de réclamations. Le problème là réside dans la définition des standards. Quand on évalue le « professionnalisme » , on fait référence plutôt à la qualité de la technicité et aux comportements de relation... Dans la plupart des cas, on n' évalue que ce qui est observable et, suivant la méthode de la boîte noire, on ne se demande pas par quels processus cachés d'étude de problème, de décision et d'action l'opérateur est capable de produire le résultat. Ce n'est pas observable et ce serait trop coûteux. Evidemment, mais c'est oublié, ce sont seulement ces capacités cachées, et aussi transférables, qui permettent l'adaptabilité et le transfert d'expérience d'un domaine dans un autre et sur le long terme. On se prive le plus souvent ainsi de la possibilité de parcours professionnels associés à des mises en situation probatoire et à des phases de formation. Quand les choses sont incertaines, le manageur s'adresse à des cabinets qui font des « bilans de compétences » ou de l'évaluation. Là toutes les techniques plus ou moins vaseuses sont utilisées : graphologie, analyse transactionnelle, programmation neurolinguistique, tests psychologiques, tests de QI, apparence physique, mises en situation d'épreuve avec des concurrents sur le même emploi... On s'intéresse de plus en plus aux activités extérieures du salarié : passe-temps, associations, bricolage, sport..., pour tenter d'en inférer son système d'attitudes et son degré potentiel d'implication. Bref, tout cela est pifométrique et très personnalisé. Cela ne marche que par ce qui est observable, à partir de quoi on infère des capacités individuelles qui doivent coïncider avec l'emploi, de façon flexible et momentanée. Flexibilité exigée par la trompeuse variété des soi-disant services offerts et le caractère variable de la demande solvable individuelle. Flexibilité dont le risque est reporté sur les salariés...

Souplesse organisationnelle d'abord

Le domaine de l'organisation est aussi structuré par le management en terme d'amélioration de la souplesse de fonctionnement et de reconfiguration (reengineering) les plus productives possibles et capables d'auto-adaptation. Les solutions varient avec la nature de l'entreprise, du marché, du produit, de la taille, comme disent les sociologues de la contingence et les organisateurs de « l'ad hocratie ». Mais cela va toujours vers plus de flexibilité et moins de coûts de contrôle et de gestion. L'organisation, comme le reste, passe par des modes lancées par les universités. Elles sont suivies parce que le management est à l'affût de tout ce qui pourrait améliorer la productivité et la flexibilité. Ce à quoi le management-corps est contraint par la situation de concurrence. En effet, pour conserver ou augmenter ses parts de marché dans une situation de demande saturée, afin de profiter des rendements croissants liés à l'amortissement des frais fixes sur une plus longue série, il faut diminuer ses prix de vente. On l'obtient simultanément par la réduction des charges et par la mutualisation des structures par fusion ou absorption. Ce qui explique que les effectifs portent les conséquences de cette course au marché en concurrence et, en outre, de l'exigence de rentabilité. Cette logique d'action est légitimée par la théorie de la concurrence pure et parfaite et la thèse des avantages compétitifs dans la spécialisation et l'échange. Nous eûmes la DPPO (Direction participative par les objectifs), l'organisation par projets, les structures « staff and line » (état major fonctionnel et lignes hiérarchiques), le découpage par lignes de produits ou par « centres de profit ». Maintenant on est aux structures « matricielles », c'est-à-dire qui croisent des « centres de ressources » organisés et stables, bourrés d'experts et de fonctionnels, avec des conduites de projets transitoires à géométrie variable et dont le conducteur-projet pêche ses moyens dans lesdits centres de ressources. Et aujourd'hui le fin du fin, c'est la structure en réseau dont le modèle vient des « districts » d'Italie du Nord avec sa myriade de petites entreprises familiales plus ou moins complémentaires et interdépendantes. Le leitmotiv est à la décentralisation et à la responsabilisation dans les usines, les établissements, les agences de l'entreprise, du groupe ou holding. L'organisation en groupe ressemble vaguement à une structuration fédérative où les éléments de base sont autonomes et où le siège central s'occupe de la stratégie globale. L'organisation en holding n'est qu'un conglomérat financier de groupes ou d'entreprises. Mais la vieille bonne organisation scientifique du travail (OST), contrairement à l'idéologie managériale, continue d'être répandue. Elle envahit maintenant de plus en plus le secteur tertiaire et des services dans lesquels les procédures sont de plus en plus normalisées. Les groupes autonomes ou semi-autonomes de travail commencent à péricliter, car ils sont supplantés par la robotique et la mise en place de systèmes complexes et de processus automatisés de production. Cependant, dans ces derniers, l'organisation a comme principe de développer l'autonomie et la responsabilité des agents de contrôle du fonctionnement ici et maintenant des processus industriels. En effet, il faut régler rapidement les problèmes de pannes et en tirer des enseignements. Cela suppose autonomie des opérateurs et compréhension du processus de production et de sa place au sein du système entreprise. Il ne faut cependant pas oublier que l'organisation générale, la conception d'ensemble du système de production appartiennent encore plus qu'autrefois au cercle fermé des ingénieurs et des experts. L'autonomie demeure donc limitée, même si la qualification des opérateurs augmente. Une autre tarte à la crème est la mise en place de systèmes de relation client-fournisseur internes à l'entreprise. L'organisation y est vue comme structurée par les différentes fonctions, regroupées en tâches homogènes par rapport à une prestation à assurer à une phase du processus et par le découpage des opérations en étapes définies. A ce moment là les responsables d'un groupement de tâches ont un but à atteindre, celui-là même qui regroupe les compétences nécessaires. Il est alors plus facile de créer des critères d'évaluation de l'atteinte de ce but. Et ce sont les membres du groupe situé en aval du précédent qui jugent de l'efficacité des prestations de ce dernier. Le groupe N est considéré comme le fournisseur du groupe N+1 qui est le client. Entre les deux cellules d'opérations un contrat rédigé en termes quantitatifs est passé et contrôlé. De ce fait les deux groupements sont en relation et se contrôlent mutuellement. Mais, bien sur, le processus à été conçu par les experts, de même que l'organisation générale des processus de l'entreprise. Un processus part des besoins d'un destinataire (interne ou externe à l'entreprise) et, de proche en proche, remonte vers la définition de toutes les fonctions à assurer pour répondre à ces besoins et avec regroupement des tâches à la fois convergentes vis-à-vis du but et homogènes quant à leur contenu. Organisation en processus, en projets et en réseau, qui sont les dominantes de la flexibilisation et de l'efficacité, se répandent de plus en plus. Mais chaque étape ou chaque structure élémentaire de ces organisations sont prédéfinies. Ce qui fait qu'à l'intérieur de ces éléments de structure ou de regroupement, l'OST continue d'avoir de beaux jours devant elle. Se renforce aussi la séparation entre l'hyper management supérieur, lequel s'éloigne de plus en plus du terrain des opérations et détermine la stratégie de l'entreprise ou participe à celle du groupe, et les lieux d'opération. La séparation entre la tête et les jambes, entre le centre et la périphérie augmente, car les lieux véritables de décision s'éloignent de plus en plus avec l'internationalisation des groupes. Du reste, on parle de plus en plus de groupe et de moins en moins d'entreprise. Car, l'extension des groupes, en général diversifiés même s'ils cherchent à se concentrer dans leurs métiers de base (avantage compétitif lié à la spécialisation), fait qu'ils sont obligés de régler le problème complexe de leur intégration dans la différenciation des responsabilités et la division des tâches. Les groupes se spécialisent dans leurs métiers de base, car, désormais, ce sont les fonds de pension qui tiennent à garder toute latitude pour la diversification de leur portefeuille de titres. Or un groupe différencié ferait lui-même cette diversification, réduisant les marges de manœuvre des actionnaires institutionnels. De plus la spécialisation conduit à des économies d'échelle et à des rendements croissants susceptibles de faciliter l'augmentation de la rentabilité. L'intégration consiste à faire relever du centre la stratégie (souvent organisée autour du marketing), la communication (propager une culture de groupe), les processus de contrôle de gestion et d'audit interne à partir de tableaux de bord élaborés pour l'information dudit centre de pilotage. Tout cela indique que l'organisation demeure l'apanage du centre des manageurs en chef et de leurs experts-conseils. Cependant, malgré son génie, le management ne saurait penser à tout. Je vais en donner deux exemples. Le management organise d'en haut vers le bas en vue de l'efficacité et de la souplesse de fonctionnement. Mais comme il veut conserver son pouvoir technocratique, il pense la chose en termes de coordination, ce qui est le paradigme du management aujourd'hui. Il ne peut pas la penser sur le mode de la coopération, pourtant bien plus efficace car motivante, parce que, à ce moment là, il faudrait réellement associer des groupes de salariés à la détermination des choses. Il le peut d'autant moins que le but productiviste est clair et que le résultat rentabiliste, qui oriente tout, est suivi par des centres éloignés et même extérieurs comme les fonds de pension. Or, ces exigences du libéralo-capitalisme ne sont pas négociables et ont des effets contraires aux intérêts des salariés. Car, contrairement au bla-bla-bla du discours néolibéral, les entreprises sont toujours des lieux d'exploitation économique, de domination politique et d'hégémonie idéologique. Du reste les salariés sont priés d'organiser de plus en plus leur emploi du temps extérieur en fonction des contraintes posées par le management. L'autre exemple est celui de la relation client-fournisseur. Il n'est pas venu à l'esprit des penseurs-organisateurs du management que les deux petits groupes situés autour d'un nœud du processus pouvaient avoir intérêt à s'entendre entre eux, afin de stabiliser leur position et pacifier leurs relations, au détriment de l'efficacité globale dudit processus. Une position c'est du pouvoir ; on la protège. (ni non plus que les transactions internes devenaient très coûteuses). Or le management exige le monopole du pouvoir, ce qui le conduit à nier l'existence des stratégies de pouvoir et de rétention d'information des autres acteurs dans l'entreprise. Cependant le management entrevoit confusément une solution, par rapport aux écarts que lui signalent les tableaux de bord. Ce sera la fée informatique qui grâce à sa puissance et à sa rapidité permettra de tout contrôler en temps réel. Eh oui le management organisateur continue de rêver à la plénitude du pouvoir, à sa transversalité et au panoptique de surveillance. Cela ne rappelle-t-il pas quelques aspects du monde totalitaire ?

Une information descendante

Le mode de fonctionnement managérial manipule, dans les deux sens du terme, de plus en plus la variable communication. Le management estime qu'il peut à lui tout seul créer une culture d'entreprise et les valeurs correspondantes. Il ignore que des valeurs, cela ne se porte pas, ne se partage pas, ne s'impose pas. Cela se crée, se prouve et s'éprouve dans le concert social entre acteurs et dans la longue durée. Cela ne se change pas par décret. Cela ne s'affiche pas et ne se décline pas. Du reste, de quelles valeurs s'agit-il ? Des morales-éthiques ou des valeurs utilitaires ? Lisez, chers lecteurs, une charte d'éthique d'entreprise et vous y constaterez qu'il n'y a guère que de l'utilitaire parfois quantifié. Dans ce contexte, la communication n'est conçue que comme une amplification des messages du management. C'est une communication de quelque chose à quelqu'un, en fait, une information descendante. Pour ce faire, les entreprises utilisent des « journaux d'entreprise », souvent sur papier glacé, qui délivrent les saintes écritures managériales. Grâce aux progrès de la technologie, on fait désormais des vidéoconférences de même nature technique que les téléconférences avec vidéophone. On organise des séminaires de manageurs, des réunions du personnel sous la houlette du manageur de proximité. On dispose de comptes rendus des réunions des Top Managers à l'usage du middle management. On organise des tableaux d'excellence comme chez les institutions éducatives des jésuites. On décerne des médailles (l'ordre du minorange chez Bouygues). On affiche la photo du vendeur du mois. On n'en finirait pas, tant la création est fertile. Pour ce faire, les entreprises se sont dotées de directions de la communication (DIRCOM) dont les responsables proviennent souvent des milieux journalistiques. Vis-à-vis du client, on fait de la communication « institutionnelle » pour favoriser le développement de l'image de l'entreprise. Vis-à-vis des pouvoirs publics et des instances supranationales, on organise un centre de pression camouflé en service des relations extérieures. Le manageur d'encadrement est prié de se transformer en animateur de réunions dites de discussion, mais en réalité de transmission d'information et de message. Chaque manageur est prié aussi d'avoir un entretien avec chacun des membres de son équipe, entretien théoriquement d'évaluation, d'orientation et de progression, mais en réalité de subordination et de collecte d'information sur l'état psychologique des troupes, presque de délation. Souvent la communication managériale relève de l'injonction paradoxale, celle qui consiste à dire : je vous somme d'être libre, d'être autonome et responsable. Pour faciliter la transmission des messages, le management organise pour l'encadrement des stages d'expression orale et écrite, des initiations à la communication, des formations à la production de discours. Les services de base ont interdiction de communiquer à l'extérieur sans le feu vert de la DIRCOM. Parfois même les courriers vers la presse envoyés à partir de la messagerie de l'entreprise sont purement et simplement arrêtés et jetés à la poubelle par le service du courrier muni de consignes. L'esprit de la communication d'entreprise est séducteur, monopoliste, réducteur. Il suffit de lire les journaux d'entreprise pour le constater. Il est visible que la communication n'est qu'un service de l'entreprise et des manageurs en chef dont on voit la trombine partout dans le plus pur style du culte de la personnalité. Les sources d'expression différente sont censurées ou détournées, car il faut faire semblant d'autoriser une expression déviante mais à condition de la récupérer. On fait beaucoup de stages de préparation à la communication pour les manageurs, mais c'est pour faciliter la transmission opératoire des messages directionnels et pour maîtriser les techniques de prétendues réunions-discussions avec le personnel, camouflant des réunions d'influence et de stratégie. Quand il est en contact avec l'extérieur chaque salarié doit se muer en ambassadeur de l'entreprise et en justificateur des errements. Parfois, il y a des formations d'ouverture et de culture générale pour les salariés. Mais ce n'est pas pour y réfléchir et comprendre ; c'est pour se comparer aux autres entreprises et s'y voir délivrer l'idéologie managériale de la mondialisation et du néolibéralisme économique. On fait appel à des boîtes spécialisées dans l'organisation de modules à bande étroite (deux jours) pour se faire entûter et se confronter à l'extérieur. On y voit même les moines de Ganagobie vous expliquer les recettes de l'ataraxie (absence de troubles) et de la sagesse personnelle. On y rencontre des gourous bouddhistes et on vous y présente la sagesse orientale au nom de : tiens, voilà du Bouddha. Cet intense et monopoliste bourrage de crâne rappelle fâcheusement la propaganda-staffel ou l'agit-prop des régimes totalitaires. Il y a message unique, simplifié, monopolisé et organisé par des relais spécialisés au service du management. Comme quoi, si la démocratie libérale est le modèle politique, la démocratie pluraliste économique n'est pas pour demain.

Un mesurable démesuré

Car il n'y a que le résultat qui compte et celui-là s'exprime en termes quantitatifs, statistiques et financièrement valorisés. Le management fonctionne à partir de chiffres. La gestion n'est que ratios, indices, tableaux de bord, statistiques, inter-comparaisons chiffrées, références standards issues de moyennes (cela permet de faire pression sur l'équipe en dessous de la moyenne sans tenir compte du contexte spécifique de son action ni des aléas). Cette logique calculatrice remplace les rationalités plus qualitatives et les approches interprétatives. Tout se passe comme si les chiffres devenaient la réalité. Le management n'aperçoit pas que les comptabilités et autres statistiques ne sont qu'une représentation très partielle de la réalité sociale. Il ne voit pas non plus que les chiffres n'indiquent que ce pour quoi ils ont été construits et qu'ils modélisent de façon réductrice la complexité des situations socio-économiques. Des tas de choses se passent qui n'ont pas été prises en compte dans le système de gestion. Aussi les plus malins font-ils la chasse aux coûts cachés par les dysfonctionnements. Mais découvrir des coûts cachés est un signal pour corriger les difficultés, ce n'est pas un moyen d'empêcher que les acteurs jouent un jeu, dans les trous (le jeu) de l'organisation, en marge des règles du jeu pour défendre leur position. La rationalité calculatrice et instrumentale est cependant forcée par la situation. D'abord les chiffres rassurent, car ils ne protestent pas et sont facilement manipulables. Ensuite, les chiffres ne procurent que ce que l'on accepte de voir. Or, ce que voit le management, c'est qu'il est évalué sur la base des chiffres des résultats par rapport à des objectifs. Il en déduit son comportement : favoriser les chiffres au besoin en les travestissant. Les chiffres sont aussi des signes d'appartenance au corps des manageurs, dont c'est le langage commun. Enfin, les données quantitatives et financières de gestion font partie de la culture utilitariste, conséquentialiste, insinuée partout par l'idéologie libéralo-capitaliste et par la logique de fonctionnement du capitalisme rentabiliste. Tout cela est bien réducteur et dogmatique et absolutiste. Tout cela participe au remplacement général de toutes les formes de rationalité possibles par la seule rationalité instrumentale et stratégique. Les rationalités des valeurs morales, des finalités de l'existence et des buts valables (axiologie), du droit (le normatif) de l'incomplétude des hommes (leur angoisse existentielle, leur recherche d'identité, leur limitation intellectuelle et affective), de la relation sentimentale, de la communauté politique et citoyenne, de l'approche procédurale limitée, sont jetées par dessus bord ou sont encastrées dans la rationalité économique. Cela renforce le fait qu'aujourd'hui le monde vécu, comme univers commun de significations, de repères de vie, de critères d'évaluation, de principes de légitimation, ne consiste plus qu'en philosophie utilitariste devenue sens commun. Et le critère de l'utilité est réduit à l'EVA (Economic Value Added, Valeur Economique Ajoutée) ![5] car les conseils d'administration, où siégent les investisseurs institutionnels (notamment les fonds de pension et les compagnies d'assurance), très concentrés et détenant assez de titres pour peser sur les décisions, ne s'intéressent qu'aux résultats financiers chiffrés. Cela induit le même comportement chez les manageurs, car ils sont évalués là-dessus. Pour que le salariat-actionnaire, au titre de la prétendue épargne salariale dispose d'un poids suffisant, il faudrait qu'il ait des représentants institués dans les conseils d'administration, afin de partager le pouvoir en faveur des salariés actifs. Ce serait la révolution et si les libéralo-socialistes y songent, cela ne changera rien à la logique du système. Car sa logique de fonctionnement est imparable et il faudrait d'abord modifier les règles du jeu capitaliste. C'est là dessus que doit porter le changement et non sur des recettes, de même que sur des valeurs autres qu'individualistes.

Des relations hiérarchiques féodales

Si l'on aborde maintenant la nature des relations à autrui propulsée par la théorie managériale et encore plus par l'action du management en situation, on peut observer un style très particulier et par antiphrase très « moderne ». Dans le passé récent et contemporain, nous eûmes le management paternaliste, le management hiérarchique, le bureaucratique (à base de règles comme dans le compromis fordien), le stratégique (rationalité par les buts et la conduite de l'action). A chacun son ressort, la condescendance humanitaire de Michelin ou des filateurs et

---

[5] L'EVA consiste à calculer la différence entre les recettes et les charges, en incorporant dans les dépenses une rémunération garantie a priori pour les apporteurs de capital financier (actionnaires et prêteurs), qui ainsi ne courent plus de risques !

tisseurs du Nord, le petit chef de l'OST avec son commandement, l'obéissance aux règles impersonnelles et statutaires de la fonction publique, la performance dans l'atteinte des résultats attendus avec le management par les objectifs. Maintenant nous en sommes à la technocratie des experts, à la mégalomanie des dirigeants et à la curialisation féodale des relations professionnelles. Le nouveau style de management, c'est la violence symbolique, la mégalomanie et la curialisation (transformation des rapports sociaux en féodalisme de cour). La violence signifie que la servitude ne saurait être volontaire. C'est une violence masquée, dont le fondement se trouve dans le régime propriétaire institué et dans la légalité du régime d'oligarchie représentative qui nous sert de démocratie politique. Cependant, le management en rajoute : chantage au licenciement, au changement de poste, à la mobilité, refus d'avancements légitimes, exigence d'horaires infernaux et de disponibilité de tous les instants. Entre parenthèses, sur ce dernier point, cela montre que le management ne sait pas faire la différence entre un temps de présence (sauf dans le cas des services) et un temps de travail effectif et productif. On ne peut pas à la fois dire que seul le résultat compte et s'entourer de pointeuses pour les horaires à la carte. Ce qui montre bien que la gestion des horaires, c'est avant tout un instrument de démonstration de son pouvoir de chef. Nous avons vu aussi qu'il y avait le mobbing (harcèlement). Mais cela n'est pas le plus important. La violence symbolique sous-jacente réside dans la pratique du « c'est dans le pouvoir non négociable et discrétionnaire » du chef, dont nous avons rencontré de nombreux exemples. La violence dominatrice est parfaitement éclairée aussi par la progressive disparition des règles du jeu qui équilibraient les rapports entre partenaires sociaux et par les restrictions, légales ou non, apportées au droit du travail. La violence consiste, par exemple, à transformer les heures supplémentaires en contingent d'heures de réduction du temps de travail, voire à ne pas les payer. La violence managériale, c' est aussi le mépris au nom du savoir, la manipulation des idées pour convaincre à l'aide d'une belle casuistique de choses décidées ailleurs. La violence, c'est de fixer la stratégie tout seul et de dire ensuite qu'elle a été mal appliquée. La violence, c'est de se réserver le monopole de la décision. C'est d'afficher des revenus cinquante fois supérieurs à celui du salarié moyen. La violence, c'est d'appliquer une logique unique à des hommes divers tout en laissant accroire que l'on personnalise alors qu'on divise. C'est de détruire des solidarités et de les remplacer par des fonds soi-disant mutualisés et par de l'information au lieu de la culture. La violence, c'est de réserver l'information pertinente aux cénacles d'experts et au groupe des manageurs-dirigeants. La violence se voit par la politique de puissance menée par le management, dans le non respect de la culture et dans une attitude permanente de domination des subordonnés au nom du rang, du statut, du pouvoir délégué et du savoir. On n'en finirait pas de lister les signes de politique de domination affichés par le style de comportement et la pratique du manageur. Exit, donc, les autres formes de domination que la violence en dernière instance ou pratiquée.

Certes, le management aurait pu conserver l'autorité charismatique (par les dons et l'aura personnels). Mais le charisme s'est trouvé éliminé par le management lui-même. En effet, le manageur doit être rationnel, efficace. Il n'a plus de dons, de grâce. Il est compétent et professionnel. C'est un technocrate qui sait mieux que personne. C'est pourquoi il n'a pas besoin de discuter. Son pouvoir est assis sur son savoir. Ce savoir fonde l'échelle méritocratique et justifie la légitimité. De plus, comme les centres de décision se sont évanouis et se sont éloignés, le manageur est conduit encore plus à agir sur le mode de l'information descendante et ne saurait avoir quelque charisme que ce soit, puisque l'on n'apparaît pas très responsable et très porteur de projet pour tous quand on n'a qu'à relayer les décisions prises ailleurs et au dessus. On ne saurait être très charismatique, non plus, quand on « décline » les orientations, puisqu'il est clair qu'on apparaît comme étant aux ordres et sans force de conviction. Le charisme suppose animation des hommes autour d'une œuvre ou d'un projet. Bien ; que reste-t-il de séduisant quand tout est réduit à l'économisme et à l'instrumental ? C'est pourquoi, le manageur fait de la « COM ». Il le fait d'autant mieux qu'il a nié la culture, qui présuppose communication authentique pour élaborer des choses en commun et forger la morale collective. In fine, s'il n'y a plus de possibilité généralisée d'identification au chef par la grâce de son charisme, tombe encore un ressort de soumission par intériorisation de l'autorité légitimante.

Le management pourrait gouverner par la culture. Mais le manageur se sert du courant individualiste propulsé par le libéralo-capitalisme pour ne pas voir (ce en quoi il est aidé par des sociologues-philosophes à la mode) que nous avons à distinguer entre : l'individuation, qui est normale, liée à la recherche d'identité dans l'intersubjectivité ; l'égoïsme, penchant vicié encouragé par le darwinisme social et l'utilitarisme libéral ; l'atomisme souhaité par l'idéologie libéralo-capitaliste, car c'est le meilleur moyen de supprimer toute forme de résistance organisée et toute convergence d'intérêts et de valeurs. La négation de la culture par le management réside aussi dans le refus du caractère normatif de la culture, puisqu'elle véhicule des valeurs c'est-à-dire des principes d'évaluation éthique et morale. La culture contient ce qui est souhaitable et largement ce qui est socialement faisable pour ne pas casser le système institué des rapports sociaux. Or, le manageur ne s'intéresse qu'à ce qui est possible techniquement pour améliorer la rentabilité. C'est plus mesurable et cela a moins besoin d'être mis en débat. Enfin, la culture s'oppose à la subordination, ou si elle admet la subordination, c'est parce qu'elle est opérée dans un cadre institutionnel et politique considéré comme légitime et qui donne à certains, dans le cadre de la division dirigeants-dirigés, le droit de diriger au niveau pratique et non au niveau politique. In fine, nous voyons qu'il ne saurait y avoir intériorisation de la soumission par rapport à des valeurs. Car le management se contredit lui-même : il propage des valeurs de coopération, de responsabilité, d'implication, de créativité, de loyauté, de fidélité, dans le temps même où il précarise, délocalise, licencie, taylorise et individualise.

Une curialisation des rapports d'autorité

Après la violence symbolique, nous avons un mélange de technocratie et de féodalité que nous appelons la curialisation. Celle-là rassemble au féodalisme en ce sens que les relations entre chef et subordonné sont fondées sur le lien personnel. De confiance d'un côté et de soumission de l'autre. Encore que la technocratie ne fasse pas une confiance aveugle. Elle veille au contrôle a posteriori grâce aux tableaux de bord. Mais le principe est le même, allégeance du subordonné à la personne du chef et à ce qu'il représente pour l'entreprise et signes apparents de confiance et de responsabilisation à l'égard dudit subordonné de la part du chef.

Une fois conduits à se replier sur eux et entre eux par la logique même du libéralo-management, les manageurs n'en doivent pas moins travailler et faire travailler les autres. La logique argumentative et démonstrative leur étant interdite, l'explication problématique, il ne leur reste plus qu'à fonctionner par d'autres moyens. C'est ce qui explique le phénomène de curialisation. Phénomène que j'ai pu constater à EDF sous la houlette du management hiérarchico-féodal installé par le sous-secrétaire d'Etat à l'électricité nommé par le pouvoir socialo-libéral afin de supprimer toute divergence idéologique. Les fonctions de commissaire politique y ont été remises en honneur, voire même l'espionnage des déviants et leur mise à l'écart. In fine, l'argumentation se réduit à : si on ne fait pas comme la concurrence, on va disparaître. Belle logique panurgienne et immorale, car si les autres vendaient du crime faudrait-il faire pareil ?

A tout seigneur, tout honneur. La curialisation commence par l'équipe de dirigeants. Elle est transformée en cour du roi Arthur. Le roi Arthur, manageur en chef, s'entoure de ses barons, sauf qu'il y a peu de Lancelot, de Perceval et de Guenièvre. C'est normal, la quête du Graal a été remplacée par celle du gras. Le roi adoube les barons. Ces derniers lui font allégeance et lui doivent loyauté et fidélité. En retour, le roi leur garantit des fiefs, sa protection et son amitié. On prépare la stratégie autour de la table ronde souvent adornée de plantureux repas aux frais de l'entreprise. Les vassaux coopèrent et font acte de soumission. La confiance s'installe. Les relations fonctionnent comme relations bilatérales entre chaque seigneur et le souverain, car ce dernier ne fait que consulter et prendre l'avis de chacun pour décider en dernière instance, après avoir fait la synthèse suprême des opinions des uns et des autres. Ce qui signifie qu'il n'y a pas véritablement d'échanges approfondis et de réelle mise en débat. Car tout fonctionne sur la base de liens personnels entre les protagonistes. Or, un lien personnel suppose la confiance. Cela n'empêche pas les rivalités, les ambitions, l'opportunisme. Pour ce faire, on cherche à avoir l'oreille du chef en privé et au passage de débiner ses concurrents, car il y a un enjeu fondamental : qui sera à la place du calife ? Il s'agit de se placer, d'en faire plus, de montrer qu'on en fait plus. Ainsi s'explique que les subordonnés soient davantage pressurés, parce que cela sert à montrer au roi qu'on fait toujours plus et mieux et, que, en retour, on escompte son estime et un rang privilégié par rapport aux autres petits marquis (marquis, car tout ce beau monde travaille aux frontières). C'est pourquoi, à la logique infernale du capital, s'ajoute la mécanique des rapports interpersonnels au sein de l'Etat-major pour exiger toujours plus- et récompenser toujours moins-de la piétaille, des manants et de l'encadrement. C'est que c'est une conclusion logique de la compétition au sein de l'équipe de direction et des stratégies personnelles opportunistes. Qui n'a vu, en venant présenter un projet, une réunion de collège de direction ? Chacun cherche, à trouver l'idée géniale, à rabaisser le contenu d'un projet (en guettant secrètement l'approbation du chef) qui a été établi sous la direction d'un concurrent qui siège à la même table. Dans ce style managérial, on voit que les manageurs sont bel et bien personnellement impliqués dans l'accélération négative de la situation pour les autres acteurs. Et cela est nécessairement conscient et inavouable. Si on ne leur en veut pas de faire leur travail – après tout il faut bien vivre et il y a beaucoup de concurrents qui feraient tout à votre place -, on peut reprocher aux manageurs de faire du zèle pour des raisons purement opportunistes et personnelles. Qui ne voit qu'un tel régime de relations féodales est en fait un système politique très particulier qui nous ramène au Moyen Age. Et nos manageurs continuent de prétendre qu'ils ne font que de l'économie pure ! C'est pourquoi, ils masquent leur féodalisme derrière toute une approche calculatrice, comptable, gestionnaire. Cela leur sert à justifier les décisions de façon trompeusement objective. Cela leur permet de se rassurer. Ensuite, tout ce style féodal est répercuté sur le reste de la hiérarchie en faisant des ravages à tous les étages. On continue d'exiger allégeance personnelle, soumission, fidélité, loyauté, disponibilité des subordonnés à tous les niveaux. Comme on l'a déjà vu, on cherche à diviser le corps social, à l'atomiser, à le personnaliser, parce que l'on reproduit le modèle féodal décrit ci-dessus. Devant l'urgence de productivité et les conséquences de l'opportunisme du rang supérieur vis-à-vis du suzerain et contre les troupes, par crainte des éventuels groupes de pression, c'est la stratégie la plus efficace à court terme (après moi, le déluge). Le problème, déjà repéré, c'est que les contreparties, qui existent pour la cour, se rétrécissent pour le petit peuple. Alors, on joue sur la séduction et la confiance. On joue aussi sur la disqualification des opposants, sur la mise à l'écart des mauvaises têtes et des innovateurs, sur la valorisation symbolique des fidèles et des conformistes et autres légitimistes. On entretient le flou, ce qui fait que nous sommes dans le mou, management opportuniste unifié ou management ondulatoire universel. Pour renforcer la soumission à l'idéologie régnante, on organise des grandes messes audiovisuelles (avec buffet), qui ont l'inconvénient de laisser dans l'ombre ceux qui ont l'intelligence de ne pas s'exprimer ou la crainte de le faire. On a déjà vu que la fameuse Gestion des Ressources Humaines servait avant tout à faire pression pour obtenir la soumission par la distinction relative entre individu.

A cette curialisation s'ajoute le comportement et l'attitude technocratique, car pour se rassurer et parce que l'époque est sophistiquée (au sens anglais, dénaturation de la marchandise) il nous faut des outils quantitatifs de mesure et de contrôle. Mais dans ce mouvement de calcul utilitaire, sans s'en rendre compte, le management développe un style mystificateur des hommes et mythificateur de l'idéologie, car il commet plusieurs erreurs volontaires et intéressées ou involontaires par ignorance.

Une incomplétude chronique des manageurs

La première erreur consiste à réduire la complexité de la réalité, en ses différentes dimensions et paramètres. Le manageur lui applique ses grilles de lecture et ne se rend pas compte de sa myopie. Alors qu'il faudrait construire des lunettes à focale variable et disposer d'un regard à feux tournants, le manageur ne voit que de son point de vue de grand chef et par rapport aux droits (plus ou moins légitimes) de commandement dont il dispose. Sa position dans le système libéral lui impose un ensemble de représentations très particulières et réduites. Le mode managérial lui fait prendre sa propre construction imaginaire de la réalité sociale pour le point de vue général et universel. Du reste, il ne sait pas que la réalité sociale n'existe que par la construction que l'on s'en fait mentalement. Il ignore que les systèmes de représentation sont des construits sociaux. Il préfère penser, parce que cela le valorise et le met au niveau supérieur de l'échelle sociale, qu'il produit tout seul, grâce à son mode de raisonnement ou son acquis de socialisation, et que la société n'inculque jamais les schémas, références et représentations dont il dispose. Cela n'interdit pas de parfaire sa formation personnellement (la « Bildung » allemande), mais il faut le vouloir et en prendre le temps. Or, le style managérial part du principe qu'il sait déjà tout et cela conduit à l'impossibilité d'apprendre. De plus, le modèle de ce qu'il faut penser est déjà établi et il ne reste qu'à l'imposer dans les applications pratiques. Quand il ne s'agit que de répercuter des schémas de pensée établis en prêt à penser et divulgués par les magazines managériaux (de fort piètre qualité et ne contenant que du factuel et de l'événementiel), l'idéal-type managérial n'a pas besoin d'investir, car, de plus, la force dont il dispose statutairement lui permettra d'imposer ses vues. Ainsi, le manageur idéal-typique du libéralisme sauvage est-il conduit à fermer ses écoutilles sans s'apercevoir du caractère enfantin de son imaginaire intellectuel. Bien plus, le manageur compense dans son propre système d'illusion les difficultés qu'il rencontre vis-à-vis de lui-même, vis-à-vis de la réalité représentationnellement construite et en regard des oppositions des autres acteurs. A partir de son bureau, le manageur s'imagine dominer les autres et le monde, sans s'apercevoir qu'il n'a qu'un ensemble de représentations volontaristes et parfaitement idéologiques. C'est qu'il ne lui est pas permis de douter, parce que le faire serait s'engager sur la voie de la culpabilité et perdre tous ses repères conceptuels, ce qui serait d'un coût énergétique et psychologique exorbitant. Ainsi son imaginaire idéologique est-il plusieurs fois trompeur : par décalage avec l'objectivité, par auto-moulinage de recherche de cohérence des idées à l'intérieur de son cerveau en termes de compensation des contradictions et par refus d'écoute d'autres éclairages que le sien. La chose est aggravée par un volontarisme forcené, car il lui faut agir beaucoup plus vite que ne l'acceptent les autres acteurs sociaux. Cela aussi parce qu'une des caractéristiques du « volontarisme » est de ne pas conduire à vérifier que les choses sont faisables. Il ne s'agit donc pas de volonté, puisque l'on ne peut vouloir que ce que l'on peut, sauf à faire des bouffées délirantes, mais de volitions, c'est-à-dire d'actes mentaux anticipant les résultats désirés par la volonté. Le volontarisme-volition permet de ne pas regarder les conséquences de ses décisions et de ne pas se mêler de la réalisation opérationnelle des choses. Cela, c'est le travail des subordonnés. Cela renvoie à l'autre trait du style de management, celui de la mégalomanie narcissique. Le management, en la personne du manageur, s'imagine tout diriger à partir de son petit bureau. Sa volonté de puissance est sans pareille. Elle ne risque pas d'être démentie puisqu'on fait acte d'allégeance et qu'on ne lui renvoie que des chiffres, au besoin quelque peu trafiqués. Ce narcissisme se voit dans la publication de sa figure dans les journaux d'entreprise et dans le psittacisme des subordonnés de rang juste inférieur qui s'expriment toujours en termes de « comme le président, comme le directeur l'a dit », il faut faire ceci ou cela, penser ceci ou cela.

Certes, du point de vue de la toute puissance, le management a établi les mêmes principes de pilotage et de régulation pour le suivi du cheminement réel. Mais le mouvement dans la pratique, n'est plus qu'une référence imaginaire et symbolique, parce que pour l'appliquer il faudrait qu'il partage le pouvoir. Or, cela il ne le veut pas parce que les décisions importantes viennent d'ailleurs et parce que cela serait concéder que l'on n'est pas omniscient et reconnaître son incomplétude. Alors ce qui est réellement pratiqué, c'est l'appel au dogme du management stratégique intégré (MSI) que, désormais, l'on peut davantage qualifier de management simplifié intégriste. Dans ce cadre le management, qui se pense irréprochable et complet, accuse les autres d'avoir fait capoter la stratégie qu'il a tout seul conçue. On pourrait lui rétorquer que, la stratégie étant la conception de la ligne d'action dans le temps et avec les moyens nécessaires, il aurait dû intégrer dans la définition par ses soins de ladite stratégie qu'elle serait appliquée par des incapables qui ne comprennent pas vite et bien, même quand on leur explique longtemps. En fait, le caractère peu applicable de la stratégie réside dans le fait qu'elle rencontre des résistances quant à son contenu, qu'elle ne tient pas compte du passé et de la culture et qu'elle n'a pas été conçue sur la base d'une analyse détaillée (fastidieuse pour des volontaristes, pour des génies) et opératoire des processus d'action et des ressources disponibles, ni même parfois des contingences. Le management enfonce souvent des portes ouvertes, ce qui prouve que, contrairement à son imaginaire fantasmatique de complétude, d'omniscience et de toute puissance, le bon gros sens commun fait aussi partie de son petit patrimoine cognitif. Ainsi, voit-on d'énormes ouvrages sur la « corporate governance » (gouvernement d'entreprise importante ou de groupe), qui ont pour but de lever la contradiction entre les intérêts des dirigeants, considérés comme une agence aux ordres, et les propriétaires. Il suffisait de lire le cher Montesquieu : Le pouvoir corrompt et le pouvoir absolu corrompt absolument. Autre exemple : Tout est considéré comme une charge et doit être diminué. Ce n'est tout simplement pas vrai. En effet, une dépense peut être conçue comme un investissement de long terme pour augmenter son nombre de réponses possibles aux états futurs et aléatoires de l'environnement. Le type managérial oublie que la variété n'est pas seulement celle de la demande externe. C'est avant tout celle du système interne au sens de la théorie systémique qui explique que la variété intérieure d'un système doit être supérieure à celle de ses composants pour avoir des chances de s'adapter, en se conservant en tant que structure identitaire stable, aux évolutions des états de l'extérieur. Vis-à-vis de ce dernier, la variété interne doit être la plus grande possible. Ce n'est pas tout, car une charge peut être un instrument d'augmentation de la performance globale des processus de production ou bien une incitation à la motivation du personnel. Enfin, une charge peut être comprise comme une réserve de puissance pour faire face aux aléas. N'importe quel conducteur sait qu'il vaut mieux avoir des chevaux sous le capot, même si cela coûte plus cher, pour faire face aux circonstances de la circulation. Christophe Colomb savait qu'il ne pourrait en cours d'aventure réparer ses caravelles qu'avec ce qu'elles contenaient. Il a donc surdimensionné son équipement au départ. Tout cela confirme, si besoin en était, que le management, dans le contexte actuel de concurrence sauvage, a choisi le court-termisme, le mégotage et la non prise en compte de la durée. Je rappelle qu'il fallait souvent plus de cent ans pour construire une cathédrale. Avec le style managérial d'aujourd'hui on ne les aurait jamais bâties. Cela n'empêche pas les manageurs de nous ressortir la parabole de la motivation à propos des tailleurs de pierre : L'un dit je taille une pierre, l'autre je taille des pierres pour construire un édifice et le troisième dit, je construis une cathédrale. Sans doute, encore faut-il qu'il y ait des cathédrales à construire.

Le management ne s'interroge guère sur ce qui est possible, faisable et souhaitable chez le système social tout entier d'acteurs que forme l'entreprise. C'est que cela demanderait des principes et une analyse multi-critériale et qu'il faudrait écouter les autres acteurs et mettre les choses en débat. Cela aurait pourtant le mérite de révéler les implications implicites et les conséquences cachées ou perverses des décisions. Même si on prenait une décision contraire aux résultats de l'analyse, par exemple à cause d'une situation d'urgence ou de difficulté ou pour cause de recherche accélérée du profit, cela permettrait de mieux connaître les résistances des autres acteurs ou la nature et les conséquences de ce qui serait abandonné. Car dans toute prise ou préparation de décision, il faudrait s'interroger sur ce qui est possible, techniquement et rentablement, sur ce qui est faisable compte tenu de l'état de la culture et du corps social de l'entreprise et sur ce qui est normativement souhaitable en tant que relations sociales et d'altérité que les solutions impliqueraient dans leurs conséquences. Dans sa toute puissance calculatrice, le management ne pose que la première question et en évalue les conséquences utilitaires.

Une autre erreur du style managérial est de nier l'incomplétude des hommes. Incomplétude intellectuelle, informationnelle et psychologique, cette dernière étant, sans doute, la plus porteuse de fermeture à l'environnement et de renforcement de la technocratisation. Le management se prend pour Dieu le père et en infère la prétention à être dans le vrai et à en déduire son droit d'imposer son propre point de vue. Obnubilé par ses attitudes lacunaires, le genre managérial cherche, à tout prix et par tout moyen, à maximiser la rentabilité, parce que c'est la règle du jeu des entreprises qui veulent réussir en situation de concurrence internationale intra-zone sur les mêmes produits et de demande solvable saturée.. Or, cette optimisation se fait généralement à court terme, car il est toujours meilleur d'engranger tout de suite et au maximum des profits qui pourront, soit obtenir la faveur des actionnaires, soit constituer un magot (réserves...), qui permettra d'investir. Or, la théorie de la décision montre que, dans bien des cas, il vaut mieux gouverner par les principes (loyauté, fidélité, solidarité, mutualité...), que par les critères de gestion. En effet, c'est le moyen de s'assurer la coopération des autres acteurs et d'augmenter la performance globale. Le problème, c'est que cela réclame de s'installer dans une stratégie interne ou/et externe de très long terme dans la durée d'institutionnalisation des rapports sociaux. A l'évidence, les rares manageurs qui choisissent le développement durable et la pérennité de l'entreprise, et cela contre les fonds de pension actionnaires, qui peuvent toujours se transporter ailleurs, jouent sur les principes et leur donnent un rang supérieur aux critères de résultats. A ce moment là, ils sont en situation de reconnaître que les autres jouent dans le film et peuvent avoir raison de s'impliquer activement dans la cogestion de l'entreprise. Pour masquer leur incomplétude, les manageurs s'appuient sur des approches comptables et quantitatives sèches, réductrices et, pour tout dire, rigoureusement inappropriées au déroulement évolutif et non planifiable de l'action. Ils oublient qu'un système comptable n'est pas la réalité et que tout système comptable est un choix, éventuellement pervers, pour la représentation de l'objectivité. Face à l'incertitude, bizarrement, la gent managériale choisit l'hyper formalisation et la planification. Or, c'est une erreur manifeste, puisque en univers d'incertitude, la seule approche qui marche, c'est la démarche processuelle, itérative, régulée, partagée des missiles à têtes chercheuses partant vers des zones de destination où les cibles sont aléatoires, mouvantes et passent par des espaces de cheminement sans qu'on puisse prévoir la trajectoire et concevoir le chemin. Mais il faudrait intégrer le temps long au lieu de le considérer comme immédiat et réversible. C'est une erreur aussi parce que la productivité globale d'un système intégré ne dépend pas seulement des productivités partielles de ses éléments, mais aussi de la qualité de son organisation d'ensemble. Ce qui contre-balance les prétendus surcoûts des charges sociales. Du reste, en France elles sont dans la moyenne européenne et personne n'a démontré la moindre corrélation entre leur niveau et la compétitivité d'une économie. Ainsi les pays du Nord de l'Europe ont à la fois le plus de charges et le moins de chômage...

Le style de management n'est guère dissociable de la personnalité de base (ou des personnalités) des manageurs, car il y a cercle vicieux. Le management a besoin d'un certain profil de manageurs. Une fois recrutés et en place, ces derniers répercutent le modèle et développent les attitudes et les comportements conformes aux exigences du type de management. C'est pourquoi le recrutement et l'évaluation sont des variables-clefs du bon fonctionnement du management libéralo-capitaliste. Nous pouvons identifier des régularités dans les comportements ou attitudes observables des manageurs à partir de leur genre de pratiques. Sans souci d'ordre, si tant est qu'il en y ait un, citons : l'illusion de la complétude, la volonté de puissance, l'obsession des tableaux de chiffres, la domination plus ou moins perverse, la déformation-compensation dans l'imaginaire des contradictions de la réalité ou de son intériorisation, la rationalité positive et instrumentale qui nie les affects, les sentiments, les émotions, l'allégeance au manageur de rang supérieur, le conformisme au sein du groupe de pairs par rapport aux idées reçues. Il a été noté, pour les autres, que les manageurs n'hésitaient pas à créer des situations angoissantes de stress par la carotte et le bâton, par la mise en expression et la censure de la parole, par la propagande pour la personnalisation des choses tout en s'appuyant sur la pression de conformité du groupe, par l'entretien savant du mou et du flou, par des signes d'appréciations non assortis de conclusions concrètes, par les incertitudes de la notion de compétences. Nous pouvons aussi évoquer quelque perversité d'ordre stratégique qui consiste à créer une situation de départ dans laquelle le manageur gagne à tous les coups. Une des plus fréquentes est de demander du travail en restant dans le flou. Une première interprétation de ce genre de situation est que, tout simplement, le manageur, par incompétence ou parce qu'il est lui-même commandité par le rang supérieur, attend que le subordonné lui propose des idées qu'il pourra accaparer et faire briller, et donc ne peut pas préciser ou n'a pas d'intérêt à préciser ce qu'il veut. En procédant ainsi le manageur peut recevoir des idées intéressantes pour les rejeter ou les faire rejeter par une autre instance du pouvoir. N'avez-vous pas vu de chef qui vous demandait de soutenir un projet devant un aréopage de décision, qui laissait les autres s'exprimer et critiquer, et cela, sans vous soutenir, et qui, la séance terminée, disait pratiquement à ses collègues, je vous l'avais bien dit que cela ne valait rien. Dans tous les cas, le manageur gagne. Il y a une deuxième interprétation qui fait appel à la perversité sadique du dominateur. Ce dernier, en restant dans le flou, veut montrer qui est le maître et qui est l'esclave, sauf que dans le dialectique du maître et de l'esclave, c'est l'esclave (ô ruse de la raison et effets dynamique de la négation) qui finit par dominer le maître, parce que l'esclave n'a plus peur de la mort (elle vaut mieux que d'être esclave) et devient indispensable à la vie du maître qui ne sait rien faire de ses dix doigts. Dans le management actuel, ce n'est pas possible, car des esclaves potentiels il y en a des milliers à l'extérieur, qui attendent un emploi. A la limite, le manageur réclame à l'agent un travail parfaitement inutile ou inepte pour montrer qu'il a le pouvoir, qu'il peut faire craindre et qu'il peut se ficher du tiers comme du quart : c'est lui qui domine et veut le faire savoir. Nous pouvons aussi parler de la séduction qui consiste, comme dans une forme d'hystérie, à érotiser les relations sociales en vue d'obtenir la soumission des assujettis. D'autres formes sont possibles comme la menace plus ou moins affichée par le chef de retirer son amour paternel au subordonné, afin de le maintenir dans la dépendance par la peur et par le sentiment de culpabilité au profit de l'accroissement de la distance sociale. S'y ajoute encore le rationalisme de la maîtrise technique, dont on sait que ce n'est qu'un fétichisme consistant à remplacer le sujet d'amour par un objet qui le représente et s'y substitue. Dans ce cadre, le pas est vite franchi de prendre les autres comme des instruments au service de la toute puissance, du volontarisme et du fétichisme. Enfin, soulignons le solipsisme (se considérer comme étant seul au monde) du management, dont on a vu qu'il consistait à se prendre soi-même comme miroir et aune de la bonne décision et du juste comportement.

La parano des manageurs du public

J'aurai aussi à faire ici une petite observation sur les manageurs des services publics qui sont dans une situation particulière. Dans de tels services, règne un système de valeurs commun, parce qu'il provient de la mission extérieure confiée par les représentants de la nation audit service public. C'est, théoriquement, par rapport à ces valeurs : neutralité, mutualité, traitement égal, continuité de service, obligation de desserte, prix minima et équilibre des comptes, que le postulant à un emploi entre dans ces organisations, quel que soit son rang (maintenant il entre pour faire du service public une entreprise comme une autre...). La différence entre les manageurs et le reste du personnel, même si tout le monde est censé avoir intériorisé le système de valeurs, est que les manageurs personnalisent, transforment en chair (Dieu, c'est l'Etat, le Saint Esprit, c'est la nation et le fils, c'est le manageur qui s'est fait chair pour incarner et véhiculer le message) les valeurs communes. Il s'ensuit que leur autorité est en quelque sorte théologico-politique. Le manageur incarne les finalités communes. Cette présentification charnelle fait que les finalités n'ont pas à être mises en débat, d'autant plus qu'elles sont fixées pour la Nation par l'Etat. Alors, le manageur de service public est habilité à passer directement à la rationalité technique et instrumentale. Cette position n'est pas contestée par les subordonnés, parce que le service public est perçu comme un corps hiérarchisé dont la management est la tête. Dans un univers théologique, couper la tête du chef est un sacrilège impensable, car le corps sans tête périrait. Cette légitimation quasi divine du management, associée à l'entrée en sacerdoce du personnel par vocation, facilite les demandes de sacrifice des agents présents au profit des générations futures. Telle fonctionnait la culture acquise dans le passé, comme système de domination par incarnation des valeurs et occultation des buts, ce qui permettrait aux comportements bureaucratiques et techniques de prospérer, puisqu'il n'y avait que cela d'ouvert à la discussion, tant chez les manageurs que chez les agents. A cela, s'ajoutait, en contrepartie de bien plus faibles rémunérations et de la jouissance du dominateur installé à vie, ce que procure l'avantage de la permanence. Ainsi, dans une relation aussi durable la crainte du retrait de l'amour du chef chez les subordonnés revêt une acuité bien plus grave, car ce serait pour le reste de la vie professionnelle. C'est un autre aspect de la bureaucratie dans l'atmosphère écrasante et étouffante qu'elle installe. Maintenant, le contexte a changé et les entreprises nationales de service public sont dirigées par des libéraux pur sucre, pas forcément par idéologie personnelle, mais par opportunisme ou pour sauver les meubles et retarder l'évolution vers la dérégulation (cas cependant rarissime) et parce qu'il n'y a tout simplement pas connaissance de théories économiques différentes. Eh bien nos manageurs du public, sans vergogne, continuent de profiter de leur statut d'intouchables pour cause théologico-politique. D'où les jongleries de vocabulaire : service du public au lieu de service public, centre de résultat au lieu de centres de profits, clients au lieu d'abonnés ou usagers... On pourrait faire une petite typologie du manageur du public en fonction de son moi idéal (personnalité authentique) et de l'idéal du Moi (figure à laquelle on s'identifie et qui facilite l'intériorisation des normes et interdits) :

- Moi Idéal (MI) et Idéal du Moi (IM), tous deux étant libéraux, on a un manageur de conviction qui ne peut se conduire que comme un menteur ou un intégriste vis-à-vis de ses troupes.

- MI Service Public et IM libéral, on a affaire soit à un opportuniste soit à un camouflé.

- MI Libéral et IM service public, sans doute un schizophrène, en tous les cas un inadapté.

- MI Service Public de même IM ; c'est un homme de vocation, sans doute déjà au placard.

Tout le problème, c'est que chez le personnel de tradition et plus ancien, on a la configuration MI et IM du service public, alors que le management veut faire passer tout le monde à IM et MI libéraux.

Reprenons sur les manageurs en général. On note, aussi une fétichisation du vocabulaire. On s'envoie des mots vides à la tête, tels des cuistres. C'est une exigence du standing et une manifestation des attitudes de domination. C'est magique. On fait comme si les mots étaient des incantations qui allaient justifier l'autorité du manageur-sorcier et obtenir que l'action se fasse ou allait être obtenue : fractal, complexité, incertitude, down-sizing, re-engeenering, empowerment, Kaizen, Kanban, chaos, faire sens, perte de repères, transversalité, procédural... On s'amuse avec des jeux de langage, à des images d'images. On suit la mode. On change le sens, par exemple mutualisation pour mise en commun. Tout cela prouve qu'il y a un travail d'occultation du sens des choses dans les rapports sociaux par le remplacement des objets réels par des mots séducteurs et apparemment savants. Avec ce jeu d'image, ce spectacle de jeu de mots, on cache les maux potentiels pour dorer la pilule au personnel. Avec ces manipulations, on substitue au temps collectif le seul temps subjectif des manageurs. Ce qui est caché, c'est que avec les actionnaires à rémunération garantie (EVA) et les manageurs munis de parachutes dorés (stocks options) tous les risques sont reportés sur les salariés et voilà, qu'en outre, on veut leur faire gober des retraites aléatoires.

Enfin, nous voyons de plus en plus sur le pavois les manageurs-stratèges tueurs. Nous en avons deux classes. Il y a le « tueur cool » qui annonce les mauvaises nouvelles avec un grand sourire, qui est « sympa », convivial, amical, qui fait semblant d'écouter, mais, surtout, parle, explique, justifie. En dessous, il conduit sa stratégie d'une main de fer dans un gant de velours, sans désemparer ; il n'hésite pas à casser beaucoup d'œufs pour faire une omelette. Il y a aussi le cul-serré, le pisse-froid, le pisse-vinaigre, qui ne sait pas s'exprimer, soumis au dessus et tatillon en dessous, incapable d'animer, défensif et spécialiste des situations de double contrainte pour tirer son épingle du jeu. Au moins est-il moins trompeur et séducteur que le précédent, sans doute parce qu'il ne sait pas faire. Tout cela nous amène à des multiples confusions, savamment entretenues, entre le penser et le dire et entre le penser et le faire. Il est vrai que souvent le manageur se trompe lui-même, empêtré qu'il est dans ses contradictions internes, dans celles avec le rôle qu'il doit jouer et dans celles entre l'objectivité d'être manageur et être un bon chrétien, un humaniste de bon aloi, un ex-communiste solidaire. Sur ce dernier cas, on rencontre souvent dans les entreprises d'ex-cocos ou cégétistes ou gauchistes de tout poil qui sont devenus le fer de lance du management libéral. Je me suis déjà demandé pourquoi et j'ai fait la réponse hypothétique suivante : pour être communiste il y a trente ans, il fallait être dogmatique, économiste quasi religieux et souple comme du verre de lampe. Il fallait ces propriétés là pour être en phase avec le parti (plus l'amour pour les faibles). Eh bien, ces mêmes propriétés trouvent un aussi bon emploi dans le libéralo-capitalisme sectaire. Comme quoi vous voyez que la bataille de la compétence n'est jamais perdue. Revenons à nos humanistes chrétiens. Pour gommer leurs contradictions, ils ont plusieurs solutions : par exemple expulser le problème ; ainsi range-t-on sa vie en deux tiroirs, le tiroir gestionnaire du rôle professionnel indéfectible (l'entreprise n'est pas une œuvre sociale ; son but est de faire du profit) et le tiroir privé, extérieur, familial où l'on militera éventuellement dans des associations de correction des dégâts du progrès et de la modernisation. Enfin, seulement s'il reste du temps non accaparé par le dévouement à l'entreprise. Précisons aussi que si le dogmatisme des idées fonctionne aussi bien en toutes circonstances, c'est qu'il autorise toutes les pratiques de pouvoir personnel et d'opportunisme. Le PCF et les jésuites l'ont amplement démontré. Et les ex gauchistes ont surtout comme particularité le goût du pouvoir, ce qui les conduit à violer le dogme théorique avec leur opportunisme pratique. Ils ont retenu la leçon de Mai 68 : primum vivere, vive le plaisir, vive l'individu égoïste. Dans ce petit jeu, les spécialistes de la dialectique marxiste ou trotskiste sont les meilleurs !

Mais comment de telles attitudes sont-elles possibles ?

On se contentera d'une série d'hypothèses interprétatives, suffisamment significatives pour au moins identifier les problèmes, même si ma compréhension des choses contrevient aux canons de la psychanalyse.

La toute puissance fantasmatique

Dès la naissance et peut-être même avant, le tout petit enfant ne fait pas la différence entre lui comme sujet et les objets extérieurs. N'ayant donc pas encore de motricité et ne pouvant guère penser à l'autre ou se représenter les choses, il ne dispose que d'images rêvées. C'est dire qu'il fantasme. Notamment, il se fantasme comme tout puissant, parce que lorsqu'il a un besoin (faim, soif, être au sec et n'être plus irrité) sa mère arrive pour le satisfaire (ce pourrait être son père grâce à l'intervention du biberon). C'est lui qui s'imagine illusoirement qu'il dirige le monde. Ultérieurement, dans une deuxième phrase, comme, en général, c'est la même personne qui lui donne le sein ou le biberon ou satisfait ses besoins, il en découle dans son esprit fantasmatique qu'il ne peut pas séparer le bon (ou le satisfait) et le mauvais (on ne vient pas l'aider). Ainsi l'imago maternelle archaïque (la toute petite enfance d'impuissance réelle et de fantasme figuré de toute puissance) se clive-t-elle en image de la bonne et de la mauvaise mère. Cela produit une ambivalence durable vis-à-vis des relations sociales ultérieures. Par rapport à ces images, le petit enfant est mis dans une situation redoutable. En effet, s'il en veut à l'image maternelle mauvaise, comme il s'agit de la même personne, il risque le retrait de l'amour de la bonne mère. Il ne peut courir ce risque et, face au danger, il développe un sentiment de culpabilité, car il ne peut que se juger responsable du retrait d'amour de la bonne mère. En effet, s'il n'était pas responsable, il perdrait simultanément la bonne et la mauvaise mère. Mais cette culpabilité est insupportable ; aussi l'enfant, la projette-t-il à l'extérieur sous forme d'agressivité. Ces acquis de psychologie profonde, issus de la conjonction entre les caractéristiques bio-psychologiques de l'enfant et les relations extérieures avec l'autre, se réactualisent avec des degrés très différents et avec amplitude très étendue sur toute la vie, en fonction des circonstances. Cela dépendra de chaque enfant et du système familial dans lequel il a été élevé. Supposons une mère très (trop...) bonne. La part imago mauvaise est faible et l'enfant sera imaginairement convaincu d'une grande puissance et développera moins d'agressivité. Ce pourrait être l'origine du manageur cool. En sens inverse, supposons une trop élevée imago maternelle mauvaise (car la mère réelle ne serait pas assez aux petits soins), le taux de culpabilité et d'agressivité serait beaucoup plus élevé tout en conservant un bon degré de fantasme de toute puissance. Ce pourrait être le fondement du technocrate coincé. Pour éviter toute confusion, il me faut préciser tout de suite qu'il n'y a pas que les manageurs qui montrent ces caractéristiques de psychologie cachée et profonde. Tout le monde y est sujet. La différence est que le libéralo-management échevelé d'aujourd'hui sélectionne les individus qui ont les propriétés les plus adéquates pour son fonctionnement. Il s'agit surtout du manageur technocrate et du stratège cool ; le manageur stratège pisse-froid appartient plutôt au style bureaucratique. Il n'est qu'une survivance, dont le capitalisme actuel fait ses choux gras, cependant, parce qu'il utilise des manageurs de deuxième rang qui jouent à la politique de puissance par parasitisme des manageurs cool. Cette stratégie ne peut réussir que si les coincés se comportent de façon totalement soumise au cool, ce qui donne à ce dernier une main d'œuvre très docile pour satisfaire sa propre volonté de toute puissance. De plus, cela lui fournit un utile filtre ou fusible vis-à-vis du reste du personnel. Cela lui permet aussi de jouer le recours en dernière instance. En effet, le stratège cool, en cas de montée de la pression sociale, pourra rejeter la responsabilité des frustrations du personnel sur le stratège pisse-vinaigre et se présenter en médiateur de dernière instance.

Un imaginaire débridé

Dans un autre courant interprétatif, on pourrait s'inspirer de la formation du moi relationnel et profond en terme d'accession au monde imaginaire et à la sphère symbolique. Ce n'est qu'en se découvrant devant un miroir que le petit enfant accède au monde des images, à un imaginaire moins fantasmatique, puisqu'il s'agit de représentations mentales de combinaison entre la psyché et les objets extérieurs. Cette image de soi dans le miroir est constitutive de phénomènes : cette image est la mienne et, donc, permet l'accès à la conscience en tant que sujet identifié comme soi. Cette image spéculaire conduit à la réorganisation de toutes les images préexistantes, plus floues, plus fantasmatiques, en représentation, en imaginaire qui distinguent entre sujet et objet et opèrent cette distinction à partir de la découverte du Je reflété dans la glace. L'imaginaire est à distinguer du symbolique, lequel a besoin de l'imaginaire pour pouvoir s'installer et qui représente les interdits. C'est pourquoi le stade du miroir est déclencheur de la possibilité d'accéder au symbolique. Ce dernier provient de l'extérieur et est véhiculé par le langage, qui contient la structure du monde symbolique (rapport entre objet signifié et signe signifiant) et que la parole (des parents), qui le porte, transforme en transmission des interdits sociaux. Auquel cas le symbolisme est aussi une intériorisation des institutions extérieures de contrôle et de socialisation de l'enfant. C'est pourquoi l'inconscient est structuré comme un langage (sur un mode symbolique), mais animé par le désir. En retour, le désir ne peut pas s'exprimer librement, parce qu'il est structuré par le mode de construction du langage, qui émane de l'extérieur, lequel s'exprime dans la parole. Dans ce cas, le désir de l'enfant ne peut qu'être isomorphe avec celui de l'extérieur et, donc, son désir est désir d'un autre désir. Cela retrouve Rousseau, pour lequel l'amour-propre est le désir d'être reconnu par l'autre. Ce courant interprétatif permet d'insister sur la capacité des manageurs à fonctionner dans l'imaginaire coupé de la réalité et dans la manipulation des symboles d'interdiction, sans doute parce que dans leur phase de socialisation ils ont rencontré une bien plus grande richesse symbolique.

Un narcissisme mimétique

Le courant de la dialectique entre le moi idéal et l'idéal du moi est encore différent. Freud n'avait pas été très formel sur la différence entre le moi idéal et l'idéal du moi. Il avait surtout insisté sur la dialectique entre le ça (les pulsions, en tant que représentants psychiques de l'énergétique vitale naturelle), le moi (siège de la personnalité consciente et autonome face à la réalité) et le Surmoi (instance des interdits relatifs aux normes sociales). Le deux ex machina de l'intériorisation des contraintes et interdits de la réalité repose sur le processus d'identification à des personnes physiques concrètes, au père et la mère pour commencer. Chez Freud, c'est la figure du père qui est porteuse des interdits et qui représente pour les garçons l'idéal du moi, c'est-à-dire la personne qu'on aimerait être, la personne à laquelle on s'identifie. En revanche, le moi idéal est le moi réel, ce qu'on aimerait être comme soi-même et non comme personne extérieure. C'est le moi autonome, personnel, que l'on souhaite porter à son maximum sans doute, mais à partir de soi, par mise en rapport avec l'extérieur attractif auquel le soi aimerait ressembler. Dans le langage de Rousseau, le moi idéal est le siège de l'estime de soi et l'amour-propre fonctionne à partir de ce qui serait l'idéal du moi. Or l'entreprise est un lieu de mise en rapport du moi idéal et des figures potentielles d'identification que peuvent être les manageurs. Ce n'est pas tout. Il faut aussi s'interroger sur les caractéristiques du moi idéal. Or la constitution de ce dernier dépend, dans l'histoire de vie et le contexte personnel de socialisation de chacun, du déroulement des stades de la sexualité du petit enfant : anal, oral et génital. Seul l'accès au stade génital valorisé donne un moi idéal serein et mature, comprenant son incomplétude, capable de ne pas chercher à dominer les autres à cause de ce sentiment d'incomplétude, parce qu'en dernière étape, la maturité, suppose une reconnaissance de l'altérité et de la complémentarité. Pour ce qui nous intéresse, à savoir les manageurs, précisons que la genèse de la psyché conduit à différentes formes de moi idéal. Sans prétendre être exhaustif nous avons le moi »anal » (si l'on me permet, c'est-à-dire fixé au stade anal de la sexualité du petit enfant) et combiné à la pulsion de répétition (qui, chez Freud est le signe de la mise en œuvre de la pulsion de mort, car la répétition, la conformité, ne sont pas de la vie, puisque sans désir et sans création). Cela nous donne les propriétés du stratège technocratique coincé. Nous avons mieux : le sadique marqué essentiellement par la recherche de la domination perverse des autres. Nous voyons là le petit chef mesquin et aboyeur, parce que frustré. Nous pouvons y voir, en y ajoutant le narcissisme foncier (auto-centration sur soi et minoration de l'idéal du moi, le moi idéal envahissant tout), et en retranchant la perversité et une part du sadisme, la figure du stratège cool. Notre stratège cool – parfois tueur quand la configuration sadique le caractérise – est resté un narcissique primaire, au moi très fort, si fort que cela lui interdit la maturité de respect de l'autre. Nous avons les fétichistes, ceux qui se trompent d'objet pour la satisfaction de leurs pulsions, au nombre desquels on rangera les ingénieurs, fanatiques de la technique, et les experts intégristes des jeux de langage. Nous avons encore les hystériques, qui prennent tout comme objet d'érotisation. Nous avons les séducteurs, qui continuent la recherche de la domination par d'autres moyens. Et remarquons, que les uns n'excluent pas les autres. Ce que l'on peut dire c'est que la seule personnalité vraiment exclue par le libéralo-management, c'est le moi idéal épanoui, maîtrisant sa personnalité et son rapport aux autres dans une équilibrée combinaison entre principe de plaisir et principe de réalité, entre les interdits du Surmoi et les tendances du ça pulsionnel. C'est un homme ou une femme, pour tout dire, conscient, autonome, intersubjectif, lucide et aimant la vie. C'est un homme qui a de l'éthique : éthique de la discussion et éthique de l'incomplétude (c'est pourquoi il a besoin des autres et les reconnaît), en plus de l'éthique de la conviction et de l'éthique de la responsabilité. On soulignera qu'un des moyens des manageurs consiste à faire s'identifier le moi idéal des subordonnés, par transformation en idéal du moi, à leur figure de manageur, ce qui permet d'incarner aussi les interdits. La combinaison rêvée est que les salariés fusionnent doublement, entre eux comme frères réunis comme pairs dans l'amour du père et unis par le fait que l'amour du père ne peut être qu'équitable, et avec la figure d'identification porteuse de l'idéal du moi qu'est le manageur. On remarquera que le management, pour asseoir la domination, peut faire flèche de tout bois : sadisme, perversité, séduction, force brute. Si les « moi idéal » des subordonnés ne coïncident pas avec la personnalité des manageurs alors la porte est ouverte au stress , au repli, au retrait et, pourquoi pas, à « la révolte contre le père ». Observons que dans les bureaucraties de service public, c'est l'institution qui est la mère archaïque, mais totalement diffuse et énigmatique, et que ce sont les pères manageurs qui, pour ainsi dire, l'incarnent, ce qui fait qu'ils ont davantage de possibilité de créer la culpabilité par retrait d'amour, puisque dans certains cas, il y aura une double menace de retrait d'amour : celui de la mère-institution et celui des pères.

Du bon profil managérial utile au libéralo-capitalisme

En conclusion, le management libéralo-capitaliste sélectionne un certain type de profil psychologique conforme à la mise en pratique de ses basses œuvres. Le profil repose sur des traits communs à toutes les strates managériales. Le goût du pouvoir, l'opportunisme et l'empirisme règnent. Le calcul instrumental et stratégique domine. Le rapport à l'altérité est ambigu. Soit vous vous identifiez à moi, votre chef, et à ce moment là vous perdez votre identité en fusionnant avec ce que je suis et qui est ce que vous aimez être. On retrouve là la fameuse empathie par imitation chère à la morale utilitariste. Soit vous voulez être différent ; vous ne faites pas allégeance ; vous êtes peu fiable et fidèle. Alors vous êtes rejeté, voire traité comme un opposant et même parfois harcelé. Dans les deux cas on demeure dans la relation de mêmeté avec exclusion possible du différent en tant que bouc émissaire. Au plan intellectuel, les manageurs, en dehors de leur formation technique et instrumentale (HEC, ENA, X ; etc...ne sont que des formations techniques sans ouverture en dehors du monde spécialisé auquel ces écoles préparent) sont le plus souvent d'une ignorance encyclopédique. Ils ne comprennent rien à la psychologie autre que celle du comportement. Ils ignorent la sociologie, voire en ont peur à cause de sa réputation sulfureuse. L'histoire autre qu'événementielle les ennuie. En ce qui concerne le droit, en France, c'est l'affaire des juristes et il suffit de suivre un cours sur la responsabilité pénale au cas où on pourrait être mis en examen. La morale se réduit aux conférences de M. Julien sur la philosophie chinoise, de M. Comte-Sponville sur la sagesse stoïcienne, de M. Ferry sur la nature... Sont en honneur, la politique sondagière (sciences-Po, ENA) l'économétrie (ingénieurs), la gestion et le commerce (écoles de commerce). Entrés dans la vie active avec un bagage restreint et essentiellement technicien, le manageur veut faire carrière rapidement. Ainsi consacre-t-il tout son temps au travail et à l'entreprise. Il n'a plus le temps de lire autre chose que des magazines, des tabloïds, le sommaire du Monde. Il privilégie l'action et la décision et oublie que bien réfléchir pour poser et résoudre un problème, c'est éviter de passer son temps à corriger les effets d'une décision hâtive, mal informée et non pertinente. Le manageur soigne son image dans les journaux d'entreprise, dans les vidéoconférences, dans les réunions de travail ; il est déférent avec les grands chefs dont la parure de sachem est ornée de beaucoup de plumes. Il est plein de morgue pour les sans plumes. Il est prudent avec les collègues de même rang. Il croit qu'il peut tout calculer et tout prévoir. Sa formation s'est arrêtée, il y a 20 ou 30 ans. Comme il a été formé par des professeurs qui avaient 20 ou 30 ans de plus que lui, ses connaissances datent d'environ 50 ans et il n'a pas le temps de les actualiser. Du reste, les connaissances ne servent pas à grand chose. Il vaut mieux avoir du flair et le sens des relations avec un beau carnet d'adresses. C'est mieux d'occuper le terrain, de s'y faire voir dans des réunions où l'on peut briller et se faire repérer. Ce qui pousse du reste les manageurs à rester entre eux. Comme le temps manque, on se contente de lire les tableaux de bord et on déserte le terrain des relations avec les subordonnés. Le mot-clef est la loyauté avec les supérieurs. Le conformisme est de règle et, voulu ou non, c'est le mépris qui domine dans les relations avec les subordonnés. Cependant, il y a différenciation entre les strates de manageur, ne serait-ce que parce que ceux qui sont au plus haut se sont montrés sans doute plus habiles, plus rusés, plus stratèges. En haut, nous trouvons le tueur cool, le stratège implacable mais maîtrisant au plus haut point l'art des relations, toujours aimable, maître de lui, séducteur. Au milieu, nous avons le technocrate coincé, souvent bon expert technique, mais qui n'arrive pas à communiquer tant il a peur de ne pas plaire à ses supérieurs ou de commettre un impair. En bas, nous disposons de l'armée des petits chefs qui, eux, sont souvent des pervers plus ou moins sadiques. Le tueur cool demeure souvent un mégalomane, un narcissique qui veut qu'on s'identifie à lui et qu'on l'aime. Le technocrate coincé, mal à l'aise dans les relations sociales, est pervers en ce sens qu'il substitue l'objet du savoir et de l'expertise à l'objet normal du commandement, à savoir la loyauté et l'implication des salariés. Sa stratégie, moins souple et opportuniste, consiste à régner en dessous par la technique amorale et économiciste et à complaire au top management. Le petit chef, moins pourvu d'atouts dans le concert social, règne par la crainte, sinon la peur. C'est un chien de garde, qui ne pouvant jouir de lui-même à cause de sa faible identité (Moi idéal) trouvant les supérieurs trop en dessus de son niveau (Idéal du Moi peu identifiable), se méprise lui-même in petto et en fait sadiquement supporter les conséquences à ses inférieurs. Comme il ne s'aime pas lui-même, il déteste les autres et ne supporte pas qu'on l'aime. Les catégories ne sont pas intangibles. En effet, le technocrate coincé peut voir ses ambitions déçues et finir par verser dans les attitudes du petit chef ou par faire sournoisement payer aux autres son insuccès.

Le management, au service du capitalisme financier et libéral, finalement présente des propriétés mentales acceptables et concordantes pour la perpétuation du système d'accumulation sans fin. On a vu que le totalitarisme avait mobilisé une certaine racaille pour arriver à ses fins et faire régner la terreur. On a vu qu'il s'était maintenu grâce au consensus passif et mou de la plupart des gens, devenus amoraux pour cause d'individualisme et d'hédonisme matérialiste. Dans les entreprises, sauf à la base où il y a les petits chefs sadiques et pervers, les choses sont beaucoup plus insidieuses. Le savoir technocratique et les techniques de manipulation en matière de communication remplacent les manifestations de force. Les centres réels de pouvoir sont devenus diffus, occultes et surtout très distants. C'est pourquoi le management peut justifier d'un rôle purement économique, alors qu'il transfigure toutes les relations sociales en économisme utilitariste. Au dessus, évidemment il y a les conceptions généralisées du monde vécu de significations, d'orientations et de valeurs, qui font passer le système pour allant de soi et ses relais managériaux comme tenant alors un rôle légitime. Car, en plus, il n'y a plus d'autres modèles crédibles. Ainsi les opérateurs du système unique de choix de société renforcent-ils dans leur action la perpétuation dudit système. Ils y sont puissamment aidés par les idéologues officiels (Manhattan Institute aux USA, Institut Adam Smith en Grande Bretagne, Réunions de Davos, experts des organismes internationaux) de justification de la qualité du modèle libéral-capitaliste. Les idéologues officiels sont relayés par les transformateurs de la théorie en vulgate que sont les milieux journalistiques et les médias. Le régime libéralo-capitaliste est d'autant plus solide que les individus sont de plus en plus isolés les uns des autres. Cela se passe partout comme dans tout totalitarisme. Les gens sont isolés dans leurs attitudes d'individualisme et d'ostentation, dans les lieux de travail de plus en plus éclatés, dans les villes de plus en plus à la fois collectivistes et atomisantes, dans les rythmes de travail et les temps de présence de plus en plus personnalisés... Face à cette masse remuante où les trajectoires se croisent dans tous les sens avec comme seuls passages obligés les supermarchés et les établissements de travail, le libéralo-capitalisme dispose de moyens de pouvoirs très concentrés et puissants (multinationales, centre de recherches, fondations, financement des « bonnes » universités, médias, pouvoirs publics), et d'un réseau très souple dont les performances en termes de secret et de vitesse d'exécution sont exponentielles. Enfin, comme le totalitarisme, ce régime de pensée unique avec un seul contenu, dispose de ses hommes de main. Au plan idéologique, ce sont les journalistes, au plan opérationnel, ce sont les manageurs, au plan politique ce sont les politiciens professionnels de l'oligarchie représentative.

Mais le libéralo-capitalisme théorique et son application managériale pratique ne pourraient être justifiés en l'absence d'un arrière plan de significations vécues et intériorisées dans l'ensemble de la société. Cela nous amène maintenant à examiner la toile de fond idéologique et générale qui sous-tend les interprétations du monde social, dans lequel, quoiqu'on en dise, l'économisme n'est qu'inséré, bien que son développement sans borne finisse par les orienter en faveur des tenants des bienfaits de l'économie libéralo-capitaliste.

TROISIEME PARTIE

L'ARRIERE-PLAN DE SIGNIFICATIONS DU MONDE FAVORABLES AU LIBERALO-CAPITALISME

L'arrière-plan d'évaluation des idées et pratiques favorables à l'expansion du libéralo-capitalisme actuel – ce qui lui permet de traverser et de dominer toutes les autres dimensions du social – repose sur de multiples aspects. Nous nous cantonnerons à examiner les dégâts dans les domaines de l'utilisation perverse de la science, de la démocratie sondagière et massifiée des opinions, de la prétendue liberté de choix liée à la variété de l'offre, de la prétendue éthique de la responsabilité liée au droit purement contractuel et assurantiel, comme à la justice utilitariste et aux prétendus droits de propriété, y compris à polluer. L'enjeu est majeur, car l'économie n'est pas qu'une idée ; c'est aussi un cadre de référence pratique pour guider les comportements des acteurs. C'est pourquoi les prescripteurs idéologues du néo-libéralisme insistent tant sur le caractère permanent des prétendues lois de l'économie, en dehors de toute morale humaniste et de toute structure sociale. Mais il ne faut pas oublier qu'il y a des cultures et des systèmes de valeurs qui facilitent l'emprise et le développement du capitalisme financier du libéralisme actuel. Cela n'empêche pas de reconnaître qu'elles sont non hiérarchisables et qu'elles sont relatives les unes par rapport aux autres. Cependant on peut lutter contre elles au nom de valeurs plus universelles et moins favorables à la mise en place de pratiques sociales contraires aux intérêts de notre propre groupe social si ces derniers respectent ceux de l'humanité et une sorte de devoir-être mondial.

1) L'IDEOLOGIE SCIENTIFIQUE DU NEO-LIBERALISME

Le libéralisme d'autrefois, en tant que très lié idéologiquement à la modernité ancienne et très contextualisé par l'état des connaissances et des pratiques de l'époque, avait plusieurs caractéristiques que nous avons déjà pointées. Rappelons les, même si ce n'est pas spécifique au libéralisme. Cela signifie seulement que le libéralisme et le communisme sont les frères jumeaux de la modernité d'il y a deux siècles. La modernité libérale est caractérisée par le droit des individus à l'existence et à l'expression individuelles, par la rationalité calculatrice, par la croyance en l'évolution indéfinie et meilleure des choses, par le mythe du progrès scientifique, par la démocratie représentative de « une personne, une voix ». Scientisme et évolutionnisme, mythe de la croissance pour améliorer le sort de chacun en accroissant la dimension du gâteau sans changer la proportion des parts, combinaison des intérêts, équilibre optimal par les transactions entre échangistes égaux..., sont déjà les considérants du libéralisme. A cela s'ajoute la croyance en la vérité de lois scientifiques de l'économie et de la société, lois invariables par définition, qui permettent de signifier aux gouvernants qu'ils n'ont pas à intervenir pour les fausser. Car elles sont éternelles, indépendantes des cultures et des conditions sociales au cours du temps et à travers l'espace. Bien que portant aussi en réalité sur la politique, le droit et la morale, elles sont présentées comme extérieures aux sociétés et a-temporelles. Cela, c'est dit pour camoufler la réalité et les intérêts de ceux qui bénéficient des avantages d'une soumission de tous à des régulations symboliques cachées. Ces dernières fonctionnent de moins en moins, car il y a contradiction entre les valeurs affichées par le système libéralo-capitaliste (responsabilité, autonomie, initiative, coopération, participation, implication) et celles qui le fondent : compétition, individualisme, obéissance, loyauté, utilité.

Mais ce scientisme, cet évolutionnisme vers le progrès, ce rationalisme et cet individualisme étaient soutenus par une approche scientifique relative aux capacités et aux connaissances de l'époque. Le maître mot était la causalité mécanique. Le paradigme était la cause déterminante, en dernière instance, si je puis dire, la logique demeurant binaire sur le A ne pouvant être le non A. La logique reposait sur l'opposition des contraires en tension, conduisant soit à l'exclusion d'un des deux termes, soit au dépassement en un terme réconciliateur et évolutif. La démarche scientifique se référençait à l'exigence d'expérimentation pour prouver la vérité de la théorie et avait pour but d'établir des lois certaines et nécessaires conduisant à la prédiction des résultats si les circonstances étaient les mêmes. La science pouvait progresser indéfiniment par accumulation. Patatras, la science moderne depuis environ un siècle a mis le désordre dans ce bel arrangement qui permettait de justifier l'obéissance aux lois fatales des choses et qui établissait des causes certaines aux événements et au déroulement de l'histoire. La science actuelle n'a plus rien à voir avec ce mécanisme qui nous donna Newton, Leibniz et ... Fourier avec son attraction universelle des passions. Cela nous donna aussi Marx avec les lois fatales du développement socio-économique vers la société réconciliée, transparente et sans conflits. Cet ordre scientifique se trouva bouleversé. La science pure, exacte, découvrit la relativité. Heisenberg montra que l'on ne pouvait trancher entre la théorie corpusculaire et la théorie énergétique et ondulatoire des atomes lumineux. On ne peut calculer simultanément la position et la vitesse d'un électron (équations d'incertitude). Les choses devenaient non seulement relatives mais encore incertaines. Gõdel prouva qu'un axiome de base ne pouvait être démontré sans recourir à des présupposés de rang supérieur. Kelsen montra que le droit positif reposait sur des normes de rang supérieur qui lui était extérieures. Thom démontra qu'un phénomène aléatoire ici pouvait induire une catastrophe ailleurs et mondialisée (théorie des catastrophes). Kuhn établit que la science ne fonctionnait pas par accumulation mais par mutation autorisée par le milieu scientifique à partir d'exemples critiquant la science établie (« la science normale »). Alors, se forme un nouveau « paradigme », c'est-à-dire un fondement explicatif, qui englobe l'état antérieur de la science dans un nouveau schéma de compréhension des phénomènes inexpliqués par la science normale. Cela ne signifie pas que la science ancienne est invalidée. Elle conserve ses qualités, largement, dans son domaine antérieur de faits. Ainsi la relativité n'invalide pas les lois de la gravitation et de la chute des corps au quotidien. Freud découvrit les phénomènes de l'inconscient et la dimension affective des conduites humaines et sociales. Le systémisme prouva que tout organisme était une entité complexe différente de la somme de ses composants et tendait à se réorganiser lui-même pour s'adapter aux conditions du milieu environnant. L'informatique fit croire que tout raisonnement humain pouvait être transformé en algorithme d'ordinateur (marche à suivre mécanique de résolution d'un problème) cher à l'intelligence artificielle. La sémantique prouva que le sens ne pouvait pas être purement formel et était multiple, eu égard aux intentions des interlocuteurs et aux circonstances d'émission du message. L'anthropologie montra que les cultures étaient infiniment variées et respectables. L'histoire finit par abandonner le déterminisme évolutionniste ou le romantisme mystificateur pour se ranger sous la bannière de la société auto-construite sans plan préétabli et émergente. La sociologie relativisa son primat des structures, même si elles étaient obtenues par les interactions entre individus, au profit de l'expérience, de l'action, du sujet et des itinéraires s'entrecroisant. La morale sombra dans le relativisme égalitaire et abandonna la suprématie de l'universel. La politique cessa d'être le bien commun a priori pour devenir l'intérêt général ex post dégagé à partir des négociations et expressions des intérêts. La philosophie abandonna les transcendances et les universels au profit de la phénoménologie de l'existence engagée des étants concrets impliqués dans les situations d'action, de décision et de responsabilité. L'existence angoissée de l'étant concret et particulier jeté au monde a remplacé son essence et l'appartenance identitaire à des facultés communes caractérisant l'être. Dieu a été cantonné avec rigueur dans la sphère privée. La connaissance a été minorée par la perception relative à chaque sujet eu égard à chaque bagage personnel d'intérêts et de désirs le motivant pour s'intéresser ou non. L'intention, synonyme d'orientation de la volonté, a supplanté l'analyse rationnelle. La raison s'en est trouvée dévalorisée et la volonté surévaluée. On n'en finirait pas de lister les raisons du désenchantement du monde auquel tout un chacun se trouve livré sans repères autres que personnels ou signifiés par le groupe d'appartenance ou de référence. Pour se résumer, disons que la relativité a remplacé la causalité, que la complexité a supplanté la cause unique déterminante, que l'émergence s'est substituée au construit théorique des modèles et à l'évolution automatique vers le mieux, que la raison a rencontré l'inconscient, que le déterminisme a fait place à l'incertitude, que l'ordre n'est plus un état, mais une évolution chaotique et incertaine, que le progrès n'est plus fatal, mais hasardeux. Ce que ne retient pas le libéralisme actuel : Le chaos produit de l'ordre et va vers le mieux, grâce au marché planétaire et au sensationnel Web. La thermodynamique avait prouvé l'inverse avant. Cependant, les sciences du chaos conduisant à un ordre spontané, de la complexité, du fractal, appropriées malencontreusement par l'actuel libéralo-capitalisme financier, conduisent en permanence à fonder les pratiques, non plus sur le progrès et la nécessité mécaniques d'autrefois, mais sur l'existant immédiat et sur l'espérance sans aboutissement prévisible de la science et de la technique.

Dans ce contexte, se sont trouvées revalorisées des philosophies ou conceptions du monde jusqu'alors négligées ou sous estimées. Dans le cadre de la perte des valeurs-repères, le bouddhisme apporte ses consolations individuelles. Ce qui renoue avec les vieilles morales occidentales, les éthiques plutôt au sens individuel du terme. Détachons nous ; ne nous occupons que de ce qui est en notre pouvoir. Allons vers l'ataraxie (absence de troubles), soyons zen pour affronter ce monde stressant et compétitif. L'éthique a acquis du poil de la bête comme petits principes d'action individuelle en relation avec les autres. C'est ce qui fait le succès des œuvres d'André Comte-Sponville... Vous êtes dans la merde, mais distanciez-vous, nirvanasez-vous ! Ou bien alors, on revient à Confucius ou au TAO. Le monde n'est que flux permanent et cyclique. Il est harmonieux globalement. Tout est nature et dans la nature. Les événements ne sont que des accidents temporaires dans cette harmonie. Alors saisissez l'instant, l'occasion (le Kairos des grecs) pour avoir une stratégie efficace.

Tout cela a des résonances certaines avec la théorie des catastrophes, du chaos, des phénomènes dissipatifs (gaz en équilibre instable produisant un équilibre harmonieux mais fragile), des fractales (on peut retrouver un ordre dans le désordre apparent des côtes bretonnes ; la neige est une création spontanée d'une multitude de cristaux hologrammatiques et c'est une création parfaite due au hasard), des hologrammes (chaque partie du cerveau contient un hologramme de la totalité du cerveau). Le libéralisme oublie que ce n'est ni sûr ni déterminé. Car l'utilisation envahissante, nécessaire, de toute cette complexité scientifique résulte du rabattage de la science des phénomènes matériels, objet des sciences dites exactes ou dures, sur les phénomènes sociaux. Le réductionnisme à la naturalité de ce qui est social est effectué sans désemparer par le libéralisme d'aujourd'hui. Au passage, ce dernier oublie que c'était le but même des libéraux du XVIIIème siècle que de découvrir les lois scientifiques de l'économie et des modernes du XIXème siècle que de retrouver les lois de la société auxquelles les gouvernants et les populations ont à se plier sous peine d'insanité. De plus, même si la conception des lois scientifiques a changé aujourd'hui, il s'agit toujours de lois dont se sert le libéralisme pour se justifier et consoler grâce à l'hypothèse du mieux pour l'avenir en faveur du plus grand nombre.

Puisque le monde est chaotique, hasardeux, incertain, puisque ce qui émerge correspond à la nature et se présente comme ce qu'il y a de mieux, il est urgent de laisser jouer sans obstacles les forces de la complexité, de la relativité, du chaos, du dissipatif, du fractal... Jamais aucune volonté humaine, aucun projet ne produiront quelque chose de plus parfait que cet ordre résultant. Le fatalisme de la providence est remplacé par celui des interactions indéterminables des choses. C'est ainsi qu'à la société fermée par les mythes et l'idéologie se substitue la société close de l'auto-construction émergente de la surdétermination. Personne ne peut prédire la réalisation de son projet, car cela dépend d'autres non gouvernables et de facteurs non déterminables et actionnables. C'est au nom de cela que le pape du libéralisme actuel, à savoir HAYEK, suppose que l'ordre spontané du marché est infiniment plus efficace qu'un ordre « construit », qu'une planification économique. Mais, sous couvert d'équilibres issus des phénomènes dissipatifs à la longue et à un plus élevé niveau d'organisation de la totalité, postuler que les hommes et les groupes sociaux, qui ont volonté et projet, doivent attendre les résultats de leurs interactions pour constater qu'il s'est produit une harmonie de fait, c'est quelque peu mélanger les problèmes humains et sociaux avec les effets décrits par les sciences physiques. Comme quoi, aujourd'hui, le libéralisme retrouve les attendus du scientisme appliqué aux sociétés. La différence est que désormais le présent est seul à compter et que l'avenir est reporté sine die, tout en étant forcément meilleur.

Comme nous savons déjà que le totalitarisme fonctionne grâce à une idéologie simplette et réductrice, il importe, pour commencer, de prouver que le libéralisme actuel est lui-même simpliste et caricatural. Quand il n'est pas tout simplement faux et controuvé par la science elle-même. Sans doute y-a-t-il des lois physiques, par exemple de la gravitation. Est-ce que cela nous empêche d'aller dans l'espace ? Les lois physiques, certes, ne peuvent pas être violées, mais qu'est-ce qui empêche de s'en servir pour créer du neuf au lieu de leur obéir bêtement ? Respecter des prétendues lois naturelles est tout simplement un sophisme ou un truisme. Si les libéraux respectaient tout uniment les lois de la chute des corps, il n'y aurait pas de fusées et l'innovation, paradigme du libéralisme actuel, n'existerait pas. S'abandonner aux lois de la société, qui plus est que personne n'a trouvées jusqu'à présent, tant les différentes théories divergent entre elles, n'est donc qu'un sophisme. Mais il a son utilité. Il permet de convaincre le sens commun de qui est seulement possible en régime de libéralisme actuel.

Tous ce fatras pseudo-scientifique a bien entendu des bases scientifiques réelles eu égard à l'état actuel des recherches et des connaissances. Ce qu'il ne faut pas oublier, c'est qu'il ne s'agit que de la transformation des acquis de la science moderne en vulgate, en catéchisme idéologique permettant de justifier les prétentions du libéralisme au gouvernement totalitaire mondial. Pas seulement de justifier. Il y a lieu aussi de produire un processus d'intériorisation de l'abrégé de pensée libérale dans les esprits n'ayant pas les moyens de s'informer et de critiquer. Les penseurs à nacelle du libéralisme savant et les vulgarisateurs ne peuvent pas ignorer qu'il y a non seulement simplification abusive, mais encore mensonge avéré. Peut-on sincèrement penser et faire croire, à l'instar de la manipulation de l'affectivité par le totalitarisme, que la complexité et l'interaction m'interdisent à la fois la création d'un projet et toute stratégie pour le futur. En effet, si les choses ne sont pas maîtrisables, car avançant toutes seules, alors le libéralisme d'aujourd'hui ne se situe que dans le flux du temps qui passe ici et maintenant. Mais n'y aurait-il pas un projet caché chez les tenants du libéralisme et les tenanciers des médias de diffusion de l'idéologie ? Oui, on le verra ensuite. C'est pourquoi le libéralisme actuel construit une idéologie trompeuse, aliénante pour camoufler le contenu réel de son projet. Ce dernier est doublement totalitaire, car il traverse toutes les sphères de la Société et parce qu'il prétend à une solution unique des problèmes sociaux. C'est en cela qu'il est pensée unique, car il exige le monopole de la vérité et car, en réalité, il ne contient qu'une seule idée. Ne rien organiser, ne pas formuler de projet, saisir l'occasion et l'instant qui passe, tout cela est bien commode pour ceux qui ont des ressources et des moyens et qui peuvent laisser venir. Cela permet aussi d'expliquer que les solutions et les décisions du moment sont les meilleures compte tenu des circonstances présentes. Les laissés pour compte n'ont qu'à se plaindre de la fatalité du destin. Du reste, peut-on s'élever contre les lois nécessaires de la Société et de l'économie ! Et n'oublions pas qu'il est parfaitement faux et réducteur d'appliquer les lois et les méthodes des sciences physiques aux systèmes sociaux et aux relations humaines. Car cela ne distingue pas entre la matière et le vivant, entre l'élément et le système, c'est-à-dire entre les différents niveaux d'organisation, entre la nature et la culture, l'inné et l'acquis. Cela ne hiérarchise pas les différents niveaux d'organisation en les aplatissant sur un seul, à savoir les éléments individuels du système complet. Cela réduit la complexité des systèmes sociaux à la vieille causalité mécanique de la physique des forces, des masses et des mouvements. Cela oublie que les systèmes sociaux sont ouverts et peuvent lutter contre la dégradation de l'énergie mise en lumière par la thermodynamique, science occultée par les premiers économistes. Cela ne tient pas compte de l'information et de la communication comme ressource pour lutter contre l'entropie !

L'idéologie libéralo-capitaliste continue de considérer que la société n'est qu'une masse d'individus libres, rationnels et responsables. Si certains sont dans l'affliction et la misère, c'est qu'ils n'ont pas su saisir les occasions qui se présentaient, qu'ils ne sont pas adaptables et pas qualifiés. C'est pourquoi, une des disciplines favorites du libéralisme aujourd'hui se trouve être la biologie génétique. Tout dépend des gênes qui ont été sélectionnés et qui facilitent la survie des plus adaptés aux conflits sociaux. L'hyper-libéralisme se délecte d'une prétendue science exacte constituée par la sociobiologie inspirée de la vie des insectes sociaux et fondée sur les sciences du comportement comme réponse aux situations. On a même prétendu que si altruisme il pouvait y avoir dans les sociétés humaines, c'est que la sélection naturelle avait favorisé cette attitude pour la survie de l'espèce. Tout cela est parfaitement faux. La sélection naturelle n'agit que pour la population tout entière et non pas pour le choix des individus les plus aptes qui transmettraient leurs bons gènes. La population, l'espèce cherchent à se perpétuer quels que soient les aléas. Si les individus étaient identiques, une seule maladie les emporterait tous. Alors l'espèce se prémunit en conservant suffisamment de variété pour qu'une partie au moins de la population puisse s'adapter aux maladies et aux changements d'environnement. Ce darwinisme social a pour fonction de justifier le leitmotiv de la survie ou de l'excellence des meilleurs. Cela, au passage, explique aussi les inégalités qui se trouvent ainsi naturalisées. Mon pauvre ami, vous avez tiré un mauvais numéro, personne n'en est responsable, c'est ainsi. Et puis ne venez pas demander des compensations, car cela alourdirait le fardeau des excellents, dont le travail permet de baisser les coûts, sans cesse. Ce qui, du reste, vous sert, puisque vous payez moins cher les services et les produits, si vous pouvez encore les acheter. Ce qui vous arrive, n'est de la responsabilité de personne, à moins que cela soit de la vôtre.

Mais il n'en demeure pas moins que tout cela n'enlève pas la souffrance des salariés – et des chômeurs -, souffrance qui s'accroît indéfiniment car la pression du rendement, de l'utilité, de l'excellence ne cesse d'augmenter. Si vous cédez au découragement, c'est que vous n'êtes guère apte à la compétition, que vous êtes un tire-au-flanc, un passager clandestin, un profiteur au détriment des autres et de la société. Dieu merci, la psychanalyse et sa blague de l'inconscient échouent à vous adapter au meilleur des mondes. Il vous faut du Prozac pour vous aider à supporter le stress ? En voilà. Cela soignera vos symptômes, même si leur cause reste inconnue. Et ce n'est qu'une cause individuelle qui ne mérite pas que l'on investisse seulement pour vous. Du reste, la souffrance est une école de dureté, d'endurcissement. A vaincre sans péril, on triomphe sans gloire. Enlevez le travail, la difficulté, la souffrance et tout le monde deviendra un doux sauvage rompu au farniente, ce qui ne sera pas très productif. C'est pourquoi il convient de forcer tout le monde au travail, au besoin avec la suppression de la protection sociale et la pénalisation des déviants. Heureusement, les exclus d'aujourd'hui se sacrifient pour leurs descendants qui, grâce à eux, vivront mieux. En attendant, ils peuvent, suivant la méthode anglo-saxonne, remplacer la découverte des causes profondes de leurs problèmes personnels (psychanalyse) par la prise en charge des symptômes avec tout neuroleptique convenable, ce qui revient à rejeter toute la responsabilité des choses sur eux.

Les problèmes ne sont qu'un mauvais moment à passer. La science corrige peu à peu nos maux et parviendra à une maîtrise suffisante de la nature et de la technique. A condition que l'on ne s'embarrasse pas de contraintes et d'obstacles au libre jeu des forces de la société. Il faut évoluer, être moderne, vivre avec son temps. Foin de l'archaïsme et de ses rigidités qui empêchent le progrès technique et social. On ne sait pas comment il va et où il va à cause du chaos, des équilibres instables et de la complexité ? Rassurez-vous, cela va vers le mieux à long terme, dont on ne sait plus ce que c'est. Carpe diem, cela avance. Le progrès se constatera et résoudra de façon aléatoire tous les problèmes. Nous n'avons pas de responsabilité vis-à-vis des générations futures qui trouveront des solutions aux problèmes que nous leur laisserons. Si la terre devient invivable, on saura déménager quelque part dans l'espace infini. Il n'y a pas de précautions à prendre aujourd'hui, puisque la science et la technique sont là. Ce qui change par rapport à l'ex libéralisme de la modernité, c'est qu'on a renoncé à diriger l'éventuel progrès et que l'ordre au lieu d'être harmonie en quelque sorte préétablie est devenu flexibilité, précarité du chaos produisant une meilleure organisation. L'ordre procède du chaos et celui-là procède de l'incertitude du complexe. Mais le libéralisme d'aujourd'hui, dans son idéologie de vulgate scientiste, offre des remugles de prophéties auto-réalisatrices. Ce qui le fait ressembler beaucoup aux mythologies du totalitarisme. Evacuer les stabilités de l'organisation, de l'institution, des structures et de la culture (je n'ai pas dit intangibilité...), c'est favoriser le flux, le mouvement désordonné, l'indécision, le momentané. Le temps disparaît alors qu'il est la donnée première des êtres concrets et périssables que nous sommes. Les idéologues libéraux critiquent l'incapacité de la jeunesse à se projeter dans l'avenir. C'est une hypocrisie, car quand on l'a jetée dans les petits boulots précaires, ce qui empêche par exemple un plan d'accession à la propriété d'être formulé, l'incertitude de l'avenir devient trop pressante. Or, l'incertitude est un des maîtres-mots de la pensée unique. C'est donc normal aux yeux mêmes de l'hyper-libéralisme. C'est comme pour le refuge dans les paradis artificiels. Ils aident à vivre l'instant et à surmonter l'angoisse de l'existence et de l'avenir. Le libéralisme récolte donc les fruits de ce qu'il a semé ; cela ne l'empêche pas de stigmatiser les plus fragiles qui s'acharnent à ces compensations. Aujourd'hui, comme hier, l'idéologie libérale a surestimé la vie matérielle, le bonheur, la satisfaction immédiate. Comment s'étonner que l'éthique ait fini par s'y conformer ? Il est vrai que l'hédonisme et la jouissance ont le mérite de faire marcher la consommation individuelle. Mais pourquoi, ensuite, le reprocher. Consommez, consommez, voilà le slogan ! Il est normal que les pratiques s'y conforment, sauf à être dénigré par ses voisins. Le libéralisme déplore les effets pervers de l'individualisme qui produit des mercenaires et des personnes opportunistes et peu disposées à la coopération. Or, on ne peut pas dire à la fois qu'il n'y a que la liberté individuelle et que c'est déplorable lorsque les vœux d'individualisation se sont réalisés. On ne peut pas afficher les bienfaits de la consommation individuelle, susciter la jalousie par l'affichage publicitaire et regretter qu'il y ait des voleurs et des casseurs. Car la prophétie s'est réalisée. Ou alors, ce qui est en train d'être fait dans le monde anglo-saxon, il faut exiger la privatisation de la police et des prisons. Là au moins, les dégâts du progrès procureront de bonnes affaires.

Mais ce n'est pas seulement de la prophétie auto-réalisatrice et auto-proclamée. C'est aussi un tissu de contradictions que seul le discours parvient à unifier... en tant qu'idéologie. Le libéralisme prétend asseoir son règne sur l'implication et la motivation des producteurs et des consommateurs (qui par ailleurs sont de moins en moins les mêmes au même endroit de la planète). Or, en fait, il règne par la peur de perdre son emploi, par la crainte de ne pas pouvoir effectuer son travail, par la pression exercée par les prétendus manageurs et par la peur du gendarme et de la prison. Le libéralisme d'aujourd'hui demande carrément de l'astreinte pour les lieux et les temps de travail. Il réclame aussi un dévouement sans faille à la cause de l'entreprise et une disponibilité de tous les instants, ce qui fait du travail l'organisateur suprême de tous les temps sociaux. Jusqu'où la contradiction tiendra-t-elle ? Des incitations, des récompenses vont-elles compenser les peurs et le harcèlement productiviste ? Le discours sur l'intérêt commun des entreprises et des salariés, discours accompagné par beaucoup de syndicalistes car les ressources communes de l'entreprise sont une justification de leur fonction et la branche à surtout ne pas scier, ne gomme pas les contradictions vécues et ressenties. Le discours de négation des conflits sociaux dans les structures sociales n'est qu'une mythification fondée sur l'idée que les structures n'existent pas en dehors de la collection des individus. Le libéralisme actuel repose sur l'idée du chaos auto-organisateur. La conséquence logique devrait être l'empirisme, ce qui est d'ailleurs toujours la philosophie opportuniste de la démarche de pensée libérale. Mais deux précautions valent mieux qu'une. Alors les entreprises élaborent des stratégies au sens militaire du mot, car on est en guerre. La différence avec autrefois, c'est que la stratégie n'est plus programmée. Elle est devenue flexible. De plus en plus les modèles préfabriqués avec contrôle de l'écart entre le résultat atteint et le but visé voient leur balistique de la cible fixe éliminée. La stratégie devient régulatrice sur la base du suivi corrigé au fur et à mesure des missiles à têtes chercheuses lancés contre de multiples cibles mouvantes. C'est une conséquence logique de l'emprise de l'incertitude-complexité. Cela reste de la stratégie, alors qu'il suffirait d'attendre. Le libéralisme continue de tout attribuer aux actions individuelles. Pourquoi y-a-t-il alors des organisations en tout genre ? Cela est contradictoire et le discours de l'auto-organisation, qui laisse de côté les volontés collectives, les projets communs, les idéaux partagés, peine à démonter l'utilité de la chose. Le libéralisme d'aujourd'hui se réclame du relativisme dans lequel toute les préférences se valent. Et pourtant, il se retranche derrière des universels : la démocratie, la propriété, le marché, les lois de l'économie. Ce n'est pas si universel que cela et la prétention à l'universalité n'est qu'un voile pudiquement jeté sur les exclusives en tout genre et la stigmatisation de ceux qui ne sont pas dans la ligne.

En résumé, les paradigmes idéologiques du libéralisme se réduisent à un catéchisme qui ne diffère de celui du totalitarisme que par son contenu. Il y a la lutte pour la vie et l'adaptabilité des meilleurs ; la complexité et l'incertitude en tant que lois nécessaires du spontanéisme d'organisation, la primauté de l'individu rationnel et responsable, l'encastrement de la société dans l'économie et le chaos pour tous. A ce point de l'essai, nous avons déjà vu le pire. C'est l'économisme forcenée du libéralisme actuel. Le totalitarisme marxiste avait nié la politique. Le libéralisme serait donc différent ? Pas vraiment, mais de façon cachée, et, on le verra ensuite, la politique reste en arrière-plan sous le masque inopérant de la démocratie d'opinions. En arrière plan effectif car la politique mène le bal au profit du capitalisme libéral en tant que choix de société.

2) La politique sondagiere d'opinions ou la politique aujourd'hui

L'étude de l 'apparition de la modernité, a fait repérer le libéralisme de la démocratie des intérêts et celui de la primauté de la communauté républicaine. Les deux ont comme caractéristiques communes de reposer sur le suffrage individuel atomistique et sur la séparation du politique, de l'économique et du civil privé ou relationnel. Le politique a été érigé au dessus des parties prenantes de la société et s'est trouvé ainsi extériorisé et absolutisé. C'était déjà le cas du monarque, mais ce dernier était une figuration personnalisée du corps social. Là, c'est le peuple qui est symbolisé en faisant passer sa puissance souveraine du potentiel à l'exercice effectif. Tout cela revient à procurer un chèque en blanc sur toutes questions aux représentants du peuple. Lesquels pour préserver leur position décisionnaire sont obligés de tenir compte de groupes de pression et des nécessités démagogiques de leur image dans l'esprit de leurs électeurs. Tout cela est bien commode. Les représentants, étant élus, sont par construction légitimes et peuvent faire quasiment ce qu'ils veulent, s'il ne se font pas pincer dans des violations de la légalité. Dans une société complexe et différentielle, cette fiction du représentant du peuple au dessus de la société et polyvalent ne marche plus guère depuis longtemps. L'intérêt de cette fiction est de faciliter le consensus socio-politique et de transformer les politiciens en corps professionnel. C'est un des aspects du totalitarisme de la démocratie au sens où les formes de la représentation sont simplistes et inadéquates et où les représentants détiennent légitimement le monopole de la mise en œuvre du pouvoir souverain. Ce mode de représentation politique, issu du libéralisme à l'émergence de la modernité, ne marche plus. La différenciation de la société a conduit à son intégration c'est-à-dire qu'aucun des facteurs, des éléments du système social total n'est extérieur et supérieur à la société, ne gouverne la société, ni l'économie, ni la politique. Car un système intégré se trouve être aussi surdéterminé, c'est-à-dire qu'aucune variable, aucun composant ne sauraient régler les autres et la totalité sur son seul but. Inversement, la totalité laisse une autonomie aux éléments. Il y a donc au moins deux niveaux d'organisation, alors que le libéralisme continue de ne considérer que celui des composants individuels de base du système social. Ces acquis du systémisme n'ont pas été intégrés à la pensée politique du libéralisme d'aujourd'hui, qui donc fonctionne dans l'archaïsme de ce qui perdure alors que le contexte a changé. Si je me cantonne à un territoire – Etat – Nation, il y a pourtant des solutions que nous verrons ultérieurement. Pourquoi ne fait-on pas évoluer les régimes politiques de la prétendue démocratie libérale actuelle vers la prise en compte de la différenciation complexe de la société. Eh bien, c'est parce que cela est beaucoup plus simple de considérer que le pouvoir politique est extérieur à la société. C'est commode de lui attribuer le monopole de la violence légitime. Comme cela tous les opposants seront dans l'illégitimité a priori. Et cela crée les professionnels de la politique, car il suffit de changer procéduralement les occupants du mobilier de la représentation. On sait aussi que le pouvoir des représentants est en quelque sorte indivisible et absolu. Dans le modèle républicain, c'est a priori ; dans le modèle de la démocratie d'intérêts, c'est a posteriori, quand la décision a été prise. La chambre est totalitaire parce que, sauf cas d'illégalité flagrante et d'anticonstitutionnalité, son pouvoir est absolu et le contenu de ce qu'elle peut décider pour ainsi dire totalitaire, la chambre et aussi son émanation de la majorité (le plus souvent relative) à savoir le gouvernement. Simplisme, réductionnisme, envahissement de presque tout, chèque en blanc absolu, voilà une drôle de démocratie. Mais c'est si commode pour le pouvoir économique. Au lieu de négocier avec tous les acteurs concernés, il lui suffit de faire pression sur le seul qui les représente tous, dont la présence est manifeste et dont on peut acheter quelques membres sans problèmes. Une solution normale serait d'insérer le pouvoir politique dans la société et de le rendre isomorphique aux forces réelles et aux dimensions essentielles de la société. Le vote, au lieu d'être organisé sur une base territoriale, le serait sur des grandes fonctions : économique, culturelle, éducative, communicationnelle (transports, communications, téléphone etc...), sociale (position sociale). Des députés spécialisés seraient ainsi élus. Les grandes fonctions formeraient à la chambre des commissions. Le président de chaque commission, élu par celle-là, serait le ministre. Aucune décision ne pourrait être prise sans débat à l'intérieur de chaque commission et entre commissions pour une approche plurielle. Chaque force sociale, (syndicats, ouvriers et patronaux, professionnels, par exemple le corps enseignant, assemblées purement territoriales, comme les communes ou les régions), pourrait présenter des candidats compétents pour chacune des commissions. Les citoyens feraient le tri entre les différentes candidatures par le suffrage proportionnel. Chaque force aurait du auparavant débattre et voter en son sein pour choisir ses candidats dans les commissions où elle est concernée. Ainsi aurait-on un régime organisé suivant le choix entre intérêts, un régime où les commissions décideraient sur leur spécialité (et pas toute chambre) après avoir débattu avec les autres commissions. Il n'y aurait plus de chèque en blanc à une chambre indivise et les acteurs de la société civile auraient été associés aux débats et aux choix. Ce serait un régime de pluralisme des acteurs à représenter, des problèmes à résoudre et des intérêts exprimés. On serait loin de l'intérêt général posé a priori au nom de L'Etat. On ne sombrerait pas dans le simplisme républicain de l'Etat – Nation et dans le réductionnisme démocratique consistant à confier à quelques uns, sous forme de chèque en blanc rédigé par les électeurs, qui du reste ne votent plus, l'intégration de tous les problèmes et de toutes les facettes de chaque problème. On voit donc bien que le simplisme, qui a toujours une connotation totalitariste car il ne peut être que dogmatique, arrange trop de dominateurs pour s'évaporer. Cela confirme bien que le pouvoir est conçu comme domination et non comme liberté et fait le lit du totalitarisme potentiel. C'est sans doute aussi les raisons pour lesquelles le libéralisme, aujourd'hui, ne cherche pas à dépasser le fédéralisme purement politique, c'est-à-dire la combinaison d'Etats autonomes pour leurs propres affaires avec un Etat fédératif chargé des moyens communs (armée, cour suprême, police sur tout le territoire...). Or, il faudrait au droit politique le contrefort du droit économique et du droit civil. Il faudrait que la représentation facilite l'expression directe de tous les intérêts et pas seulement ceux qui auront été pris en compte par les éclusiers et les portiers du seul sous-système politique de la totalité sociétale. Le fédéralisme devrait donc être socio-économico-politico-civil. Assez curieusement les confédérations syndicales françaises ont une structure proche de ce principe. Elles ont une double représentation : territoriale de l'union locale jusqu'à la confédération, et professionnelle par branches d'industries. Cela est dû à la fusion historique en 1895, entre, les bourses du travail (territoriales) et les syndicats d'industrie (professionnels). On pourrait y associer une représentation des intérêts des consommateurs afin de refléter au plus près la réalité sociologique du pays et même des relations internationales. Mais Les libéraux actuels se gargarisent de la complexité. Un tel décalage a une vocation claire : la complexité engendre la fatalité par rapport à laquelle les politiciens ne peuvent rien. Ne leur en veuillez pas. Mais il faudrait démontrer que la simplification en réponse à la complexité est une loi nécessaire. Les libéraux ne le peuvent pas, car il ne s'agit que de lois positives créées pour les besoins de leur cause de monopolisation du pouvoir politique par une oligarchie représentative professionnalisée. Un tel système, non pas émergent au regard de la science, mais maintenu au service d'intérêts réels contraires à ceux de la société civile et sous le voile de l'intérêt général, relève purement et simplement du mensonge camouflé en idéologie justificatrice. Une telle manipulation représente bien quelque chose. C'est un des aspects du totalitarisme. Par exemple le libéralisme français et leurs complices socialistes-libéraux n'ont pas essayé de corriger les défauts, compréhensibles il y a deux siècles, de la prétendue démocratie représentative. Au contraire, on y a sombré dans la démocratie de l'opinion médiatisée et des sondages atomistiques. On y a même inventé des experts stipendiés. Car, au lieu d'être une participation citoyenne, la démocratie se réduit à une procédure et élimine la mise en débat public et civil.

En France, au lieu de faire s'exprimer des représentants adéquats aux intérêts des différents acteurs de la société civile, les gouvernements créent des commissions. Les membres de la commission sont choisis en fonction de la thèse à défendre et des groupes de pression les plus puissants et les mieux organisés. On y ajoute quelques experts technocrates, tous nourris au même lait, de plus en plus libéral, de l'ENA et du ministère des finances, chargés de travailler et de représenter la neutralité de l'Etat ! La commission a un sujet défini par le gouvernement, de même qu'une lettre de mission déterminant l'enveloppe de ce qu'il faut trouver. Le temps est limité, donc les investigations et les consultations aussi. Ces dernières s'adressent toujours aux mêmes personnalités connues, notoires, idolâtrées par les médias. Ainsi la commission CHARPIN, constituée sur mesure, a-t-elle produit le résultat attendu sur le problème des retraites : faire peur au bon peuple pour lui vendre la capitalisation. Devant les hurlements d'autres acteurs, lesquels ont invalidé la rationalité présupposée et très limitée dudit rapport, le gouvernement s'est emparé du rapport TEULADE rédigé pour le Conseil Economique et Social bien plus souriant Un coup à droite, un coup à gauche ; au milieu se place la vertu ! Quel art de gouverner dans la synthèse énarchique et petite bourgeoise ! En fait, droite ou gauche, cela ne compte pas. Ce qui prévaut, c'est l'appartenance au corps des politiciens professionnels qui s'auto-protège. On le voit bien car d'un côté on pardonne la MNEF, pépinière de socialistes, de l'autre on respecte les corrupteurs et les tripatouillages du corps électoral à Paris. De toute urgence, il faut réinsérer la démocratie dans la société civile, dans le débat public, civil puis politique, faisant de la politique une instance dans la société et non au dessus d'elle ! L'action extérieure et supérieure à celle de la société civile permet aux gouvernements d'organiser un vrai racket sur l'attribution des futures fréquences de téléphonie mobile. Vendre 240 Milliards en Grande Bretagne et 130 en France des autorisations administratives, revient à saucissonner la société civile sur un produit soi-disant de luxe, comme avec les péages auto-routiers ou les taxes sur l'électricité (35 % à Paris, c'est la gabelle sur un service indispensable). Ce sont des impôts déguisés et qui n'entreront pas dans le calcul des prélèvements obligatoires, car ce n'est pas obligatoire d'avoir un téléphone mobile hyper moderne. Les commissions sont en concurrence avec des rapports, dont le gouvernement socialiste est très friand. Cela permet de camoufler une option idéologique et politique (en tant que choix de société) déjà envisagée derrière le voile de la neutralité scientifique des experts rapporteurs. Le plus bel exemple est un rapport sur la sécurité urbaine des populations. Rapport inspiré par le tout carcéral anglo-saxon et le conditionnement des aides sociales à un comportement d'acceptation de n'importe quel travail par les marginalisés du système économique de précarité, d'insécurité et de flexibilité. Il a permis de justifier le passage à une politique « républicaine » de sécurité en France, dont le sens est de forcer les gens à aller dans n'importe quel bagne du travail marchand et salarié. L'expert rapporteur est un opportuniste qui cherche notoriété médiatique et avancement plus rapide dans le champ de la fonction publique bureaucratique où il se situe. Le gouvernement trouve dans ces rapports la légitimation de ce qu'il a demandé a priori comme résultat à prouver par l'expert stipendié. Et, en outre, commissions et rapports sont soumis à la pression des lobbies en dehors de toute participation ou contrôle civique des citoyens.

Cependant il reste un zeste de démocratie, purement procédural, qui fait abdiquer leur pouvoir aux électeurs tous les 5, 6 ou 7 ans. Rien que ces écarts dans les périodicités électives montrent une confusion sûrement entretenue. En effet, la menace de n'être pas réélu continue de peser. Même si la plupart des représentants français reviennent sans coups férir dans leur position professionnelle d'origine. Il faut donc faire croire que l'on fait au mieux ce que l'on peut et que tout le reste relève de la mondialisation, des lois fatales de l'économie, de l'évasion possible des riches, de l'Union Européenne etc... Les marionnettes politiques ont déjà le soutien souterrain et corrupteur des acteurs intéressés au clivage entre l'économique et le politique, ce qui laisse le politique assumer en apparence la responsabilité des décisions imposées par les groupes de pression. La stratégie des politiciens, consistant à ouvrir le parapluie ou à jouer les matamores, ne trompe plus guère l'électeur. Celui-là finit par se retirer ou à voter un coup à droite, un coup à gauche, dans l'espoir que les représentants ne s'encroûtent pas trop longtemps autour de l'assiette au beurre comme dans le cas des vingt ans du RPR à la ville de Paris. Il faut un relayage plus puissant. D'un côté les milieux économiques dirigeants inféodent la presse et tous les médias pour diffuser le catéchisme de l'économie capitaliste libérale comme seule possibilité. Cela n'empêche d'ailleurs pas de prétendre simultanément que ce modèle contient la diversité des choix potentiels. De l'autre, les médias invitent les politiques à venir faire leur politique spectacle et spéculaire pour flatter leur image et faire leur travail démagogique. Alors on organise des faux débats sur de vrais problèmes et de vraies discussions sur de fausses questions. Et on fait prémâcher le travail par des experts vulgarisateurs ou des étiquettes connues, toujours les mêmes, ceux qui sont connus grâce au réseau protéiforme que constituent les médias, les éditeurs et leurs filtreurs, les critiques de journaux et les différentes chapelles intellectuelles. En général le déviant de service est perdu dans la masse des tenants du même discours, toujours orienté dans un seul sens. Alors on explique aux auditeurs et aux contradicteurs que leur position vient de ce qu'ils n'ont pas compris. On va ouvrir sa porte pour discuter, écouter et expliquer. Car il n'y a rien à négocier, vu que la vérité ne peut qu'être unique et qu'elle est détenue par les experts de l'ordre libéral. C'est ainsi que le libéralisme dispose « d'organes » qui le renforcent et le diffusent comme seule conception du monde accessible au sens commun et phagocytant tout le monde vécu. La différence avec le totalitarisme, c'est que ce relayage et cette dépendance sont sournois, insidieux, occultés. C'est un totalitarisme inavoué, inaffiché et mou, diffus, dont on ne connaît pas les maîtres.

Plus de frontières ?

Le libéralisme se réjouit de l'effacement des frontières en s'extasiant sur la décentralisation, le pluralisme, la diversité d'un monde moderne polycentré, effervescent, ouvert, dans lequel les barrières culturelles et l'accès aux ressources ne seraient plus des problèmes. C'est déjà quelque peu sous-estimer que, soit il y a des chefs d'orchestre sous-marins, soit il n'y a plus de régulation et de contrôle du tout, ce qui avantage les mafias et les plus forts en tout genre. Cette deuxième position est du reste celle des USA et de leur petit toutou, la Grande Bretagne. C'est conforme à la pensée libérale de l'origine de la modernité et à ses compréhensibles lacunes pour l'époque que de profondément négliger les spécificités de la sphère politique. Même si nous admettions l'extériorité du pouvoir d'Etat sur la société civile et le prétendu monopole de la violence légitime, la sphère politique garderait des particularités. Le politique est la dimension sociétale qui vise à l'institution, pacifiée et suffisamment juste, de la société nationale dans la durée et dans son espace territorial. Le politique joue dans le temps et dans l'espace. Au contraire, la finance mondialisée et la logique économique généralisée du capitalisme libéral réduisent à néant ces catégories vitales de l'institution dans la pérennité et de l'identité des peuples. Si non, ils ne sont qu'un conglomérat d'individus et une juxtaposition aléatoire et révocable d'intérêts. Refuser, ainsi que le fait le libéralisme actuel, de prendre en compte les identités, c'est ne les admettre que comme communautés co-présentes, centrées sur elles-mêmes, n'ayant en commun que le suffrage démocratique des intérêts et pouvant, chacune, se lancer dans la compétition économique en ignorant les autres. Ce qui arrange bien le libéralisme capitaliste, car aucune communauté à elle seule ne peut lui enlever le pouvoir et car, à cause de leurs différences coexistantes et non négociables, les communautés ont du mal à se fédérer. En effet, on peut sans doute négocier sur des intérêts, mais certainement pas sur des valeurs culturelles et morales. Ce qui confirme que le libéralisme ne reconnaît comme valeurs universelles que les biens économiques. Là encore, ce libéralisme envahit les sphères culturelles et politiques pour les éliminer comme centres d'analyse et de vie sociale. Le totalitarisme tentaculaire apparaît à nouveau, car l'homme est acculé à perdre sa vie pour la gagner et car les communautés deviennent des curiosités exotiques d'autant plus valorisées par le libéralisme que, toutes ayant la même valeur, la notion de valeur perd toute signification, de même que celle de temps et d'espace. De ce point de vue, les Etats politiques ne sont que des survivances des communautés nationales folkloriques tout juste bonnes au développement du tourisme. L'ONU ne sert qu'à faire du cinéma, car les choses sérieuses se passent ailleurs et ne concernent que les paramètres économiques. Il n'y en a pas trop besoin puisque les USA peuvent faire régner la pax americana et assurer Imperium et dominium mondialisés. Les Etats sont invités à ouvrir leurs frontières au nom du doux commerce avantageux pour tous. Les Etats ne peuvent plus guère peser sur les régulations internationales, qui seraient à mettre en place pour l'essentiel, car ils sont nombreux, balkanisés, inégaux et divisés. Cela fait les affaires, au propre et au figuré, du nouveau Big Brother inavoué et « soft » que sont les USA et de son modèle de société. Et l'Europe, qui a tous les atouts pour se fédérer politiquement, joue le jeu pervers de son extension molle et de sa réduction à une grande zone de libre échange. Sauf à s'organiser sérieusement sur une base politique fédérative, à la fois économique et politique, une organisation perd en intension (en pouvoir intégré et intégrateur) ce qu'elle gagne en extension (différenciation et limites géographiques). Sans contrepoids effectif, le libéralisme anglo-saxon, qui nie la primauté de la politique pour cacher son intervention néfaste dans les affaires du monde, conserve toutes les marges de manœuvre dont il a besoin et peut développer à fond tous les moyens de sa puissance.

Le politique a été supprimé par l'économique ?

D'après les optimistes libéraux, le marché mondialisé et l'Internet hyper décentralisateur et ouvert effacent toutes les frontières et minorent le rôle des Etats. A quoi ? Clairement au rôle de veilleur de nuit et de gardien régulant la société par un peu d'assistance en faveur des exclus de la compétition et par la police. De plus en plus le rôle de l'armée est de contenir les révoltes intérieures. C'est pourquoi, du reste, elle devient partout une armée de métier, car le contingent ne serait pas fiable comme en 1907 le 17ème de ligne qui a levé le fusil pour ne pas tirer sur ses frères vignerons. Les libéraux ont même imaginé l'impôt négatif et les bonnes volontés, bien intentionnées mais naïves, le revenu minimum d'existence. Ces braves gens ignorent que la chose a été inventée en Angleterre, il y a plus d'un siècle, et qu'elle a permis aux patrons de verser le minimum des salaires, la différence pour parvenir à la subsistance étant versée par la collectivité. Plus que jamais le rôle des Etats serait d'ôter tous les obstacles au libre fonctionnement de l'économie et d'en observer strictement les lois. Ces dernières, aujourd'hui, sont fondées sur la réactivité, l'adaptabilité, la flexibilité, la précarité, l'inégalité. Il faut faire sauter toutes les rigidités qui entravent le cours de l'économie performante et rentable qui profite à tous à long terme. On observe donc que la politique demeure, même si elle est transformée en force d'exécution sans principes du libéralisme. Car seule une force politique pourrait les imposer au peuple et aux personnes qui, eux, préfèrent la sécurité et l'identité à la liberté absolue. C'est pourquoi le politique joue un double jeu : La force en dernière instance et le bourrage idéologique des crânes de préférence et en premier. Mais, sauf à démontrer que le marché, la concurrence, la logique économique sont des sciences exactes perpétuelles et universelles, lesdits principes contiennent bien une préférence pour un choix de société. Ce dernier est un choix politique sur l'existence et les finalités de la communauté politique. Le caractère scientifique de ce choix ne peut pas être prouvé, tout simplement parce qu'il n'en a pas toujours été ainsi ni dans le temps, ni dans l'espace. Les conditions actuelles de la modernité, qui relèvent de la complexité et de l'interdépendance du pluralisme, plaident pour interdire la réduction de la société à son domaine économique et à la domination de la politique par l'économie. Comme quoi le libéralisme ne prend dans la science que ce qui lui sert à justifier son idéologie. Le politique (fixer les buts, les projets et les règles du jeu d'une collectivité) garde donc le caractère d'un choix primordial de société. Il ne saurait être ni évacué, ni dominé. Cela est dit sans négliger que l'Etat même imparfait, surtout s'il est démocratique, protège les plus faibles.

Et la réalité ?

Passons maintenant à la réalité, après avoir montré que la position libérale ne tenait pas sur le plan théorique. La réalité, ce sont des combats tout à fait politiques entre acteurs qui n'acceptent pas la prévalence de la logique économique entre Etats qui luttent pour l'avantage compétitif national. Des mouvements sociaux sont déjà là, chacun sur son objectif spécifique : les femmes, les gays, la bonne bouffe, le logement, l'exclusion, l'écologie etc... Malgré la centration sur un objectif particulier, chacun rencontre le même adversaire, à savoir le libéralisme capitaliste totalitaire. C'est pourquoi, chacun, à sa manière, percute le choix implicite de société des gouvernants en faveur du capitalisme individualiste et du système capitaliste en place. Peu à peu les divers mouvements sociaux vont se fédérer, car ils n'ont qu'un seul et même adversaire. Certes, ils en sont encore loin. Ils manquent d'argumentation, de coordination, de projet commun, de stratégie sélective. Mais ils finiront par y parvenir, de la même façon que le vrai socialisme a mis plus d'un siècle pour s'organiser avant d'être vendu au capital par les sociaux-démocrates. Car le socialisme authentique n'est pas mort. Ses valeurs de justice et de solidarité continuent d'habiter les esprits, même si le libéralisme s'évertue à éliminer tous les moyens objectifs et matériels qui s'opposeraient à l'individualisme, par exemple avec la prétendue épargne salariale. Dans la réalité, toujours, ce sont bien les gouvernants qui continuent de prendre les décisions . Ainsi dans l'union européenne, c'est bien le conseil des ministres qui décide. Mais il le fait sans contrôle démocratique et sur la base de rapports d'experts. La politique aujourd'hui consiste à détruire le débat démocratique au profit d'organismes occultes et d'experts dûment sélectionnés pour leurs vues libérales. Rappelons nous l'histoire de l'AMI (Accord Mondial sur l'Investissement) dont les experts se réunissaient au château de la Muette. Cela ne s'invente pas. L'AMI avait pour prétention de faire payer aux gouvernements toute décision faisant perdre du profit aux multinationales. Vous créez une taxe écologique, cela diminue mes bénéfices, donc indemnisez moi. Et après on accusera la fatalité et les lois implacables de la mondialisation ! Enfin, il y a bien une instance politique supranationale. Ce sont les USA, dont toute la politique consiste à éliminer les régulations politiques internationales au profit de sa puissance sans freins. Le politique conserve donc sa primauté en théorie et en pratique. Les libéraux cherchent à minimiser cette suprématie, car il deviendrait évident que leur politique à eux est un choix tout à fait sectaire et dogmatique en faveur du totalitarisme économique. Les USA ont mis en place un système impérial camouflé en modèle de valeurs universelles pour l'humanité. La vieille dialectique entre le centre, dont tout le monde suit la logique et salue la domination, et la périphérie, qui essaie de tirer son épingle du jeu, continue d'être manifestée et effective. La chose est évidemment facilitée par l'absence de forces suffisamment puissantes pour faire contrepoids. La logique de la rentabilité, de la responsabilité individuelle, de l'assurance privée au lieu de l'assistance collective, de la retraite par capitalisation au lieu de la répartition, de la culpabilisation des exclus au nom de leur responsabilité individuelle..., est celle des USA. Le communautarisme de juxtaposition, qui fait les choux gras du libéralisme capitaliste, vient des USA. Le refus d'aider les pauvres qui n'accepteraient pas n'importe quel emploi est une création anglo-saxonne, tôt imitée par les sociaux-démocrates. La troisième voie est une invention anglaise, dont la devise n'est plus liberté, utilité, propriété, mais utilité, propriété, liberté. La coutume au lieu de la loi, le contrat en place de la convention, le calcul des conséquences utilitaires en remplacement du devoir-être moral, tout cela figure dans la politique du centre. Et le centre est pour l'instant si puissant que la périphérie qui ne jouerait pas avec ses règles du jeu serait trop perdante dans les circonstances actuelles de la logique économique mondialisée. Le centre n'accepte les autres que comme dépendances fidèles à sa loi. Celle-là n'est pas présentée comme une hégémonie, mais comme la mise en œuvre de lois nécessaires. Nécessaires au maintien de l'exploitation par le plus fort en dehors de tout principe de justice. Cela ne durera pas. Une politique véritablement socialiste resurgira un jour. Elle empêchera le MEDEF de proposer le CARE (le soin en anglais, quelle ironie en plus), contrat d'aide au retour à l'emploi, qui n'est qu'une culpabilisation de ceux qui ne trouveraient pas un emploi ou n'accepteraient pas la troisième et dernière proposition avant arrêt des versements d'assurance-chômage. De vrais socialistes solidaires organiseraient le social pour maintenir un choix entre trois possibilités : un emploi (minable et peu attrayant), dans le privé, une activité socialement utile dans le tiers secteur solidaire et social et un revenu d'existence à ne rien faire. Non, les socialo-libéraux poussent les gens dans les seuls bras des entreprises.

3) La liberte de choix, la variete en regime de liberalisme capitaliste contemporain

Le grand argument de propagande du libéralo-capitalisme se trouve dans l'infinie diversité de l'offre en réponse au client-roi et à tous ses désirs individuels. Les entreprises ne font que répondre à la demande et celle-là est tout à fait variée, spontanée et libre. Du reste, si l'entreprise est flexible, c'est parce qu'elle doit s'adapter en continu et à tout moment aux fluctuations des besoins. On nous a dit que la production standard et de série, réalisée par des opérateurs travaillant à la chaîne, ne pouvait plus être efficace. Il fallait des groupes autonomes de travail. Un industriel très malin, comme Benetton, a même inventé les stocks de tricots en couleur blanche écrue. On ne teint que sur la base du carnet de commande, ce qui diminue énormément les stocks. Pour apprécier le degré de vérité de cette position, il faut savoir de quoi l'on parle. La diversité n'est qu'apparente. Elle se limite aux éléments secondaires du produit. Ainsi, dans les automobiles, qui d'ailleurs se ressemblent de plus en plus, nous avons des gammes de moteurs, de carrosseries, d'accessoires, de couleurs, d'éléments annexes (phares, pare-chocs...), qu'il suffit de combiner au montage. Sur les éléments de base toutes les voitures sont quasi standards, d'où la spécialisation des sous-traitants, fournisseurs et les regroupements de firmes leur passant commande. Pour toute la production, aujourd'hui et si j'ose dire, il faut distinguer le génotype et le phénotype. C'est comme pour les hommes en anthropologie libérale. Ils sont différents dans leurs capacités, mais identiques dans leur facultés. Sur les mêmes éléments fondamentaux, vous pouvez donc offrir trente six voitures différentes dont les pièces continuent d'être produites en série longue et standard. Pour certains produits, la sécurité augmente tout en devenant uniforme pour cause de règles imposées par les gouvernements sous la pression des multiples associations de défense des usagers et consommateurs. Pour la qualité, autre que celle exprimée par les critères de sécurité, on assiste manifestement à une grande baisse par standardisation. Cela est particulièrement vrai dans les produits agricoles, la construction d'immeubles, les aérogares, les hôtels, les restaurants, les supermarchés, qui sont tous calibrés sur le goût moyen d'un occidental ou d'un manageur normalisé. Mac Do triomphe. Mais pas seulement. Nos grands restaurateurs français ne se sont-ils pas lancés dans les plats cuisinés et les surgelés standardisés ? Dans le domaine de la culture, de plus en plus on nous refile les productions américaines (déjà amorties en ce vaste territoire) : cinéma, séries, soap opéras, feuilletons à la Dallas etc... Un mauvais goût planétaire s'installe sous la houlette du leader idéologique du monde, à savoir les USA. Donc, pour la consommation, la diversité, comme celles des espèces animales et végétales, tend à se réduire sauf peut-être pour les riches qui achètent des chaussures à onze mille francs. Ce ne sont plus les usines qui sont intégrées, mais les systèmes de production-commercialisation, qui sont organisés en réseaux, souvent chapeautés par une société holding. Dans le management, les USA sont en train d'imposer leur système comptable, de même que la « Corporate Governance », c'est-à-dire le gouvernement d'entreprise au service des seuls propriétaires-actionnaires (les Share Holders). Les écoles de management enseignent la One Best Way (la seule bonne solution). FMI, BIRD, OMC, OCDE..., n'ont qu'un seul modèle de la bonne gestion d'un pays. L'Europe veut réduire à rien les compagnies mutuelles d'assurance, lesquelles sont des sociétés de personnes solidaires et non de choses « contractées ». Les retraites par répartition sont déclarées obsolètes. Les fonds de pension se répandent. Evident..., pour le capital. En effet, on paye moins de salaires. Comme dans toute épargne salariale, on reporte le risque des résultats de l'entreprise sur la retraite par capitalisation, on échappe aux cotisations sociales pour une part et il y a même des avantages fiscaux. C'est la même chose pour les stocks options et la prétendue épargne salariale. Dans ce domaine aussi, la variété tend à se réduire à long terme et le rythme s'accélère. Allons dans une banque ou une compagnie d'assurance. Partout vous trouverez les mêmes services avec un léger habillage de différenciation. De plus en plus, les villes sont similaires : centres commerciaux, parkings, immeubles en périphérie, autoroutes ou routes bourrées de panneaux publicitaires, enseignes lumineuses multicolores. L'enseignement évacue de plus en plus les inutiles humanités, la philosophie, l'histoire pour se concentrer sur l'opératoire, la technique, le professionnel utilitaires. Seul l'enseignement public résiste encore. Les services publics – mais j'y reviendrai – sont privatisés, car il y a une seule logique de gestion efficace, celle de l'entreprise privée. Certes, chaque culture continue d'ajouter son grain de sel et de décorer à son goût la soupe uniformisée propulsée par le marché mondialisé. Mais la tendance lourde de la réduction de la liberté de choix accélère. Dans le domaine politique, vous n'arriverez plus à faire la différence entre libéraux, sociaux-démocrates, socialistes rose pâle, troisième voie. On ne choisit plus, on élimine ou on ne prend pas part aux votes. Là encore le pluralisme, du reste aplati par les médias, peu à peu disparaît..., au nom du pluralisme démocratique et de l'économie de services. Oui, mais lesquels ? Tout cela parce que le libéralisme néglige les structures collectives.

Le sens commun, le monde vécu sont de plus en plus infiltrés (et lissés) par la seule morale adéquate aux desseins du libéralo-capitalisme. Hédonisme narcissique, rejet de l'autre vu comme un obstacle, repliement des particularismes dans des ghettos communautaires, rationalité utilitariste et calcul des conséquences, compétition (à ce sujet, si le libéralisme de la modernité la voyait comme dérivée de l'espèce humaine, il y a aujourd'hui création de structures auto-réalisatrices pour la susciter), consommation égoïste et ostentatoire ..., sont notre lot quotidien. La responsabilité individuelle est le leitmotiv et permet de stigmatiser les exclus qui sont abouliques, feignants, ne prennent pas de risque et refusent la lutte. Il n'y a plus qu'une seule morale encouragée malgré les références au relativisme. En fait, vous pouvez toujours conserver votre éthique, mais si elle est inadaptée à la compétition, ne venez pas vous plaindre. Vous vous excluez vous-même des bonnes règles du jeu, celles qui vous transforment en consommateur d'inutile et en producteur de signes de différenciation suscitant l'envie et forçant à consommer pour avoir une identité personnelle. Et rappelons que cette morale est une perversion du christianisme.

Cet aplatissement, dans tous les domaines, sur l'uniforme avec différenciation à la marge, ressemble fort au totalitarisme. Il envahit tout avec un modèle unique, simpliste, réducteur. Il supprime la diversité des temps sociaux, d'autant plus qu'avec INTERNET et les téléphones portables, il n'y a plus vraiment de lieu de travail spécifié et dédié. Tout le temps de chacun finit par être organisé par le rapport de disponibilité totale, corps et âme, à l'entreprise. Les 35 heures étaient censées faciliter le bénévolat et la participation politique. C'est raté, car le temps hors de l'entreprise n'est plus vraiment du temps libre et qu'il faut d'abord s'occuper de sa famille et des taches domestiques et qu'il faut se reposer de la pression constante que le management fait peser sur vous. Cette réduction est répercutée par les médias sous forme de vulgate auto-référentielle. Cela lui ressemble aussi parce qu'il s'agit visiblement d'un gros mensonge, car le pluralisme affiché se transforme réellement en son contraire. Mais ce mensonge est pour ainsi dire obligatoire, car contradictoire. En fait, le libéralo-capitalisme ressemble à un moteur. C'est un moteur à transformer la variété en uniformité avec comme source froide précisément la variété. La variété ne peut que diminuer, car les plus gros profits, l'accélération de la rentabilité, reposent sur l'extension des séries de production standard (baisse des coûts unitaires) ou sur la marge monopoliste de l'innovation. Celle-là étant tôt imitée, on en revient au productivisme massif rapidement. L'ennui, c'est que tout moteur est soumis à l'entropie (dégradation de l'énergie) et que son rendement dépend de la différence de température entre la source froide et la chaude. Or, diminuant la variété (la source froide), le moteur est conduit à chercher sans cesse de nouvelles sources chaudes (qui sont aussi dans la diversité pour ce cas) par le lancement sur le marché d'illusoires besoins et de fausses innovations. C'est du reste du rôle de la publicité que de faire accroire à la différenciation. Cette inéluctable fuite en avant ressemble fort à celle du totalitarisme qui a besoin d'ennemis pour se maintenir. Le mensonge autre caractéristique du totalitarisme, réside dans le discours officiel du pluralisme et de l'extension indéfinie des possibilités de choix. Or l'économie de services aux clients-rois n'offre que de spécieuses et très minimes variations de choix et la politique sondagière et d'opinion majoritaire a gommé les projets alternatifs de société.

4) CONTRAT, JUSTICE ET ETHIQUE DANS LE LIBERALO-CAPITALISME

D'inspiration anglo-saxonne, le libéralo-capitalisme aujourd'hui transforme rapidement la conception que les sociétés et les hommes ont des structures et des idées qui procurent le cadre de leurs relations. Sans prétendre être exhaustif, nous nous cantonnerons à 3 domaines dans lesquels il fait florès et ne cesse de s'étendre, là encore comme modèle unique avec un seul contenu, où les relations entre personnes sont remplacées par les rapports individuels aux choses grâce aux contrats :

La loi réduite à la portion congrue

Le libéralisme anglo-saxon avait toujours privilégié les habitudes, les traditions, les coutumes (Common Law), locales et décentralisées, par rapport à la loi. La loi élément clef de toute forme démocratique et républicaine, regroupe des caractéristiques gênantes pour le libéralo-capitalisme. Elle est générale, égalitaire, au moins formellement ; elle est durable et donc induit une certaine rigidité par rapport à l'adaptabilité. Cette rigidité contient une qualité que le libéralisme financier a intérêt à jeter par dessus bord. Cette qualité, c'est que les législateurs sont obligés de réfléchir et de prendre du temps avant d'éliminer la législation antérieure. En idéologie et pratique libérale, les lois ne sauraient être qu'en nombre très limité. Leur contenu est réduit à des procédures d'instruction des problèmes juridiques (la fameuse approche procédurale qui n'est qu'une démarche générale a priori mais qui ne donne rien en termes de résultats prévisibles particuliers) ; il suffit que la procédure, par exemple, de résolution d'un conflit, soit équilibrée entre les protagonistes et suivie scrupuleusement pour que la décision finale soit juste. On aperçoit ici que justice devient synonyme de justesse, d'exactitude du raisonnement et de la démarche. On voit que dans la mise en place du droit, la démarche compte plus que le résultat. On voit que la procédure positiviste et scientiste, objectiviste, hypostasie la conduite des résolutions de problèmes et néglige tout contenu impératif et universel a priori. Et, au nom d'une conception universaliste du droit, on impose ainsi une seule démarche de résolution. Comme seule compte la procédure, l'atteinte des résultats finit par devenir négociable si les parties transigent entre elles. Ainsi Mickaël Jackson, en délicatesse avec la justice pour une histoire de pédophilie, a-t-il passé une transaction avec les parents plaignants de l'adolescent impliqué dans l'affaire. Dès lors il n'existe plus de motif d'ordre public qui permettrait de poursuivre en tout état de cause. Comme il n'y a guère de contenu substantiel impératif dans cette ordre juridique, la jurisprudence prend une importance démesurée. Or la jurisprudence est quelque chose de bien plus facilement révocable que la loi. En outre, elle ôte aux députés-législateurs la responsabilité d'être la principale source du droit, en tout cas celle d'émettre les références normatives en dernière instance au sein de la hiérarchie des normes de droit. Tout devient beaucoup plus flexible, comme d'ailleurs tout ce qui ce passe en régime libéralo-capitaliste. Au passage, les faibles, les pauvres, les exclus risquent de perdre tout accès à la justice tant les forces en présence sont disproportionnées. C'est pourquoi, il s'est installé, à cause de ce gouvernement des juges à la place du législateur, une pratique extraordinaire. Les avocats harcèlent toute personne pouvant introduire un contentieux (par exemple suite à une opération chirurgicale ou pour avoir trop fumé...), afin de s'occuper de son affaire. Ils ne se font payer qu'en pourcentage sur les indemnités éventuellement obtenues par le plaignant. Cela amène à une prolifération exponentielle et cancéreuse des procédures et des avocats. Finalement, ce n'est pas étonnant. Moins il y a de droits et de lois, plus on peut chicaner, car il n'y a guère plus de règles communes et stables pour guider les interprétations dans un référentiel général. La chicane et la valetaille « avocassière » américaine tendent à se diffuser partout. C'est logique, puisque le critère numéro un du libéralisme actuel, c'est la flexibilité. Cela provient aussi de ce qu'en plus des rares lois procédurales, le libéralisme recommande (et pratique conformément à son intérêt) le minimum de lois dites substantielles, c'est-à-dire qui ont un contenu normatif a priori sur le résultat à atteindre. La loi substantielle procure une norme de résultat attendu et elle est impérative. Elle donne des moyens d'évaluation des comportements de relation entre personnes (y compris morales), des principes régulateurs, des tendances universelles au moins sur un territoire donné. Or, le libéralisme pratique le culte de la diversité et de la décentralisation. Il y est forcé pour contrer sa propension à l'uniformité. Il y a intérêt pour affaiblir tous les acteurs sociaux qui ne peuvent plus qu'intervenir au niveau local ou sont obligés, au niveau national, de s'engager dans des procédures aléatoires et interminables. Celui qui a les moyens d'attendre se trouve donc outrageusement privilégié. Les quelques rares lois substantielles, quand on les regarde de près, ont une double nature. Elles sont déjà fondées sur de vagues principes moraux faisant partie du sens commun traditionnel conforme à la naissance de la « liberté des modernes ». Utilité, propriété, liberté voilà les principes de base. Ils se déclinent (évidemment, ils ont été construits pour les justifier) en concurrence, marché, conséquences efficaces (?), responsabilité individuelle. Le deuxième trait réside dans le caractère purement formel de ces lois, sans rapport avec la réalité, et qui ne servent plus à mesurer les écarts entre les pratiques et les principes. Car la transaction entre protagonistes, et même avec les juges jurisprudentiels, fait qu'il n'y a que le résultat qui compte. Le droit est donc lui aussi devenu utilitariste (utilité, procédure, conséquence). A titre anecdotique, rappelons-nous que le fondateur de l'utilitarisme (Jeremy Bentham) a été aussi l'inventeur du panoptique ; c'est-à-dire un dispositif carcéral organisant la prison en pigeonnier où un système optique général permettait d'espionner chaque cellule. On jugera ainsi des proximités inattendues entre le libéralisme utilitariste et la police. Mais aussi avec l'économie, car le panoptique limitait le nombre de gardiens et coûtait moins cher... On ne s'étonnera pas, non plus, de la prolifération du monde policier, judiciaire et carcéral aux USA et en Grande Bretagne. Tendance qui se propage en Europe, surtout avec les restrictions sur l'immigration.

La loi n'est pas la seule source du droit. Il y a aussi, en premier dans la hiérarchie habituelle, la constitution. Cette dernière symbolise les liens sociaux et le pacte citoyen, comme institution des principes fondateurs et permanents d'un pays politiquement unifié et généralement démocratique. Bien, désormais la constitution devient négligeable. D'un côté, les traités internationaux, à la discussion desquels aucun citoyen et même pas les représentants (par exemple l'assemblée européenne) ne participent en vue de les préparer, sont prépondérants. La constitution est obligée d'intégrer peu à peu ces traités, et encore plus la législation. En outre, pour conforter leur position démagogique et leur pratique de réactivité aux événements et évolutions intérieures et extérieures, les gouvernements et les représentants politiciens finissent par modifier perpétuellement la constitution. Rappelons nous en France les avatars de la parité homme-femme ou les péripéties avortées du changement du statut du conseil de la magistrature... Que devient une constitution qui change chaque jour ? Ce n'est plus une institution ; ce n'est plus une figuration du pacte civil et politique. Aux USA, cela change moins car la constitution n'est qu'un texte assez creux que la cour suprême, en tant que gouvernement des juges, interprète au fil de la jurisprudence circonstancielle. C'est-à-dire que moins un texte est substantiel, plus chaque acteur social peut en penser ce qu'il veut, ce qui permet à chacun de rester chez soi et d'obtenir un consensus politique de façade réduit à l'approche procédurale. Il y a environ 15 ans, on avait réalisé aux USA un sondage pour savoir ce que les américains pensaient de leur vieille constitution quasiment modèle 1776. Nombreux furent ceux qui demandèrent cependant quels étaient les dangereux gauchistes qui avaient rédigé ce texte. Cela prouvait simultanément que le citoyen de base n'avait pas reconnu sa propre constitution politique et que celle-là contenait des idéaux progressistes, ceux-là mêmes du libéralisme de la modernité. Dieu merci, le libéralo-capitalisme aujourd'hui préfère sacraliser le texte car il sait qu'il est devenu inopérant. Mais le droit international, qui se substitue aux constitutions et législations nationales, est-il vraiment un droit ? Remarquons qu'il y a beaucoup plus de chartes indicatives (par exemple déclaration universelle des droits de l'homme de 1948 ou charte du travail du BIT ou de l'éducation de l'UNESCO) que de droit impératif. D'une part, les USA et les compradores n'ont pas intérêt à entraver leur puissance et leur universalisme à la Potemkine par des réglementations contraignantes pour eux et protectrices pour les autres. D'autre part, il n'y a pas de droit sans force publique et sans justice internationale. La justice progresse essentiellement pour la protection des populations contre les génocides (ou plutôt... après). La force internationale se résume à l'OTAN, dominé par les USA et les occidentaux, et qui n'intervient qu'en faveur de leurs intérêts. D'autant plus que l'ONU non seulement est obligée de mendier mais encore on y est resté au droit de veto des cinq puissances de 1945. En ce qui concerne le domaine commercial, il ne s'agit que d'accords multilatéraux négociés entre gouvernements munis de leur experts et soumis aux groupes de pression. Ce qui empêche les pays ne disposant pas d'assez d'experts compétents d'intervenir sérieusement dans la préparation des décisions. Rappelons qu'un accord n'est que temporaire, n'est qu'un armistice dans la compétition économique à la différence de la pérennité d'une constitution. Les libéraux disent que cette insuffisance de régulation internationale est due au respect de la souveraineté des Etats et à la dispersion d'idéologies diverses. Sans doute un peu, mais ils oublient qu'ils encouragent eux-mêmes la balkanisation des choses et des Etats. Divisons pour régner, c'est la recette la plus sûre. Il n'y a guère que l'Europe qui dispose de règles unifiantes en matière économique. Cela produit des effets curieux. Rappelons-nous des grèves de routiers en France. Aussitôt les autres pays hurlent contre les entraves à la liberté de circulation des marchandises. La France ne répond même pas qu'en matière de police cela relève de sa souveraineté et qu'elle a le droit d'apprécier si l'intervention des forces armées est justifiée et ne ferait pas plus de dégâts encore. Dans ce cas, on a d'un côté un droit et commercial et international qui est en concurrence avec un droit et politique et national. Savez-vous ce qui arrive ? Le droit commercial supplante le droit politique... Bien mieux, d'après sa position géographique la France ouvre le passage à tous les camions dangereux et polluants de toute l'Europe. Eh bien, figurez-vous qu'elle a signé un accord européen pour limiter chez elle la pollution atmosphérique dans les mêmes proportions et le même effort que ses voisins. Ceux-là vont être encouragés à faire du ferroutage chez eux et à rouler en France. La solution serait simple ; il suffirait de taxer le carburant contenu dans les réservoirs de camions, français et étrangers, au même taux et contre la pollution... Hors le droit commercial et maritime, il n'y a guère de droit international. Cela permet de dominer les relations internationales (USA et alliés) et de choisir les « bons » pays à aider en fonction des intérêts en jeu et sous couvert de la morale humanitaire et du droit d'ingérence. Comme partout cela se passe sous le couvert des procédures de négociation et cela n'aboutit qu'à des conventions sans débat politique associant les citoyens.

Foin des droits collectifs « rigides »

Le droit est aussi produit en matière sociale par des conventions collectives entre syndicats de patrons et de salariés au niveau de la branche économique. Une convention n'est pas perpétuelle, mais elle est au moins, à la différence du contrat, collective et instaure des rapports de régulation sociale entre acteurs sociaux. C'est trop. Cela nuit à la flexibilité économique et à la diversité des situations des entreprises. Il faut décentraliser, car les désordres locaux finissent par créer un ordre résultant harmonieux et équilibré. Donc à bas les conventions collectives. Le libéralisme concurrentiel préfère les accords d'entreprises, voire d'établissements. Cela est particulièrement nocif dans un pays comme la France ou 8 % des salariés sont syndiqués et essentiellement dans le secteur public. C'est pourquoi, malgré le dispositif du mandatement (d'un agent de l'entreprise par un syndicat extérieur), la loi des 35 heures est venue combler les attentes effectives, malgré le MEDEF, des entreprises. On échange quelques créations ou sauvegarde d'emplois, aux frais du contribuable, contre la modération salariale et surtout la flexibilité des horaires et des rythmes de travail, en dépit des rythmes de vie et des autres rôles sociaux, de même que des organisations. Si on embauche un peu, c'est au détriment des prestataires de service, le plus souvent. La productivité et la rentabilisation des installations augmentent ; on peut même obtenir un usage des locaux en 3/8. Au passage, les collectifs de travail sont désorganisés, car ils ont de moins en moins de durée commune, et les individus sont de plus en plus atomisés. Tous les cycles, rythmes et itinéraires de vie des individus, auxquels on a fait miroiter le temps libre et choisi accru, sont perturbés et focalisés autour des rythmes de travail, des temps de travail discrétionnaires pour les manageurs. Mais, n'est-ce-pas ?, c'était une réponse aux besoins des salariés !

Il n'y a de contrats qu'individuels !

De proche en proche, le libéralisme capitaliste impose le contrat, simple accord prétendument mutuel et libre, simple armistice provisoire à la place des conventions et de la loi. Il est présupposé, au nom des libertés formelles, que le contrat est négocié entre deux parties aux pouvoirs similaires, ce qui aujourd'hui dans le cas du contrat de travail ne manque pas de sel. Sauf pour les mercenaires hyper qualifiés sur des marchés du travail déficitaires en compétences. Car la qualification, espèce de résultat d'accords collectifs, n'existe plus. L'imagination est fertile pour réduire en plus tout contrat de travail à un contrat marchand de prestation ou de louage de services. On revient ainsi au code Napoléon, où il n'y avait que des contrats de louage de services, au nom de la modernité. On réinvente les travailleurs « indépendants » à domicile grâce au télétravail. Comme du temps des canuts ou des magnaneries, le travailleur à domicile n'est jugé que sur la quantité et la qualité vendues au marchand. Il assure lui-même, à prix d'or, quand il le peut, sa protection sociale (maladie, retraite). Le commerçant se fiche de la façon dont le travailleur à domicile organise son travail. C'est son problème. S'il y a mévente, le risque est reporté sur le travailleur rémunéré au « tarif », celui-là diminuant. Pour compenser, le travailleur est obligé de faire davantage d'heures alors que ce n'est plus un travail d'appoint comme autrefois dans les campagnes en dehors des travaux agricoles. En fait, il ne s'agit que d'un contrat commercial auquel, un jour ou l'autre, les travailleurs en télétravail seront astreints. Au passage, ils paieront eux-mêmes leur matériel et ils fourniront gratuitement leurs locaux. Balkanisés, ils n'auront plus de syndicats pour les défendre et ils « iront tout nus » comme en 1830. On a même inventé l'entreprise unipersonnelle », ce qui permet de contourner le droit du travail qui permettait, dans le cas d'un seul employeur, de requalifier la chose en contrat de travail. Les contrats se passent entre entreprises et sous-traitants ou établissements d'intérim (dont la croissance est exponentielle à plus de 10 % par an) et sont des contrats commerciaux. Ainsi le fournisseur d'ordres n'a plus à se préoccuper de la gestion du travail qui passe sous la responsabilité du sous-traitant. Comme on l'a déjà vu, cela a une limite puisque les coûts de transaction pour les contrats incomplets (ceux dont on ne peut pas tout prévoir) augmentent (rédaction des contrats et contrôle). Les sous-traitants et les boîtes d'intérim étant beaucoup plus petits et éparpillés, les « concentrations ouvrières » diminuent et la paix sociale interne est plus facile à maintenir. Le problème est celui des stocks zéro pour cause de juste à temps. Mais le sous-traitant défaillant payera des pénalités. Le contrat a l'immense avantage d'être plus soumis à la concurrence, plus révocable, plus flexible. Il est, en sens inverse pour le travailleur, beaucoup plus précaire et plus exigeant en disponibilité. Là encore, risque et responsabilité sont reportés sur le travailleur, qui devient de moins en moins un salarié. Comme on l'a déjà vu, le contrat commercial fonctionne sur la base d'un réseau de prestataires et de sous-traitants, qui est la seule chose à organiser pour les responsables de groupes industriels. Du côté des salariés, s'il en reste, seuls ceux qui ont des ressources pérennes (compétences, capital social et culturel, relations, patrimoine, comme au bon vieux XIXème siècle) peuvent faire face à la précarité et aux trous dans le cheminement professionnel. Cependant, comme disent certains économistes actuels et libéraux, il reste le risque moral, à savoir celui où le contractant n'observe pas les éléments du contrat.

Ainsi s'impose partout le règne du contrat comme seule source réelle du droit. En cas de conflits – et il y en a puisque les contrats sont toujours incomplets et soumis à des incertitudes dans l'exécution – on fera appel à la justice procédurale, aux arbitrages, aux médiations. Mais il n'y aura plus de références communes et protectrices des plus faibles. Ces derniers alors auto-justifieront la prophétie auto-réalisatrice. Il en sont là parce qu'il ne sont pas adaptés à la compétition. Le contrat envahit toutes les sphères de la vie sociale (même le PACS...). C'est le mode unique, pauvre, aplati d'entrée en relations sociales. Le choix est simple ; ce n'est plus être ou ne pas être. C'est, contrat ou pas contrat. On retrouve le simplisme du totalitarisme. Ce dernier faisait semblant de conserver les formes juridiques au nom du pluralisme et même de la démocratie stalinienne. Mais en arrière-cour, il n'existait que l'arbitraire, le fait des princes et une justice à leurs ordres. Comme pour les libéraux, tout était permis derrière les apparences. La seule différence est que la justice procédurale et jurisprudentielle demeure indépendante. Jusqu'à quand ? Elle est déjà par construction très inégalitaire. Et cela répond à un modèle unique de plus en plus simpliste et présenté comme dogme de la liberté. C'est ce type de contenu qui caractérise aussi le totalitarisme. Sauf que cela se fait au nom ... de la liberté, puisque le contrat personnalisé et circonstanciel remplace la loi impersonnelle, générale et permanente. C'est ce que veut faire le MEDEF sous prétexte de refondation sociale avec le PARE (Plan d'Aide au Retour à l'Emploi). Au lieu de droits, on n'aura que le résultat incertain d'une procédure, souvent mal ficelée et, surtout, sans engagement d'emploi comme résultat substantiel.

Des droits de l'homme...individuels

En ce qui concerne les droits de l'homme, on s'en tient à une définition purement individualiste des choses et, finalement, si on réclame un droit d'ingérence dans les affaires des Etats qui les violent, c'est au nom d'une morale. Ce n'est pas pour des raisons politico-juridiques de justice, car la justice est un phénomène collectif qui concerne à la fois les communautés et les personnes. Et les droits de ces collectifs et de ces personnes sont à protéger dans un ordre collectif, dans des principes globaux et politiques, voire même constitutionnels, s'il existait quelque chose comme une constitution mondiale. La défense des droits de l'homme devrait se faire au nom de la justice contre les inégalités et les manquements à la dignité et par rapport aux communautés d'appartenance des personnes grâce à un droit international des gens (des groupes). Cela avait été vu, avant la régression libérale, par les grands juristes du

17ième siècle. La défense des droits de l'homme et des gens réclame un ordre juridique international de principe en tant que devoir être des nations dans les relations internationales et non un calcul instrumental et stratégique ou un moralisme soi-disant universaliste, mais purement individualiste.

Une justice utilitariste des seules conséquences

Passons à la justice, comme système de principes et non pas comme ordre judiciaire institué positivement. Disons quelques mots sur ce qui représente la justice et de quel ordre de phénomènes elle relève. La justice n'opère que dans des situations de rareté, car si personne ne se dispute la ressource il n'y a pas de répartition à faire, et que pour des relations sociales et politiques. La justice est une relation à soi-même, aux autres et aux biens, en situation. C'est pourquoi elle relève de la phénoménologie qui se déroule dans l'histoire et dans l'espace. La justice procède d'une approche comparative (tiens, l'autre a ce que je n'ai pas) et affective (sentiment de frustration imméritée). Elle ne peut déboucher, sinon il n'y aurait pas de pacification possible des relations sociales, que sur des principes de légitimation des inégalités de répartition présente et dans le long terme et sur des critères d'évaluation de l'état des choses au nom des principes. C'est pourquoi le problème de la justice est avant tout politique. Car elle est à la fois le ressort fondamental des progrès de régulation sociale et la condition de la paix sociale. C'est ce qui explique les efforts de toute idéologie pour justifier le désordre inégalitaire établi ou, au contraire, pour l'éradiquer au nom de principes différents et supérieurs. La justice est alors le ferment principal de toute idéologie politique dans une communauté. La justice répond à des problèmes que se posent les hommes vivant en société d'intérêts ou en communauté de valeurs. Y-a-t-il des principes universels de légitimation des situations et des pratiques ? Alors la justice obéit-elle à un devoir-être moral, à une obligation normative sur ce qu'il faut faire ? Si oui, elle sera encore plus substantielle et a priori, sans analyse des conséquences et sans dépendre d'une procédure quant au résultat. Qu'est-ce qui l'emporte ? Est-ce ce qui est juste ou est-ce ce qui apporte du bon et du bien matériel ? Le bon est-il supérieur au juste ? Et le bon pour qui ? Les individus ou la collectivité ? Est-ce un idéal, une pure forme symbolique d'évaluation, ou une pratique positive (en place...) ? L'utilitarisme répond, comme on l'a vu lors de son émergence libérale et plus que jamais, qu'il s'agit de maximaliser le bien du plus grand nombre, quitte à ce qu'il y ait des sacrifiés. Il faut donc anticiper les conséquences de l'action en vue de son efficacité. De ce fait, la justice-justesse est supérieure au bien procuré par des procédures de résolution rationnelle des problèmes, qui augmentent le résultat global. Les exclus doivent se réjouir, car ainsi ils contribuent à l'amélioration du bonheur du plus grand nombre, et s'ils ne s'ébaubissent pas, c'est qu'ils sont envieux et oublient que leur situation découle de leur irresponsabilité et de leur irrationalité. Chez les kantiens et autres archaïques partisans du devoir-être, pour lesquels le bon prime le juste, car peut-on être personnellement heureux si une conduite mauvaise met les autres dans le malheur ?, on ne croit plus à une justice aux normes intemporelles et « pan-topiques ». Mais il reste un raisonnement procédural personnel et éthique qui conduit à une obligation morale dans sa conduite vis-à-vis des autres. La base en est de se poser la question de la possible universalisation de son comportement. Comme tout le monde peut raisonner ainsi, alors se dégage, notamment par discussion et argumentation, une position commune, source du devoir-être moral, après la simultanéité et la convergence des réponses aux questions éthiques que se pose chaque personne et qu'elle transforme en réponse (impératif) catégorique. Le théoricien libéral John Rawls a tenu une position syncrétique entre le devoir-être a priori et l'utilitarisme conséquentialiste. Le devoir-être de justice s'y résume à ce que les inégalités doivent profiter aux plus défavorisés et à ce que les biens indispensables à la vie bonne soient toujours fournis à tous, ce qui récuse le principe du bonheur du plus grand nombre. Même dans cette version modérée du libéralisme en matière de justice, les inégalités sont non seulement admises mais encore justifiées par avance. Et cela d'autant plus qu'il est assez difficile de vérifier que les inégalités améliorent la vie des défavorisés dans l'absolu et non relativement aux autres. Je vous passe la réponse du libertarien, anarchiste de droite, Robert Nozick, pour lequel la justice se résume à la justesse des processus de transmission des droits de propriété. Rappelons la position de Sen, économiste indien, pour lequel la justice consiste à développer les « capabilités », c'est-à-dire les capacités individuelles et les structures collectives qui leur permettent de se développer à partir des potentiels. Ce qui réclame de s'installer dans la longue durée et le projet voulu au lieu de la saisie des occasions qui passent dans l'instant. Ce qui suppose un engagement réciproque de plusieurs acteurs et non un arbitraire patronal pour un P.A.R.E. !

Foin de la théorie, passons aux pratiques.

Elles se positionnent dans les quatre quadrants de deux axes fondamentaux :

Approche substantielle devoir-être

	Stoïcisme et Toutes les philosophies de la Sagesse individuelle et du« nirvana» ou Ataraxie	Relativisme avec identité cantonnée à la communauté et Assistance pour les seuls membres	
Individualisme Ethique			**Communau-tarisme Moral et collectif**
	Utilitarisme Bonheur – résultat pour le plus grand nombre et Assurance privée	Républicanisme de l'intérêt général émergent et Assurance sociale ou Assistance publique	

Approche procédurale-conséquentialiste

Il se dégage dans chaque quadrant des modèles de conception du monde en termes de morale du vécu commun et, en particulier, de normes de justice. Nous avons le modèle très à la mode avec le « retour du sujet », de l'expérience, de l'action (individuelle), de la sagesse individuelle ou chacun cherche l'absence de tensions et la satisfaction des plaisirs dans son coin. Ce modèle, dans lequel on peut souscrire une assurance individuelle pour ses vieux jours et contre les aléas de la vie, va dans le sens du libéralo-capitalisme, même à la sauce de la troisième voie socialiste. Cependant, il n'encourage pas tellement la consommation à cause du repli sur soi et du désintérêt vis-à-vis du jugement des autres, cela même qui pousse à ostentation. Nous avons le modèle de la communauté républicaine qui réclame son droit à l'existence au nom du relativisme et qui assurera chez elle pour ses seuls membres d'appartenance une justice d'assistance publique. Le premier modèle ne s'occupe guère de la justice, car c'est une notion de relation aux autres compatible avec le retrait dans son jardin. Le troisième modèle est l'utilitarisme individualiste et calculateur. Il fonde la justice sur le bon accessible par l'égalité des chances et recourt aux assurances individuelles comme mode de protection sociale. La justice y est assurée par le foisonnement des risques et des coûts et par la « mutualisation » des ressources. Mais l'assurance de démarche et de responsabilité individuelles ne fonctionne que s'il y a incertitude quant aux risques. Les assureurs essaient de le limiter, par exemple par des examens et des questionnaires de santé. Et maintenant les méthodes génétiques, dont ils vont finir par exiger les cartes génétiques individuelles, permettraient d'ajuster les primes aux risques (c'est déjà fait pour le Sida). Le problème, c'est que pour foisonner il ne faut pas trop segmenter les populations à cause de la contrainte économique de la standardisation. Au passage, les gros risques seraient reportés sur l'assistance publique ou les assurances sociales et les mutuelles, dont on dira ensuite sans coup férir qu'elles coûtent trop cher et qu'elles sont mal gérées. Gageons que l'emploi de la génétique dans le monde des assurances privées n'est pourtant qu'une question de temps. Le quatrième modèle est celui du républicanisme mais dans lequel l'intérêt général n'est plus présumé a priori et se dégage d'un processus de mise en débat au sein de la communauté générale. Il débouche sur deux possibilités. Celle de l'Etat-providence avec l'assistance publique pour assurer la base minimale de justice faisant face aux inégalités de situation et de parcours ou bien celle d'un système d'assurances sociales généralisées, grâce à l'appui des pouvoirs publics qui ne payent rien, entre tous les membres du salariat, voire de la collectivité. C'est une assurance mutuelle et universelle du travailleur collectif diversifié à l'infini. La France, avec Rocard et ses successeurs, a déjà largement torpillé ce système au profit de la fiscalisation par la CSG et la RDS. Cela fait bien plaisir au capital dont les cotisations diminuent au profit de l'impôt et ce qui fait baisser le prix du travail à l'avantage du libéralo-capitalisme. Comme quoi le socialisme actuel est déjà convaincu de ce que le travailleur collectif n'existe pas. Il n'y a que des travailleurs individuels juxtaposés et coexistants. On a déjà vu que l'épargne salariale des fonds de pension, les stocks-options allaient dans le même sens, à savoir celui de l'extension des inégalités (cela dépend des compétences et du type d'entreprise), du report du risque sur le salarié (on diminue son salaire sûr au profit d'une constitution hypothétique d'un capital pour le futur) et sur la baisse des contributions du capitaliste à l'assistance publique ou à l'assurance mutuelle généralisée. Les fonds de pension, même si ils étaient extérieurs aux entreprises et mutualisés et cogérés avec les syndicats, procurent un exemple intéressant pour la signification de ces évolutions. D'abord, que cela soit en répartition ou en capitalisation, il faudra payer les retraites sur le revenu national dans quarante ans. En effet, pendant cette période, on ne peut pas mettre les moyens de consommation au frigidaire et on sera tributaire de l'existence d'une production. Certes, on peut dire qu'elle pourrait se faire à l'étranger mondialisé. Mais alors ce sera un prélèvement sur les pays producteurs et une rente pour les oisifs retraités des pays développés ne vivant plus que de la finance. On n'aura fait que transposer le problème sur les pays étrangers et instaurer de nouveaux rapports internationaux inégalitaires. Ensuite, les capitalisations constituées ne pourront pas servir les retraites seulement sur la base des intérêts et dividendes du capital accumulé. En effet, il faudrait un taux de rentabilité nettement supérieur au taux de croissance des économies. Il faudra donc quarante ans après vendre des titres et encaisser des plus values. Comme tout une classe d'âge fera cela en même temps, les cours pourront s'effondrer et les retraités seront payés en emprunts russes... Pendant ce temps là, le capital aura profité de leur argent pour jouer au monopoly de la spéculation, des absorptions, fusions, concentrations financières. Et il aura pris les actifs à la gorge pour développer la rentabilité en supprimant le maximum d'emplois. Toutes ces conséquences prévisibles, même pour un utilitariste, n'empêchent pas les socialo-libéraux d'encourager le mouvement. Au besoin, il suffit de cacher ces vérités et de tenir le discours de l'intérêt général. Car l'épargne ne serait pas assez longue ni assez abondante, ni assez placée dans les firmes françaises cotées à la bourse et aux mains de l'étranger... L'épargne est trop abondante ; c'est pourquoi elle circule au jour le jour à l'affût des meilleures rentabilités. Heureusement que les USA vivent encore à crédit sur le dos du reste du monde et que les Etats sont lourdement endettés. Car, sinon, les taux d'intérêt baisseraient au détriment des rentiers et des futurs retraités. Deuxièmement, il y a déjà beaucoup d'épargne longue avec les assurances-vie en France. De plus en plus, l'épargne liquide, qui est volumineuse et entretient un flux permanent et grossissant, peut être transformée en épargne longue grâce à la « mutualisation » des risques et des soldes versements – retraits. C'est du reste le rôle des banques. Mais ces dernières perdent leurs intermédiation car les entreprises ont désormais un taux d'autofinancement de 120 % et qu'elles vont directement sur les marchés boursiers grâce aux seules banques d'affaires. Enfin, en tant que salarié français peut me chaut d'être exploité à plus de 15 % de rentabilité [6]par l'étranger ou par le capital français. Le véritable sens de la propagande en faveur des

[6] Rentabilité des seuls fonds propres et non du capital investi notamment avec les emprunts.

fonds de pension, c'est que les grands manageurs français, dont beaucoup sont issus des grandes écoles et de la fonction publique pantouflant au gré des privatisations, veulent conserver les leviers de commande. Ils n'ont qu'à s'expatrier ; on verra bien s'ils ont les mêmes performances que leurs concurrents étrangers. On a même justifié les fonds de pension par un prétendu choc démographique en 2040 (un actif pour trois retraités, suite à l'allongement de la durée de vie). Ce n'est pas le bon calcul. En même temps, il y aura moins de jeunes et plus de chômeurs ou plutôt plus de sous-emplois. En fait, il faut calculer le ratio actifs sur inactifs quelle que soit la cause de l'inactivité, donc autre aussi que salariale. Là le ratio actuel n'évolue que dans des proportions tout à fait maîtrisables. On a fait bien mieux dans le passé en passant de l'assurance sociale zéro à la généralisée et massive. Par ailleurs, le rapport CHARPIN sur les retraites n'a pas tenu compte des progrès de productivité. Car si, à cause de cela, le salaire d'un actif doublait en 2040 par rapport à aujourd'hui, lui prélever 50 % de plus lui laisserait un plus très appréciable. Le fond du problème, soigneusement occulté, est que lesdits progrès de productivité sont présumés n'être encaissés que par le capital au détriment du travail dans le partage du revenu national. C'est une question de justice que l'on a voulu camoufler par des calculs dont la justesse est très approximative et par des justifications spécieuses. Autre exemple de la justice chez les accompagnateurs du libéralisme capitaliste : la grande limitation de l'avantage de la demi-part d'impôt liée au quotient familial dans l'impôt direct sur le revenu (IRPP). Et cela au nom de la justice sociale ! Certes, cela va réduire les inégalités verticales entre revenus pour des familles de même taille. Mais la demi part avait été instaurée pour des raisons de justice horizontale, c'est-à-dire pour gommer un peu les inégalités de revenu par unité de consommation (une famille de quatre personnes, quatre UC, est à comparer à un célibataire de même revenu global pour une UC...). Cela a été purement et simplement évacué dans le raisonnement au nom de l'équité. Car, il y a deux principes de justice. L'égalité où les parts sont équivalentes et l'équité où chacun est censé recevoir son dû. L'équité aujourd'hui fait florès.

C'est au nom de l'équité que les subsides publics sont réservés aux plus défavorisés (nonobstant des ridicules effets de seuil) au nom de l'action positive. Car l'aide est réservée aussi à ceux qui le méritent par leur volonté de jouer aux mêmes règles du jeu que les « responsables « pourvus de gros moyens. Pour être aidé, il faut faire des efforts, comme au XIXème siècle où l'on distinguait trois catégories de pauvres : les malades et impotents, les travailleurs malchanceux et avec charges de famille et les marginaux, que l'on enfermait pour cause de vagabondage. L'équité, dont acte, mais quels sont les critères de ce qui est dû ? Le libéralisme a du mal à répondre à cette légitime question. La réponse minimaliste, c'est au nom du droit à l'existence et en fonction des efforts et du mérite. Même HAYEK, conséquent jusqu'au bout, lui, avait bien vu que cela ne tenait pas la route. Car qui va apprécier le mérite ? Des fonctionnaires, des dames patronnesses charitables, des communautés, des associations d'entraide ? Tout le monde sans doute, ce qui reporte l'assistance sur l'impôt ou sur le bénévolat. Quant au marché, il ne connaît que le succès des meilleurs. D'ailleurs, la preuve qu'ils le sont, c'est qu'ils ont réussi sur des marchés très concurrentiels. Donc, en fait, dans le sillage de M. MINC, le sens du mot équité est en train de changer. Ce n'est plus ce qui est dû et justifiable par des critères légitimes de justice. C'est ce qui est octroyé aux défavorisés méritants sur la cassette des riches. Lesquels finiront par refuser de payer deux fois. Pour leur protection sociale privée et pour l'assistance publique dont ils ne profitent guère. D'autant plus que les coûts relatifs de l'assistance publique, à laquelle se réduit la justice, augmentent. En effet, elle récupère tout ce qui ne peut pas payer ou tout ce qui entraîne un trop grand risque ou une dépense trop élevée. Car l'assurance privée prend grand soin à éviter la « sélection adverse » (terme d'économiste) qui consiste à chasser les clients sans danger en séduisant les mauvais porteurs de gros risques. Du reste, les pouvoirs publics et les milieux financiers se partagent le travail. Les premiers, par exemple laissent construire dans des couloirs d'avalanche ou des zones inondables, car cela crée de l'emploi et des revenus fiscaux, et font payer les dommages des catastrophes par une taxe obligatoire sur tous les autres assurés (au passage, cette taxe n'est sans doute pas comptée dans les prélèvements obligatoires puisqu'elle accompagne une assurance privée). Les seconds empochent les cotisations avec d'autant plus de plaisir qu'elles sont souvent obligatoires. Le service offert finit par devenir exclusif pour les riches, ce qui viole la justice et entraîne la misère de ceux qui rencontrent un risque non couvert. Et, en outre, l'efficacité économique de la chose est loin d'être démontrée.

La justice est le secteur où les manipulations du libéralo-capitalisme sont les plus éhontées. Elles exploitent la crainte de l'avenir. Elles utilisent de grands principes irréels comme justifications, couvrant une réalité de plus en plus précaire et incertaine. Elles se fondent sur l'unique considération de la responsabilité individuelle vis-à-vis des attitudes de prise de risque face au danger. Elles transforment toutes les relations sociales en échanges financiers. Elles ne conçoivent la solidarité que comme interdépendance mécanique des intérêts au lieu de la penser comme souci éthique et comme obligation morale de la vie en société. Elles encouragent l'individualisme calculateur et rentier en le présentant comme une logique universelle. Là encore, c'est au nom d'un dogme simpliste, à contenu très limité, éradiquant le pluralisme au profit d'un discours mensonger à la fois parce que faux et parce que non pratiqué. Là encore, après la victoire définitive de cette approche modélisatrice et réductrice, on dira que le libéralisme ne fait que répondre à la demande. Car on aura entre-temps détruit toutes les autres possibilités de choix en substituant le contrat d'assurance à la justice solidaire. C'est bel et bien un totalitarisme sournois, diffus, sans chef d'orchestre avoué et repérable. Mais c'est un totalitarisme car sa mécanique est implacable et ne respecte aucune sphère de la vie sociale, un totalitarisme religieux car il table sur l'espérance d'un avenir meilleur qu'il propose comme scientifiquement démontré.

Ce qui peut être le plus malmené dans cette édifiante histoire du temps présent et des développements tendanciels de l'actualité libérale, c'est l'éthique. A propos du lien social dans la naissance de la modernité, j'ai déjà beaucoup parlé de l'éthique comme orientation profonde des relations aux autres et aux biens en ce bas monde. Je n'y reviendrai pas. Je rappellerai seulement que le libéralo-capitalisme accroît l'individualisme, le rationalisme égoïste et calculateur, la transformation des relations entre personnes en rapports entre les choses et en contrats. Le rapport entre les identités individuelles ou sociales y est marqué par exclusion soit au nom de la différence transformée en supériorité, quand ce n'est pas en inégalité de nature, soit au nom de la mêmeté déçue car l'autre ne vous ressemble pas assez et vous laisse à penser qu'il pourrait y avoir autre chose. Cela serait une évaluation négative implicite de votre personne ou de votre comportement. Cela est très dangereux et le rejet de la culpabilité sur l'autre est la solution la plus simple. Au fond, le totalitarisme marche plutôt dans le rejet du différent et inférieur alors que le libéralo-capitalisme fonctionne dans la séparation d'avec celui qui ne fait pas l'effort de vous ressembler assez, car, à l'évidence, c'est vous qui êtes dans la bonne voie et raisonnez correctement. L'autre devrait être identique à vous, sinon il est auto-responsable de sa propre exclusion. Les deux positions sont aussi naturalisées et simplettes l'une que l'autre, mais l'idéologie libérale est sans doute plus pernicieuse car elle rejette la séparation sur l'autre. Le totalitarisme, lui, ne prend pas de gants. Vous êtes excluables par nature, ou par culture, ce qui évidemment supprime toute responsabilité car vous n'y pouvez rien. Dans un cadre auto-prophétique de concurrence sauvage pour les emplois, le pouvoir, le prestige, l'influence, et de mérite purement mesuré à l'aune de la réussite (montrable dans les médias et par la consommation ostentatoire de l'avoir et du paraître), le dogme libéral actuel est l'éthique de la responsabilité individuelle. La responsabilité collective ou sociale est rejetée. La solidarité n'est qu'un penchant individuel, du reste à exclure du monde des affaires, qui ne fonctionne que dans le présent instantané et non dans la longue durée des relations mutuelles de confiance. En outre, l'éthique officielle, déjà signalée, nécessaire à l'implication des salariés s'oppose à celle utile au commerce. C'est pourquoi fleurissent les éthiques d'entreprise parfaitement stratégiques, alors même que le problème ne réside pas seulement dans l'éthique individuelle mais surtout dans la justice politique et sociale.

Cette responsabilisation amène perversement les exclus à feindre d'avoir choisi leur marginalisation. En effet, ils peuvent ainsi se conformer au modèle, puisqu'ils ont exercé leur responsabilité. Dans le mauvais sens, certes, mais pêché avoué est à moitié pardonné et surtout cela ne dérange pas l'autosatisfaction benoîte et confiante des autres. C'est de ce conformisme de la responsabilité dont le libéralo-capitalisme a besoin en répudiant toute critique du modèle, car cette critique saboterait les évidences non explorées du monde vécu libéral et nuirait aux bénéfices commodes de l'auto-responsabilisation. Cette dernière est transformable en contrats léonins, en assurances privées, en capitalisation individuelle, en consommation symbolique, en politique du signe de distinction. Elle permet aussi l'intériorisation passive et douceâtre des normes adaptées à la libre expansion de la production à destination d'une consommation illusoire. Prenez les Rmistes avec leur 2500 francs par mois pour un célibataire de plus de 25 ans. S'ils avaient envie d'une bien meilleure vie ne répondant pas aux normes de la consommation individuelle, il leur suffirait de louer une bâtisse en Creuse, Corrèze ou Lozère..., avec du terrain autour pour élever des poules et des lapins, pour cultiver des légumes, pour aller à la pêche ou à la chasse. Il leur suffirait de « mutualiser » les frais fixes et généraux. Un gros congélateur -et un seul- pour plusieurs personnes, une télévision, un combi Volkswagen pour amener les enfants à l'école... Ils pourraient aussi créer un système d'échange local de services et de prestations avec des voisins, par exemple échanger des fromages de chèvre contre des tissus artisanaux. Horreur. On sombrerait dans le collectivisme.

On perdrait sa chère liberté de zoner sans travail, voire sans domicile. On devrait négocier l'usage de la télévision ou de la machine à laver avec les co-occupants... Et pourtant, c'est ce qu'avaient fait les communautés aux alentours de 1968. Belle époque, car elle a contribué à débiter les valeurs de l'individualisme, de l'anarchie (au mauvais sens du terme), de l'hédonisme, du plaisir solitaire. Le capitalisme a alors su transformer une défaite apparemment idéologique en réussite commerciale et en normalisation des esprits. Reste l'expansion des sectes. Mais celle-là ne sont pas dangereuses pour le capital. Soit elles en partagent les valeurs, soit elles se replient en autarcie, soit elles propagent la sagesse individuelle. Les communautés ne sont que locales. Le capital et son modèle de culture normalisée sont partout en larges mailles d'un réseau international. Les trous sont suffisamment larges et nombreux pour pouvoir y loger toutes les communautés isolées qu'on voudra. Pendant ce temps là, les affaires continuent car l'internationalisme salarial a disparu et que l'internationale du marché mondial l'a remplacé. Les syndicalistes continuent de prôner la grève ou de pactiser avec le capital dans des accords négociés. Or, la grève dans laquelle on ne sait à qui s'adresser pour réclamer est inefficace. Or la négociation place le négociateur syndical dans la reconnaissance implicite, parfois avouée, des valeurs du capital, ce qui contribue à le faire durer. A la place, les syndicats pourraient développer des mutuelles et des coopératives dans tous les domaines. Ils pourraient aussi conseiller de retirer sa paye de la banque et de ne laisser à celle-là que la gestion des fonds correspondant aux prélèvements automatiques et périodiques. Ils pourraient organiser la grève de la consommation des biens durables pendant plusieurs mois, car, aujourd'hui, la seule stratégie efficace est de frapper le capital à la caisse par tous moyens et de casser le mythe du bonheur par la consommation individuelle.

Le dogme simpliste de la responsabilité individuelle comme norme généralisée, voire universalisée à l'échelle internationale, n'est qu'un aspect significatif de relents de totalitarisme. Car la vulgate élimine les autres attitudes possibles et se transporte dans tous les aspects, y compris spirituels, de la vie sociale. Mais c'est mou, « soft », sans leader officiel reconnu, diffus et généralisé. Il n'y a pas de meneur authentifiable ; il y a des relais de ce pouvoir insidieux d'intériorisation des normes adéquates à la diffusion du libéralo-capitalisme. Ce sont les experts et les médias qui approchent les problèmes par les conséquences superficielles et utilitaires des choses sans jamais questionner le pourquoi de ces dernières, sans jamais pourfendre les évidences, sans en apprécier les implications morales et sans en mesurer les conséquences perverses sur les choix de société et le monde vécu dans les relations sociales. Et on ne peut que déplorer que les socialistes n'aient pas vu le problème. Mais il ont sucé le lait du matérialisme scientifique et l'ont remplacé par le libéralisme scientifique ! Ce qui compte pour eux, c'est la lutte des places de politiciens, n'est-ce pas ? Il n'ont même pas enregistré que leur suivisme vis-à-vis des familles « recomposées » entraînait une modification dangereuse de l'identité. La famille, par exemple, donnait un nom (première identité) et une identification sociale. On n'aura plus que des identités individuelles. Ils n'ont pas observé que la justice reposait aussi sur des processus affectifs d'identification ; c'est en voyant ses 2 parents ensemble longtemps, dans la durée, que l'enfant acquiert les premiers sentiments de justice. Car si le couple dure comme institution et institué ici et maintenant, c'est que les deux parents échangent mutuellement équivalent contre équivalent et construisent des relations d'altérité égalitaires et respectueuses de chacun.

5) DROITS DE PROPRIETE ET SERVICES PUBLICS

Liberté, propriété, utilité, telle est la devise du libéralo-capitalisme actuel. Toute la tendance de l'époque est la substitution de l'assurance privée au système collectif et solidaire de protection sociale. Soulignons encore que la personnalisation des risques avance, ce qui renforce la « nécessité » d'assurances privées et individuelles passées par contrat. Lequel contrat d'assurance remplace les systèmes de solidarité morale mutuelle. Re-évoquons que l'on revient au XIXème siècle au nom de la modernisation, ce mot que l'on emploie trop pour faire taire les archaïques. Le retour consiste à substituer le patrimoine (et sa rente) aux solidarités politiques et morales pour se protéger contre les aléas de la vie. La chose est claire. Rappelons nous l'opposition de classes entre ceux qui avaient du bien et ceux qui n'avaient que leur force de travail et auxquels on interdisait de se coaliser et de s'associer pour se défendre contre la propriété. On y revient. Il n'y a qu'à analyser les statistiques du chômage et du sous-emploi ou du mésemploi en France en Mars 2000. Le gouvernement se gargarise de voir les chiffres du chômage bientôt descendre en dessous de 10 % de la population active, soit, 2.451.000 chômeurs officiels, au sens du Bureau International du Travail (BIT). Cela ne mesure pas du tout le sous-emploi, lequel pèse énormément sur les comptes sociaux. A ce nombre, il faudrait ajouter environ 1.300.000 chômeurs à temps partiel, souvent non choisi, et dont le nombre continue d'augmenter. Aujourd'hui près des 2/3 sont des femmes soit 40 % des femmes pour 20 % seulement des salariés... Le sous-emploi statistiquement collecté fait apparaître, toujours en Mars 2000, 440.000 chômeurs déguisés en préretraités. Nous comptons aussi 335.000 Contrats Emplois Solidarité, 70.000 chômeurs en formation de reconversion ou de qualification. Nous obtenons environ 900.000 contrats à durée déterminée (légère baisse - 1,5 % sur un an), 450.000 intérimaires (missions d'intérim à durée très variable, mais occupant ces personnes), soit + 8 % en un an. On peut s'interroger sur le statut des apprentis (276.000 + 7 % en un an). En plus des CES, nous avons dans les 80.000 contrats subventionnés (contrats de retour à l'emploi, contrats d'insertion économique). Nous avons les fameux emplois-jeunes (150.000 et 300.000 visés fin 2000). Nous saluons les efforts de l'ANPE pour radier les faux chômeurs (144.000 radiations en un an, soit plus 50 %). Nous n'avons pas de chiffres sur les personnes qui occupent un emploi inférieur à leur formation et à leur qualification. Nous avons du mal à chiffrer ceux (les femmes essentiellement), qui se sont retirées du marché du travail pour cause d'allocation parentale d'éducation (environ 300.000). Rappelons qu'il y a 1.120.000 Rmistes (chômeurs en fin de droits, hors jeunes de moins de 25 ans). Souvenons-nous que le gouvernement, qui avait montré des tendances favorables à la suppression du service militaire pour les garçons avant la mise en place définitive de l'armée de métier, se met à les rappeler. Cela fera momentanément 300.000 chômeurs de moins. En calculant le sous-emploi plutôt que le chômage, nous arriverons au bas mot à 2.200.000 chômeurs déguisés à ajouter aux chiffres officiels, soit environ 4.800.000 personnes. Sur les 25 millions de personnes pouvant être actives dans la population, nous aurions donc un taux réel de sous-emploi de près de 20 %. Mais considérons qu'il y a environ 5 millions de salariés qui bénéficient de la garantie de l'emploi. Les 4.800.000 sont alors à rapporter à 20 millions d'actifs du secteur concurrentiel et privé, soit 25 % de chômeurs ou de sous-employés. Mais ce qui est encore plus grave, c'est que même si, malgré tout, il y a décroissance légère de ce taux en 2000, ce qui augmente irrésistiblement ce sont les formes atypiques d'emploi : CDD, temps partiel, intérim, travailleurs d'entreprises « unipersonnelles ». Dans ces conditions, il faut estimer que l'on en revient bien à la précarité du XIXème siècle au nom de la modernité du patrimoine comme garantie contre les aléas. A condition d'avoir un bon patrimoine alors que le salaire médian (celui auquel est payée la moitié des salariés) en mars 2000 est de 8614 F pour un homme et de 6993 F pour une femme.

Les « droits » de la propriété sont revenus en force au nom de la flexibilité et de la responsabilité en régime libéral optimal ! Parallèlement, les services publics se trouvent laminés et privatisés. Le privé y voit des sources de profits car les installations ont été payées par les usagers ou les clients précédents. Prenons l'exemple connu de France Télécom, prétendu encore service public et firme d'Etat. Après l'époque du 22 à Asnières et profitant d'une nouvelle technologie, la France s'est dotée d'un réseau ultra moderne et efficace. Il a été financé par les factures des clients, de même que ceux d'EDF ont payé les emprunts à l'étranger qui ont permis de construire 55 tranches de production nucléaire. Mais l'Europe libérale est passée par là grâce aux différents gouvernements. Il a fallu ouvrir à la concurrence. De plus alors que ce n'était pas obligé par la commission européenne et ses directives, on a privatisé au moins le statut juridique et ouvert le capital. Aussi France Télécom est devenue une société anonyme de droit privé dont l'Etat détient encore 55 % des actions. Les 45 % restant ont été vendus à la bourse, du reste à un prix attrayant. Ont pu acheter ceux qui avaient assez de ressources, c'est-à-dire une minorité. l'Etat y a trouvé de quoi combler quelques trous dans le déficit budgétaire et à même touché une soulte (un solde de tout compte) pour faire tomber le régime de retraites de France Télécom dans le régime général (36 milliards de francs !). Ce capital de production avait déjà été payé par les anciens usagers. Quitte à se transformer en société anonyme, chaque usager aurait du recevoir des titres, pour éviter qu'une création collective faite par le plus grand nombre ne soit vendue qu'à quelques uns. Cela aurait été juste. Il faudrait considérer aussi qu'un réseau technique a cette particularité d'avoir des rendements croissants par augmentation du flux de passage à infrastructure identique, ce qui diminue les coûts de revient unitaire. Une autre particularité, d'un réseau, c'est que l'usager ne le détruit pas en l'utilisant, à la différence des biens ordinaires dont une seule personne a l'usage ou la consommation. Ces deux particularités, qui signifient utilisation sans rivalité et sans exclusivité, associées à une charge considérable d'investissement (qu'aucun intérêt privé n'a pu financer comme dans le cas du réseau ferroviaire ou du réseau électrique et de ses moyens de production) seraient déjà suffisantes pour que la collectivité garde la propriété publique du réseau. Du reste, on ne va pas s'amuser à construire un autre réseau ; ce serait trop coûteux. Alors nos élites ont trouvé une astuce pour obliger le propriétaire du réseau à faire passer d'autres opérateurs sur ses moyens. C'est le fameux ATR (accès du tiers du réseau) avec droit de passage. Une autre raison de garder la propriété publique est que ce sont les générations présentes et antérieures qui ont payé le réseau et qu'il sera transmis aux générations futures. Enfin pour une fois qu'une propriété collective finirait par coûter moins cher aux utilisateurs pour cause de rendements croissants (à distinguer des économies d'échelle qui sont liées à des effets de taille et de standardisation, à des foisonnements de frais généraux et fixes), pourquoi ne pas en laisser le bénéfice au contribuable et aux clients. La concurrence y forcerait, répondent les libéraux. C'est effectivement ce qui ne s'est pas passé en Grande Bretagne lors des privatisations ! Du reste, la propriété n'implique pas que la gestion ne puisse être confiée à des organismes privés munis de cahier des charges et contrôlés. Mais qu'est-ce qu'un service public ? La notion est inconnue dans les pays utilitaristes où on ne parle que de publics utilities, c'est-à-dire de moyens d'augmentation du bonheur collectif mis à disposition d'organes publics si c'est la solution la plus avantageuse. Tout dépend de la nature des avantages considérés. Il est facile de ne pas prendre en compte les effets induits : aménagement du territoire et égalisation sociale, par exemple. Tout dépend de comment on calcule l'avantage. Il est par exemple aisé de ne pas tenir compte des externalités négatives (nuisances, dégâts à l'environnement). Ainsi les autorités déclarent un aéroport comme étant international. Alors, il y a des avions 24 h/24. Tant pis pour les riverains. On peut oublier les externalités positives par exemple les infrastructures routières, la police, l'éducation, la protection sociale... Il est alors simple de démontrer que la solution privée est plus avantageuse. Mais seulement sur le plan financier, tout le reste n'étant pas compté de même que la mise à disposition gratuite de la nature. Du reste, on ne peut pas calculer l'utilité marginale d'un service public, tout simplement parce que chaque utilisateur ne consomme pas l'usage qu'il en fait. Il en reste autant pour tous les autres consommateurs. Le nombre d'utilisateurs est trop variable pour en tirer des coûts unitaires. En outre le service public est un bloc, qui existe ou non, et dont l'utilité ne dépend pas du nombre d'utilisateurs. En France, le service public est vu comme une délégation de pouvoir de la puissance souveraine qui est au service direct de la communauté tout entière, pérenne et instituée dans l'espace collectif et non comme une résultante d'acteurs sociaux. Le service public est le bras armé de l'Etat dans certaines spécialisations (EDF, Poste, Education nationale, hôpital public...) Il détient son pouvoir, non d'une somme d'utilités mais de sa participation à l'intérêt général posé d'emblée comme communautaire, car c'est la communauté qui fait les individus et non la collection d'individus qui forme une communauté. Les deux solutions (public utility et service public) sont extrêmes. On verra en conclusion qu'il y en a au moins une troisième. Mais pour savoir ce qui relèverait au premier chef de la défense du système sociétal tout ensemble dans une doctrine française plus nuancée que le service de l'Etat, il suffit de se poser quelques questions et de déterminer avec elles le caractère public ou privé de la propriété des moyens de bien commun. Quelles questions ? Nous les aborderons par les réponses qu'on peut leur donner. Quelles sont-elles ? Il faut que le bien ou le service soit collectif par nature en ce sens que, si son usage est privé, le moyen de le rendre est commun ; c'est le cas des activités de réseau, dont l'usage est privé. Il faut que l'utilisation du moyen ne soit pas détériorée par les usages privés, de façon qu'il en reste toujours pour les autres. C'est toujours le cas des réseaux pour une structure suffisante de ces derniers. Dans tous les cas l'usage du bien ne le consomme pas, à la différence du pain ou de la voiture ou de la brosse à dent, dont l'usage en prive les autres et les met en situation de rivalité et d'exclusivité. Cependant, il peut y avoir des biens privés qui ont aussi un usage collectif, comme les roses et les fleurs de mon jardin. Mais dans ce cas, la façon de rendre le service n'est évidemment pas collective. Il faut que le bien ou le service soit indispensable à la vie bonne dans une culture donnée (fixant la nature des besoins sociaux en fonction de l'état de la technologie et des ressources). C'est le cas de la nourriture, mais elle est fongible et disparaît par consommation. Cela dépend du niveau atteint par la technologie et de l'état des besoins sociaux dans l'histoire et dans l'espace. Il faut que le bien ou le service soit indispensable, certes, mais aussi non substituable. Problème difficile car cela dépend du niveau auquel on le pose et du degré de saucissonnage (sport auquel se livrent les socialo-libéraux). Exemple : l'électricité, non substituable dans son usage non thermique, mais substituable dans ses modes de production. De même, dans les transports. Ce qui est non substituable c'est l'énergie ou les communications ou les transports. Ainsi le gaz est substituable, mais pas l'énergie. Il faut que la mise à disposition se situe dans le très long terme de la pérennité de la collectivité : sécurité d'approvisionnement et de fourniture dans la longue durée. Cela suppose que le mode de production n'est pas léger et immédiat de réalisation. Il faut donc prévoir longtemps à l'avance. Exemple : l'eau, c'est non substituable, indispensable ; c'est lourd d'investissements peu déplaçables, à assurer en permanence dans la longue durée. L'énergie aussi. Les Télécoms aussi, les transport itou, l'éducation bien sûr... Cela dépend donc de la nature des missions. Beaucoup de missions sont possibles. Il y a la défense de l'environnement, la maîtrise des ressources rares nécessaires à l'indépendance de la collectivité, l'aménagement du territoire, la solidarité entre les membres de la collectivité, la fixation des règles du jeu social et des frontières entre l'économique, le politique et le civil, une justice neutre et accessible à tous sans frais, l'égalité des chances dans la formation, une police citoyenne et impartiale...Il y a la fourniture aux entreprises d'infrastructures comme facteurs de succès dans la compétition internationale. Ce que, précisément, les entreprises critiquent car elles ne comptent que les faibles coûts qu'elles en supportent et car elles refusent de considérer les avantages immenses, tant qualitatifs que matériels, qu'elles y puisent. Pour la solidarité entre les membres de la communauté, l'Europe libéralo-socialiste a inventé la notion de service universel, c'est-à-dire d'une fourniture minimale à un prix raisonnable, suivant des règles fixées aux opérateurs privés par la puissance politique. C'est déjà envisager un traitement différentiel et stigmatisant pour les assujettis au service universel. Mais, aussi, tout dépend du prix. Or, les ex services publics, voire ceux qui existent encore comme EDF, ont adopté une logique privée de rentabilité financière dans la concurrence internationale. Les prix baissent pour les gros consommateurs, de plus en plus facturés au coût marginal (ce qui marche quand les rendements sont croissants car cela permet d'améliorer malgré tout la marge...). Et on laisse les coûts d'entretien et de rénovation du réseau à la charge des petits clients « captifs », ce qui fait que le prix relatif pour eux se détériore. L'exemple de France Télécom avec ses 15 milliards de bénéfices est tout à fait éloquent. On y augmente les tarifs d'abonnement ; on y maintient le prix des communications locales ; on y facture une location d'un téléphone antédiluvien ad vitam aeternam à 20 F tous les deux mois (on en a un pour 150 F dans les hypermarchés...). Alors les libéraux ont inventé l'ATR même pour les petits clients qui ainsi seraient libres de choisir leur fournisseur. Gageons que cela ne revient qu'à partager la rente d'un réseau déjà amorti entre plus d'opérateurs. Tout cela se montre sans même parler de la qualité de service et de la façon de le rendre pour les petits clients. Il faut donc que se posent des problèmes de choix de société, tant sur les buts que sur les moyens, notamment en ce qui concerne le degrés de solidarité à assurer. Donc, il y a nécessité de débat public civil, civique, démocratique. Le choix entre baguette ou bâtard ou miche est indifférent à la collectivité. Il faut que se pose le problème du choix commun et de la mise en débat notamment dans la préservation de la qualité de vie et de la nature. Bref, tout dépend de choix de société constituant des missions de service public sur des critères précis et en fonction des évolutions des techniques et des besoins. Il n'y a pas de périmètre perpétuel et universel... tout dépend de le nature du lien social et de la discussion à mener suivant des modalités où les besoins des différents acteurs peuvent être exprimés et défendus. Peuvent être aussi de service public, tous les équipements et toutes les organisations qui mobilisent une force collective par construction à condition que, s'il l'on est encore en régime capitaliste, cela fournisse la réponse aux missions publiques fixées par la collectivité à partir de la société civile.

Cela a très bien montré avec la métaphore de l'érection à Paris de l'obélisque de Louxor. 200 grenadiers l'on fait en une heure avec force poulies, palans, machines, travail, coordination et coopération. Supposons maintenant un entrepreneur privé employant 200 ouvriers et contremaîtres pendant une heure. Ca coûterait tant. Supposons alors un ouvrier pendant 200 heures. Notre capitaliste débourserait la même somme et pourtant l'obélisque serait resté par terre. C'est que le capitaliste, avec les 200 salariés, les machines, la division du travail corollaire de l'interdépendance coordonnée des activités, dérive à son profit la force sociale et collective qui en résulte. Cette force est commune, collective. Elle ne saurait être totalement appropriée par un propriétaire privé. Même si le capitaliste paye les salaires, en réalité il ne paye pas la force collective (ce qui explique au passage que les salaires ne peuvent pas racheter la valeur produite en plus par la force collective, si la plus-value qui en résulte est enlevée aux salaires au seul profit du capitaliste). Sont du service public encore toutes les activités pour lesquelles il y a une utilité collective alors que personne n'a intérêt à le faire tout seul, mais ce qui suppose confiance et coopération ou charge inéluctable difficilement amortissable sur quelques uns. Même les vieux libéraux ont proposé des exemples de ce type :

- soit un marais à assécher dans l'intérêt des propriétaires terriens. Cela suppose accord et confiance. Or, chacun a peur que l'autre ne tienne pas ses engagements et fasse cavalier seul. Donc l'ouvrage d'intérêt collectif n'est pas réalisé à cause du risque moral bien connu par des économistes modernes.

- Soit des chasseurs organisés pour chasser un cerf. L'un des chasseurs abandonne son poste préférant tirer un lapin sûr que d'avoir une part d'un cerf hypothétique. La chasse échoue.

- Soit un phare d'utilité publique pour les bateaux. Aucun armateur ne le paiera car l'usage commun ne le détruira pas s'il était gratuit. Si on fait payer, par exemple à un concessionnaire, ce qui est la thèse libertarienne, de nombreux usagers passeront au large ; le prix d'usage individuel augmentera car l'investissement est fixe et donc plus personne ne voudra payer l'utilisation du phare, ce qui rendra son coût prohibitif. Du reste, les libéraux en tirent avantage pour prouver que la gestion publique est mauvaise. C'est l'évidence même, auto-réalisatrice, quand on mutualise les charges et qu'on privatise les utilités.

Le service public s'impose quand il y a des externalités négatives notamment pour les générations futures et l'équilibre écologique de notre terre commune. Nous n'avons qu'une terre et qu'une nature. Le privé s'en moque. Il faut donc a minima des contraintes publiques pour protéger l'environnement dans la responsabilité envers la suite des générations. Cette continuité des générations et cette caractéristique globale et commune de la nature confirment la nécessité de la prise en charge de la très longue durée, ce que n'assure pas le privé. Car les choix individuels sont cadrés, orientés par les structures collectives et par les institutions (y compris le marché qui est une institution avant de fonctionner de façon spontanée). Exemple, la concurrence rail-route. L'usager du rail paye les infrastructures dans le prix du billet. Le routier ne paye pas la route(pas assez...) et a du carburant dégrevé. Du coup le prix est plus élevé pour le rail, ce qui pousse à consommer de la route, malgré les péages, dès qu'on est plusieurs à circuler. On peut inférer la logique sociétaire à l'œuvre, individualiste ou solidariste, à partir des structures collectives et de leur rationalité de fonctionnement. Mais les libéraux ont trouvé la parade à ce dernier problème. Il s'agit de la mirifique théorie des droits de propriété. En tant que propriétaire légitime, vous gérez vos affaires mieux que quiconque et vous devez jouir en paix de votre bien. Supposez qu'une usine polluante à proximité nuise à vos droits de propriété. Bien, le pollueur devra vous indemniser à hauteur des dégâts causés à votre propriété et à votre quiétude. En somme, un propriétaire n'a pas le droit d'en léser un autre sans dommages et intérêts. Le simplisme de cette position est effarant. Comment indemniser les dommages qualitatifs et le praetium doloris ? Comment savoir s'il n'y a pas de nuisances cachées et pour longtemps ? Pourquoi n'indemniser que les propriétaires, sauf à créer un droit de propriété sur la qualité de vie ? Comment indemniser les générations futures quand l'usine aura disparu ? Pourquoi n'indemniser que les voisins proches. L'Ukraine a-t-elle dédommagé la France qui, du reste, n'avait pas été atteinte par le nuage radioactif de Tchernobyl ? Il faudra donc bien socialiser la répartition des dégâts. Mais alors ce sera un impôt, camouflé en taxe obligatoire d'assurance contre les catastrophes causées par des intérêts privés ! En fait, on n'indemnise que les propriétaires actuels, car ils vont défendre leur propriété personnelle, mieux que toute mutuelle ou coopérative où la responsabilité se dégraderait. C'est cela, la théorie des droits de propriété : le propriétaire privé défend mieux son bien !

L'imagination libéralo-capitaliste est sans bornes. Elle a aussi inventé les droits à polluer. Ceux-là consistent à doter tous les pays d'un quota de pollution à ne pas dépasser. Au plan international, ceux qui dépassent leur quantum peuvent acheter à ceux qui sont en dessous de leurs droits à polluer, l'équilibre mondial n'étant pas ainsi perturbé. Ou bien on peut installer une usine polluante dans un pays moins pollué. Ce fructueux et curieux négoce, qui se préoccupe fort peu des populations locales, appelle les mêmes critiques que la théorie des droits de propriété. En fait, tout cela vient d'économistes néoclassiques qui sont obligés d'ajouter des paramètres quantitatifs à leur modèle. Mais, ce qui est plaisant, ils ont oublié l'effet papillon : un battement d'ailes, ici, peut provoquer une catastrophe à des milliers de kilomètres. Rien ne se perd, rien ne se crée, tout s'utilise dans la bonne logique marchande du libéralo-capitaliste totalitaire. Là, on n'est plus dans la pensée unique seulement. On modifie le dogme pour l'améliorer. C'est pourquoi ce totalitarisme économique avait besoin de l'AMI (accord multilatéral sur l'investissement). Toute avancée vers le retour du service public devait être proscrite car elle pouvait faire baisser la rentabilité des installations privées. Toute lutte contre la pollution, sauf à échanger internationalement des droits à polluer ou à racheter des droits à nuire, diminue aussi la rentabilité des investissements privés. In fine nous sommes face à des dogmes s'insinuant partout et qui se renforçant mutuellement ont empêché la découverte d'une authentique troisième voie, à savoir le solidarisme. Ce dernier traiterait le service public maintenu sur la base de la justice et de la socialisation à partir d'un débat de société ouvert, pluraliste, civil pour commencer. Entre temps, les tenants du droit à polluer n'ont pas vu que cela ne luttait pas contre les causes des nuisances et retardait l'apparition des solutions; cela ne fait que ventiler autrement les droits acquis à polluer. Or la pollution ne peut qu'augmenter parce que la logique du libéralo-capitalisme y conduit en situation de concurrence intra-zone sur les mêmes produits et de demande solvable stagnante. En effet, à cause des rendements croissants permettant d'amortir au delà des coûts fixes (d'autant plus fixes que ce sont des investissements immatériels) à partir du moment où on a atteint le point mort (celui ou la vente couvre les frais fixes), chaque entreprise essaie d'augmenter ses parts de marché en vendant plus à moindre prix. Cela attire une clientèle insolvable jusqu'alors et permet de prendre des parts de marché aux concurrents. Donc, déjà en situation de surproduction, on est conduit à vendre davantage pour rattraper la perte de marge unitaire par l'accroissement du volume vendu. Parallèlement, l'entreprise essaie aussi d'absorber des concurrents (c'est plus facile quand on rachète avec la monnaie fictive de ses propres plus-values sur titres) à la fois pour détenir leur parts de marché et pour faire fusionner les moyens au nom des économies d'échelle. Et dans cette logique sans fin d'accumulation et de concentration on oublie la loi thermodynamique de l'entropie, que la pollution aggrave. Et vive le chaos auto-organisateur en négligeant que le résultat est incertain !Et vive l'équilibre en occultant les effets induits de la pollution ici produisant une catastrophe là-bas !Car le libéralisme ne retient de la science moderne que ce qui le légitime et continue, en secret, de rester dans la mécanique déterministe au détriment de la thermodynamique inquiétante et opposante. La terre, comme niveau d'organisation se trouve purement et simplement gommée. Pourtant Prigogine a montré que le dernier niveau d'organisation des choses ne dépendait pas que du mouvement anarchique des éléments individuels de base. Et le libéralisme continue de fonctionner dans la réduction du système social aux atomes individuels comme seul niveau d'organisation. Nous sommes loin du solidarisme, dont je donne ici quelques caractéristiques fondamentales, détaillées avant le tableau comparatif qui va suivre :

Au plan des relations humaines et sociales, il y a la reconnaissance de l'égale dignité de toute personne dans la différence. C'est aussi fondé sur une intersubjectivité à la fois socialisée et individualisée, car constitutive du rapport à l'autre et à soi chez tout un chacun, pratiquée dans toutes situations de communication dans la réciprocité des échanges.

Au plan politique, le bien commun et les conditions de la bonne vie individuelle y sont débattus par tous les acteurs, d'abord dans la sphère civile des relations socio-économiques pour la préparation des décisions collectives et, ensuite dans le domaine politique-civique pour la prise desdites décisions. Cela suppose un espace public à deux moments, régi par une démocratie des intérêts. Mais, pour ne pas sombrer dans l'utilitarisme, la structure représentative est soumise à un ordre constitutionnel premier et substantiel. Ce qui signifie que la constitution contient à la fois les règles procédurales de l'organisation de l'expression équilibrée de tous les acteurs et d'une réelle participation politique, les principes fondamentaux de l'intérêt général et les conditions concrètes de la liberté-capacité positive de chacun. Ces principes mettent en premier les valeurs de liberté, dignité, égalité, solidarité, pluralité, transformables en normes pratiques des conditions effectives des capacités individuelles et collectives. La laïcité y est aussi un principe fondateur, mais moins réducteur que dans la République à la française. En effet, les groupements y sont reconnus politiquement, à condition qu'ils soient organisés collectivement, dans la sphère civile au titre de la participation aux débats préparatoires à la prise de décision. Le suffrage continue d'être individuel, mais les groupements civils élisent leurs candidats aux fonctions politiques et le suffrage politico-civique désigne les élus in fine. De cette façon les différentes forces de la société civile peuvent être représentées et, à tout le moins, s'exprimer dans les débats. Ainsi, les communautés ne sont pas que juxtaposées et elles ne peuvent pas déroger à la laïcité, car leurs valeurs sont cantonnées à la discussion civile et à leurs représentants, si elles en obtiennent, dans la sphère civique. En fait, il s'agit d'organiser juridiquement le pluralisme dans la tolérance mutuelle grâce à des règles du jeu respectées par les individus et les groupes.

Au plan juridique, les droits de l'homme sont organiquement insérés dans la constitution nationale, de même que les droits des communautés. Cela se fait dans un esprit universaliste, qui fera militer au plan international pour un ordre juridique mondial fondés sur le primat existentiel et juridique des communautés au premier chef, avant les seuls droits individuels.

La comparaison des trois solutions donnerait ce tableau :

SPHERES	**LIBERALISME**	**COLLECTIVISME**	**SOLIDARISME**
CIVILE	Somme d'individus, d'intérêts, solidarisation ex post, holographie, liberté individualiste individu>société	Communauté de valeur solidarité mécanique totalitarisme égalitaire société>individus	Intersubjectivité de raison solidarité voulue, concorde, justice individu-société
POLITIQUE	Gouvernement Démocratie formelle Intérêt commun émergent Consensus constaté	Etat unitaire centralisé Intérêt général a priori, consensus passif	Système politique en mains communes, fédéralisme politico-économique Débat procédural et Pluralisme, consensus actif
ECONOMIQUE	UTILITE Logique marchande concurrentielle RENTABILITE (recherchée) service universel ASSURANCE	SECURITE Logique politique PRODUCTIVITE (postulée) ASSISTANCE monopoles publics	PERFORMANCE GLOBALE Analyse multicritériale des problèmes PLURALISME DES LOGIQUES Mutualité Service public socialisé

Si la république solidariste combine des droits-liberté, des droits-participation politique, des droits-créance sociaux, elle le fait dans une logique de solidarité. Le but, c'est la bonne vie en commun et la meilleure vie, le meilleur bien-être possible en privé. C'est dire que le choix de ce qui appartient au service public dépend de ces options fondamentales, comme bonne vie commune sans exclusion et comme justice de répartition des biens et services entre citoyens, justice solidariste dans le sens déjà donné à solidarité projetée et voulue.

La solidarité ne résulte pas d'un calcul d'intérêts convergents. C'est un principe moral et politique posé a priori et pour l'institution pérenne de la communauté. Dans le service public solidarisé et socialisé, l'intérêt général est celui de la communauté. Il ne se présume pas. Il se discute ; il émerge à partir des acteurs décentralisés de la société civile. Il est une résultante d'intérêts communs guidés par le principe solidariste et dégagés par émergence à partir des communautés en allant de la base au sommet, de la circonférence au centre. La puissance publique n'est pas l'institutrice de l'intérêt général, mais la rédactrice, l'animatrice. Donc l'intérêt général est relatif, momentané, procédural, soumis à débat. Donc la construction de services publics est affaire de circonstances, d'occasions, de problèmes, mais relatifs à la survie des communautés. Le besoin est d'emblée collectif contrairement aux « publics utilities » où le besoin ne résulte que de la « mutualisation» des similitudes individuelles. Mais le besoin n'est pas étatisé au profit de la puissance publique monopolisé et communautariste. Il est l'affaire de tous dans la mise en débat généralisée entre acteurs de la société civile :

Pour assurer le service public, utilisant des moyens communs et socialisés, par construction (cas par excellence des réseaux : rail, route, électricité-transport, téléphone...), le solidarisme s'impose :

à cause du caractère directement social des besoins auxquels on répond,

à cause des économies d'échelle et des rendements croissants, de la coopération collective et de la suite des générations et de l'impossibilité de saucissonner les utilités rendues par type et volume d'utilisateurs, car un pont existe ou n'existe pas, à cause de la lourdeur et de la pérennité des investissements et des coûts de recherche-développement, dans la prise en charge du long terme adéquat à la pérennité de la communauté,

à cause des obligations de service public, la concurrence méprisant l'égalité de traitement, les externalités, le non solvable, l'aide internationale, le territoire, le long terme, l'écologie. La concurrence réserve aux seuls clients solvables l'exclusivité du service et néglige toute justice dans sa répartition entre tous ceux qui en ont besoin,

à cause des risques de corruption et dumping et de délocalisation. Cela n'empêche pas de confier la gestion à des entreprises privées. Mais il y a des règles du jeu issues des choix de société opérés dans le débat public et une propriété collective et socialisée des moyens de production. Alors, peut-être handicaperons-nous le tout libéralisme, son totalitarisme envahissant et dogmatique et la prime donnée à la rente, au patrimoine et à leurs idéologues défenseurs.

En conclusion générale de cette description et explication du néo-libéralisme, enfonçons le clou sur ce qui lui donne une forme totalitaire. Le totalitarisme était caractérisé par une psychologie de masse, c'est-à-dire d'individus atomisés formant une foule indifférenciée, soumise à la propagande organisée, et apeurée par les « organes » du parti totalitaire. Le néolibéralisme aujourd'hui relève bien d'une psychologie de masse. En premier lieu, tous les individus ont une identité, mêmeté commune, qui fait qu'ils ont les mêmes penchants, désirs, aspirations profondes. Profondes, car les apparences sont diversifiées, mais elles jouent à la marge de l'utile et fictive différenciation nécessaire à la création d'une offre de faux besoins. Les individus sont réduits aux mêmes facultés de l'espèce humaine. Et ces facultés ne sont pas très plaisantes. L'égoïsme en est la matière première mâtinée de sympathie par imitation grégaire. Sur le plan cognitif, il n'y aurait plus, si la tendance propagée par le libéralo-capitalisme financier réussissait, qu'un seul arrière plan, un seul monde conçu de signification, de repères sociaux, de principe de légitimation et de critères d'évaluation des conduites humaines et sociales. Cet arrière-plan de sens commun regroupe une éthique individualiste, hédoniste, matérialiste et de relativisme absolu, sans distance critique. Ce monde vécu est entièrement polarisé par la propriété, le patrimoine, la rente, l'argent. Les critères d'évaluation sont réduits aux conséquences calculables et prévisibles de l'action, de la démarche intellectuelle de quantification monétarisée des utilités, des intérêts et même des passions. Ces critères ont remplacé toutes les valeurs propres aux autres sphères sociales pour sombrer dans l'équivalent général qu'est l'argent, dans la consommation ostentatoire, dans l'avoir et le paraître au détriment de l'être moral et de la justice. Sur le plan normatif, toutes les valeurs signifiantes et procurant, comme leur nom l'indique, les repères et critères d'évaluation des pratiques sociales, ont été soit reléguées, soit relativisées. Comme toutes les autres valeurs (conception des fins, obligations morales, mode de relation aux autres, appréciation du bon et du bien commun...) ont été dévalorisées par leur mise en relativité et égalité (dans la relativité) absolues, il n'y a plus qu'une valeur universelle. C'est la maximalisation des performances purement économiques. Parallèlement la loi s'étiole et le contrat momentané, libéral, local et le plus souvent léonin devient la référence. Et, comme il se doit, tout contrat est quantifié, comme l'avait si bien chanté Boris VIAN avec le partage de l'atomixer et du frigidaire... Les seuls universels acceptés, dans le libéralisme capitaliste, sont la concurrence, le marché, l'argent, la consommation. Comme ni l'arrière-plan cognitif (une seul méthode d'appréciation, le calcul utilitaire, pragmatique et valorisé), ni le monde vécu normatif (supériorité des rapports aux choses et à l'argent au détriment des relations entre êtres), ne sont questionnés et finissent par faire partie des évidences données par les « lois nécessaires », la légitimation en dernière instance demeure la création de l'ordre dans l'humanité à partir du chaos, de la complexité et de l'incertitude. Alors, la psychologie collective revêt une signification supplémentaire. Elle devient, redevient, fataliste providentielle. Même pour les plus doués dans la compétition sociale de l'adaptation des meilleurs, la providence des lois nécessaires du capital est là. Il leur suffit de mieux saisir les occasions profitables que les inadaptés. A l'évidence, la psychologie de masse ainsi constituée contribue à créer et renforcer un climat favorable à des habitudes, valeurs et conceptions adéquates aux besoins et aux intérêts de la perpétuation de ce modèle. Car les partisans du modèle néo-libéral justifient l'état des choses en partant de la demande aliénée des populations. Propagé par les médias et les experts, la conception ordinaire du monde vécu du libéralo-capitalisme ambiant relève de la foi, de la croyance en la véracité des dogmes. Cependant, au contraire du totalitarisme, cette psychologie de masse du libéralisme est beaucoup plus sournoise, insidieuse, enveloppante. Son contenu est beaucoup plus intériorisé comme allant de soi. La propagande peut ainsi se donner l'apparence de l'ouverture, de l'écoute, du dialogue et même de la participation. La nature moins brutale et, somme toute plus aliénante car moins apparente, de la socialisation générale et de l'appropriation individuelle, du dogme provient de ce qu'il y a moins d'écart entre le projet, qui la respecte superficiellement, et la tradition morale judéo-chrétienne. Le totalitarisme avait crée une distance peu rassurante entre cette tradition, dont il utilisait l'individualisme et la tendance à la soumission aux autorités ou à la coutume, et son idéologie du surhomme, de la race ou de la culture. Le néolibéralisme est plus fondu dans la foule et dans les évidences et il ne se donne pas, officiellement, pour fin une domination du monde, un impérialisme d'universalité. Il est beaucoup plus souple et tolérant vis-à-vis des cultures locales et des communautés. Et cela tout simplement parce qu'il profite de la variété de ces dernières. Il s'en sert pour diversifier superficiellement les produits et services, ce qui pousse à la consommation, ou la facilite, et il a intérêt à la division, voire au relativisme. Car, ainsi, les chances de coalition contre lui sont radicalement amenuisées. La demande d'imperium général et universel du néolibéralisme ne se donne pas directement à voir. Elle n'est pas un projet affiché, difficile à légitimer. Elle ne va se manifester que dans ses œuvres, que les autres acteurs, isolés et atomisés, ont du mal à identifier et synthétiser. Ce n'est pas un totalitarisme avoué et, surtout, facilement identifiable, car même Staline ne se présentait pas comme totalitaire. C'est un totalitarisme de fait qui fonctionne à la servitude volontaire par intériorisation du seul modèle réel dans le monde actuel. La psychologie de masse totalitaire avait des concurrents. Le néolibéralisme commence à peine à en retrouver. Mais c'est pourquoi aussi le totalitarisme capitaliste actuel est d'autant plus dangereux. Car il s'enracine dans la tradition culturelle et la détourne à son profit. Ce qui facilite les processus d'aliénation. Le totalitarisme ancien, lui, procédait du cosmos quand il était despotisme oriental ou d'un projet de changement radical quand il fût fondé sur la création d'un « ordre nouveau ». Le totalitarisme ancien exploitait – et cela était facilité par la crise – les aspirations au changement et la tradition révolutionnaire des socialistes du XIXème siècle. Le totalitarisme des modernes, lui, utilise une stratégie évolutionniste, en douceur. La « modernisation », en tant que processus plus lent et plus partagé, y remplace la révolution avec ses meneurs. Mais c'est que le libéralo-capitalisme n'a pas de meneur officiel et personnalisé. Il compte sur l'anonymat, l'indifférenciation, le fonctionnement automatique du marché et du WEB. Le totalitarisme pouvait forcer les gens à faire semblant d'obéir. Le néolibéralisme dispose des persuasions cachées et de leurs diffuseurs de tout poil. Le néolibéralisme nage comme un poisson dans l'eau, parce que c'est lui qui crée l'océan des évidences. Il n'est pas extérieur et supérieur à la société. Il est dedans comme le ver essaie de dévorer toute la pomme. Le néolibéralisme est un moteur insinué partout qui produit de l'uniformité en utilisant la diversité comme carburant. C'est pourquoi, il sera finalement vaincu, car la psychologie (individuelle) ne peut souffrir l'ennui de l'uniformité et parce que son résultat d'uniformisation va épuiser son essence, la variété. Alors, s'il réussissait, l'entropie serait à son maximum. Il n'y aurait plus de chaos à exploiter. Il n'y aurait plus que le monde inerte de la mort.

Le totalitarisme fasciste ou communiste était communautariste. Il reposait sur la différence, érigée en supériorité, de la communauté nationale. Il y associait une morale de l'homme nouveau qui piétinait, de la même façon que les philosophes du surhomme, la morale traditionnelle de respect des hiérarchies et d'obéissance. Mais cette morale officielle au service des ambitions des leaders, transformées en destinée de la nation, était pratiquée dans l'opportunisme le plus radical. Il suffisait de profiter de toutes les occasions d'affaiblissement des adversaires afin de s'emparer de la totalité du pouvoir. Ce dernier ensuite pouvait s'insérer partout pour éliminer les opposants et diriger toutes les sphères de la société. La morale de l'homme supérieur, de la race supérieure, de la classe déterminante, qui n'était qu'un principe général de légitimation, autorisait toutes les actions contre les déviants et les opposants et la chose était réalisée par les molosses du système au nom de la police d'Etat et de l'ordre public. La bureaucratie calculatrice et perverse régnait jusque dans les camps de la mort. Les moyens étaient substitués aux fins, car la finalité suprême dominait toutes les pratiques au nom de la communauté. Celle-là avait son leader naturel qui figurait ses vœux et son destin. La morale communautaire se réduisait à un seul slogan : la fin justifie les moyens. Ce que nous avons décrit du néolibéralisme est analogue. Il n'y a plus qu'une seule fin officielle : maximaliser le bonheur collectif matériel du plus grand nombre. Comme quoi ce n'est pas tout à fait égoïste même si ce but marche par prétérition, car le résultat n'est qu'annoncé. Il n'est pas forcément réalisé. De ce point de vue par rapport aux religions révélées, les totalitarismes ancien et moderne, commettent la même erreur. Ils promettent le bonheur ici bas, alors que les religions le promettent dans l'au-delà, ce qui n'est pas constatable. Hitler a duré 12 ans, Staline et le communisme 72 ans, la religion catholique 2000 ans, la religion musulmane 1400 ans... Cela est dû à la différence entre les espérances et les observations. Le libéralisme capitaliste, lui n'a que 200 ans en tant que modèle suprême. Et il manque à ses promesses. Mieux, il introduit aujourd'hui des régressions au nom de la modernisation. Il le fait au coup par coup, empiriquement, par opportunisme consistant à saisir les occasions de la complexité et du chaos. Les politiciens sont de la partie car il ne pourraient former un corps professionnalisé globalement auto-reconduit en régime de dictature ou en régime de démocratie authentique (voir mon livre sur la juste démocratie, l'Harmattan 1995). Les médias sont eux-mêmes en situation de naviguer le nez au vent, car ils sont coincés entre les propriétaires et leur capital, les capitaines d'industries mondialisées, et les politiciens. L'opportunisme sans principes et sans convictions est devenu la règle pour tous. Il y a cependant une différence. Dans le totalitarisme ancien, l'opportunisme individuel procédait d'une légitimation ex ante donnée par la finalité communautaire-nationaliste. Dans l'opportunisme moderne, chacun, alors qu'il n'y a plus de fins collectives absolues et de repères fermes et communs, essaie de tirer son épingle du jeu. Car c'est le système qui commande les situations et non plus une personne dénommée et sa garde rapprochée. Le totalitarisme ancien stipendiait directement. Dans le totalitarisme nouveau chacun se vend sans grande incitation normative autre que des affinités électives. Le totalitarisme ancien procédait de l'identification au chef. Le nouveau fonctionne en réseau diffus, confus, impersonnel sauf pour les relations de proximité ou d'influence à l'occasion des parcours individuels et des croisements aléatoires de trajectoires. Il n'en reste pas moins que la morale a pour mot d'ordre la réussite individuelle mais dans des structures sociales que personne ne peut maîtriser. Il se trouve seulement que des instances d'influence et de pouvoir, limitées et anonymes, cachées et opérantes, tirent les ficelles. Cependant, elles n'ont pas la plénitude du pouvoir absolu, ni les moyens du terrorisme policier inféodé à ce dernier. Alors, elles avancent subrepticement leurs pions sur le système échiquéen du darwinisme socio-économique pour faire avancer leur cause dans le secret. C'est pourquoi, la démocratie n'est plus qu'une apparence, d'autant plus que la puissance impériale, les USA, se refuse à instaurer une démocratie mondialisée. Elle rencontre la complicité de tous les roitelets, empereurs et féodaux locaux qui préfèrent être petits, mais maîtres chez eux, que grands chez les autres. Dans la modernité, la démocratie est une forme abstraite qui couvre les perversions de son aura de procédure de légitimation. Dans la démocratie totalitaire, la réalité était trop discordante ; il était clair qu'il ne s'agissait que d'un voile ad hoc pour faire semblant d'être dans la tradition de liberté. Dans le néolibéralisme, la démocratie n'est pas qu'un voile. C'est le ressort des manipulations secrètes et de l'action des groupes d'intérêts déguisés en défenseurs des utilités publiques.

Le totalitarisme, issu de la modernité rationaliste, de l'historicisme du progrès et de la science, mais aussi de l'affectif irrationnel, avait dû trouver des justifications à ses ambitions. Il les a trouvées dans la primauté de la science allemande, de la race, du socialisme scientifique, de l'histoire italo-romaine. Issu de la modernité, mais muni des avancées de la connaissance, le libéralo-capitalisme a fait de même. De l'anthropologie il a retenu le relativisme des cultures, mais dans la différence de juxtaposition... et d'exclusion. Des sciences dites dures ou exactes, il utilise les paradigmes du chaos, de la complexité, de l'incertitude non gouvernables et, qui plus est, produisant un ordre spontané et le meilleur possible à long terme. De la sociologie actuelle, de plus en plus stipendiée car ce sont les donateurs de fonds qui fixent l'essentiel des programmes de recherche, du reste comme pour les autres techniques, il a manipulé les théories de l'action, du sujet, de l'émergence. C'est un sociologue, pape de la structuration – déstructuration des sociétés dans l'action interdépendante des acteurs sociaux, qui est aujourd'hui le maître à penser du socialisme libéral de troisième voie prôné par Tony Blair ! De l'économie, il n'a retenu que les hypothèses classiques et néoclassiques faisant de celles-là les lois nécessaires de l'économisme envahissant, encastrantes de la société dans les paramètres économiques. De la politique, enrégimentée par le choix rationnel économique et par le choix public au nom de théories économiques, il a fait un système clientéliste de portiers et d'éclusiers des aspirations de la société civile. De l'histoire, il a retenu la cause économique du développement des sociétés par la croissance et, surtout, la croissance extérieure. Certes, les experts de haut niveau débattent à l'infini des causes de l'évolution des sociétés. Mais, leurs différentiels d'approche sont gommés par un catéchisme économiciste propagé par les instances d'expertise internationale. Cette vulgate, répercutée sans cesse par des médias formés aux mêmes écoles de propagation et inféodés aux détenteurs du capital économique, a remplacé les nuances et oppositions de la pensée scientifique, y compris dans le domaine purement économique. Car tous les intéressés à l'affaire se tiennent par la barbichette à cause du caractère totalisant, en tant que pensée unique universalisée, de cette sélection du Reader Digest. Tant pis si les saintes écritures dogmatiques ne sont pas vérifiées dans la réalité. C'est parce qu'on n'a pas laissé suffisamment de temps au temps de l'uniformisation et des bienfaits économiques. C'est parce que les gouvernements ne sont pas démocratiques. Ce qui n'empêchait pas de louer les « réussites » des pays du Sud-Est asiatique qui ne sont pas spécialement démocratiques. Comme dans le totalitarisme des anciens, le néolibéralisme du capitalisme financier, a besoin d'un dogme absolu et simplet. Comme lui, il dispose de ses grands prêtres, de ses idéologues et de ses relais, à commencer par le management. Le raisonnement est circulaire : ce qui est , doit être et ce que je fais correspond à ce qui est et à ce qui est désiré par les populations. Ce qui est réel est rationnel. Ce qui est rationnel devient réel. Cette prophétie auto-réalisatrice ne peut être démentie. Elle a pour elle le poids des évidences du sens commun. Et ainsi une logique pseudo scientifique, compensée par les philosophies de la sagesse individuelle, vient-elle phagocyter tous les aspects de la vie sociétale sous la houlette de l'économisme prédominant. C'est dans ce domaine de la pensée monolithique à contenu simplet et dogmatique que le néolibéralisme est le plus près du totalitarisme.

Quant aux formes politiques, le totalitarisme avait inauguré la dialectique du zéro des individus isolés, atomisés et apeurés et de la puissance infinie de l'autorité au service de la communauté. C'était la montée aux extrêmes de la branche républicaine du libéralisme de la modernité en tant que communautarisme national et souveraineté effective de l'Etat. Les populistes républicains à la Chevènement et à la Pasqua n'en sont pas très éloignés. Car ils sont communautaristes et car ils se contentent d'une démocratie représentative dont toutes les procédures sont fausses. Elles ne permettent pas une expression des acteurs de la société civile et confient la définition de l'intérêt général à un corps de politiciens professionnels. Il y a pire cependant ; la démocratie anglo-saxonne des intérêt menés par des groupes de pression et des communautés de base avec près de 50 % d'abstention aux élections. Dans le néolibéralisme, la démocratie sera réalisée par l'accès au WEB et par la concurrence individuelle sur le marché. Mais ce dernier ne pense pas l'avenir, ce qui est pourtant une des missions du politique comme représentatif de la communauté. Mais le marché ne pense pas l'espace, les identités de proximité, les différentiels de possibilités territoriales, ce qui est pourtant une mission régulatrice du politique. Penser que WEB et marché sont des structures démocratisantes à cause de leur fonctionnement ouvert et en réseau, c'est invalider la puissance du politique et renforcer l'atomisation individualiste généralisée. Cela présente l'avantage décisif de mettre en rapport des sommes de zéros individualistes et saisis par des sondages statistiques, ne pouvant former aucune force collective de contre-projet, avec des puissances très concentrées et occultes. De ce point de vue le néolibéralisme agit totalement dans la dialectique des zéros et de l'infini, sauf que l'absolu n'est pas identifiable et personnalisable. C'est un édredon mou qui justifie les choses par le caractère nécessaire des évolutions et non par le projet mégalomaniaque d'un leader. D'autant plus qu'il n'y a pas un seul leader, quoique tous les leaders communient dans la suprématie du même modèle. Les leaders sont les firmes multinationales, les centres d'expertise mondialisés, les politiciens avides d'être reconnus sur la scène internationale, les fonds de pension et les mécanismes auto-référentiels et d'anticipations irrationnelles que sont les bourses cybernétiques. Le pluralisme de fait de décisions prises par des instances différentes, mais agissant avec les mêmes critères de rentabilité et d'argent-roi, est une force car les opposants ne savent pas qui attaquer. Mais c'est aussi une faiblesse en devenir car ils savent de plus en plus quoi attaquer, puisqu'il s'agit d'un choix de société particulier et uniforme et universalisant. Les zéros vont finir par se coaliser. Ils sont déjà coagulés par la situation elle-même.

Le totalitarisme des anciens s'appuyait sur une bureaucratie envahissante et inféodée constituée par les demi-soldes de la société en mal d'emploi. C'est déjà le cas du management envahi de cuistres (présentant la vulgate sans en connaître les fondements), de caractériels (mégalomanes, narcissiques, pervers, voire sadiques) et d'opportunistes sans principes et sans convictions. Ils vous répondent toujours que ce ne sont pas eux les responsables mais qu'ils appliquent la logique économique. Les nazis, à Nuremberg, répondirent : c'est pas moi, c'est le chef auquel je n'ai fait qu'obéir. Eux, les manageurs disent : c'est pas moi, c'est le système, en oubliant que le système n'a rien de naturel ni d'obligatoire. Ils sont en cours de « paponification » et s'auto-justifient par des arguties économiques. Pire, il y en a qui font du dédoublement de la personnalité. Ils sont trotskistes à la ville et petits chefs dans l'entreprise.

Tout totalitarisme a besoin d'un relayage opérationnel et de chiens de garde. Outre les manageurs, ce sont les experts et les journalistes. Il manque encore en France, les enseignants du secondaire et de l'université. Gageons que cette ligne de résistance pourrait être réduite à merci au nom de la professionnalisation des connaissances. Cependant, s'il a des chiens de garde, des idéologues et des vulgarisateurs patentés, le néolibéralisme ne dispose pas d'organisation de masse. D'une part, ce n'est plus d'actualité pour cause d'individualisme généralisée. D'autre part, il n'y a pas intérêt. Cela le rendrait visible et cela le personnaliserait. Mais l'idéologie n'a pas besoin d'organisations de masse pour être diffusée. Il lui suffit d'un message unique et partout redondant pour s'insinuer dans tous les esprits et se faire passer pour évidence à intérioriser. Cela redouble le caractère sournois, insinuant et insidieux du dogme. Celui-là a ses prêtres, mais il n'a pas d'église. Et pourtant il y a bien une communauté des croyants grâce à l'information spécieuse, réductrice et à la publicité consommatoire généralisée.

Ce qui définit le totalitarisme, c'est l'effacement de toutes les frontières entre le domestique, le civil, le politique et l'économique. Car l'idéologie est globalisée et envahit toutes les sphères. Et parce que ce sont les mêmes véhicules qui répandent la bonne parole partout (la propagande, les organisations de masse et la police, plus l'auto-surveillance et l'espionnage des voisins). Dans le néolibéralisme, il y a plus de souplesse et de subtilité. Mais les « impératifs » économiques traversent et dominent toutes les activités sociétales. Par l'idéologie qui s'insère dans les têtes grâce à l'imitation des uns par les autres. Par le matraquage dans les esprits du même message. Par les perroquets du management qui font du psittacisme. Par les politiciens qui jouent un double jeu : Oui au néolibéralisme dans les instances internationales, non devant le bon peuple. Par les experts qui mobilisent et diffusent le même discours des nécessités économiques. Du reste, au contraire du totalitarisme ancien, il ne s'agit pas d'effacement des frontières, car cela serait violer un principe fondateur du libéralisme. Il s'agit plutôt de la domination des frontières par le seul aspect économique et de l'envahissement des espaces encore artificiellement séparés par la même logique économique envahissante. Dans le libéralisme, c'est le politique qui fixe les frontières entre, par exemple le public et le privé, entre la loi et le contrat. Là, le politique est prié d'exécuter ce qui est favorable à l'économique. Mais, contrairement aux discours libéraux, réduire le politique à l'économique reste une politique. Car le politique, ce sont les choix de société. La différence, c'est que le totalitarisme prétendait diriger l'économique, alors que le libéralo-capitalisme fait semblant de ne pas diriger le politique, alors qu'il lui impose ses normes. La différence, c'est que l'opération d'effacement des frontières par le totalitarisme était apparente, alors que le néolibéralisme prétend qu'il n'y est pour rien. Non, il mène le bal avec la complicité des politiciens, des médias, des experts et des manageurs.

Certes les circonstances ne sont pas les mêmes. Le totalitarisme a exploité les peurs et la crise. Il a déformé les canons de la tradition politique du zéro et de l'infini démocratiques Il a utilisé l'économisme de la modernité et la croyance au progrès scientifique et technique. Le néolibéralisme, lui, exploite l'absence d'alternative et la différenciation absolue des sociétés modernes. Il profite des techniques modernes d'information et de communication à base de WEB. Il exploite l'individualisme narcissique et ostentatoire qu'il a lui même contribué à créer. Il appuie son pouvoir par l'atomisation en individus et en communautés. Il se défend à cause de la persistance et du développement des nationalismes qu'il encourage par les processus de développement des inégalités et par son modèle culturel impérialiste et hégémonique. Mais cela ne fait que montrer que la domination systémique du marché internationalisé, la démission des élites politiques ouvertes au libéralisme et l'effacement du temps, de l'espace et de la réalité par le WEB, lui sont favorables. C'est un totalitarisme soft et intériorisé. Mais il dispose de tous moyens et de toutes forces pour structurer le champ social à son profit économique. Il maîtrise toutes les ressources nécessaires (capitaux économique, culturel, politique...) et les fait converger en réseau d'interdépendance pour interdire les pensées et les itinéraires qui le troubleraient. Le dogme libéral demeure tout aussi simpliste et religieux que le totalitarisme. Comme le totalitarisme, le libéralisme actuel dispose de son église, de ses organisations de relayage et de surveillance et punition, de ses bureaucrates minables et pervers. Il y a aussi un peuple élu. Les consommateurs à la place de la « nation » ou de la « classe ». Il y a le travail de mystification idéologique des citoyens grâce aux médias et aux intellectuels inféodés, les nouveaux clercs du libéralisme scientifique. Mais le leader de personnification et symbolisation a pris la forme d'un collectif occulte constituant un réseau tentaculaire.

Le libéralisme avait promis un progrès vers l'égalité, pour tout de suite et tous (version républicaine), pour l'avenir et les meilleurs utilisateurs de la liberté individuelle (version libérale). Egalité et progrès formaient un couple de promesses rassurantes et, hélas, percuté par les réalités des deux guerres mondiales, de la crise de 1929 et du colonialisme impérialiste. C'est par rapport aux espérances déçues et en s'appuyant sur le ressort négligé, tant par le marxisme que par le libéralisme, du nationalisme égalitariste, que le totalitarisme a pu s'implanter. Il a promis plus vite, pour très bientôt, le bien commun pour tous et la sécurité, autre oubliée du libéralisme. Le néolibéralisme d'aujourd'hui persévère dans les promesses pour le futur éloigné, grâce à la mondialisation économique, au marché international et aux communications d'Internet. Comme les inégalités s'y accroissent, d'un côté on se réfugie dans les communautés locales et dans les revendications culturelles et ethniques d'identité, de l'autre on fait de la prophétie non vérifiable dans le concret et le temps présent. C'est pourquoi, la bête immonde du nationalisme communautariste n'est pas morte. C'est pourquoi l'imperium américain et occidental tente d'imposer politiquement un ordre convenable pour les affaires économiques. C'est pourquoi la lutte occidentale contre les immigrés et les exclus conduit de plus en plus à la mise sous tutelle pénitentiaire et judiciaire les non adaptés. C'est plus sournois mais tout autant envahissant et dominant que le totalitarisme. Et cela joue dans le déroulement du temps au nom du progrès pour effacer les frustrations du présent. Cela joue dans le décalage organisé par les intéressés entre les discours et les pratiques. Ainsi, France-Télécom continue d'afficher sa peau d'âne de service public en pratiquant le contraire. Par exemple, cette société, devenue anonyme, exige que les prétendants à un abonnement fournissent un RIB pour prélèvement automatique ; sinon on ne les connecte pas au réseau, ce qui, qui plus est, est parfaitement illégal ! De même, le gouvernement socialo-libéral crie urbi et orbi qu'il est actionnaire, par le biais de l'Etat, d'EDF. Or, tant que la loi de nationalisation de 1946 n'a pas été modifiée sur ce point, de même que la constitution, qui transmet à la nation tous les grands moyens de production, l'Etat n'est pas propriétaire d'EDF ; c'est la nation ; de plus il n'y a pas d'actions...De même M.Roussely, président d'EDF, veut qu'EDF fasse la moitié de son chiffre d'affaires à l'étranger en 2005, tout en conservant hypocritement le statut de service public national de l'établissement. Là encore, MM. Les socialistes, soyez assez aimables pour modifier la loi quand vous pratiquez son contraire. Il est vrai que de ne pas le faire permet de rassurer les partisans de la République et de l'intérêt général, tout en créant subrepticement et à vitesse accélérée une situation irréversible. N'oubliez pas que la modification perverse de la loi, en camouflant les pratiques réelles qui s'en suivront, est une des caractéristiques du totalitarisme en tant que rationalité stratégique et instrumentale sans principes et convictions substantiels.

La ritournelle du capital

Le consommateur : à titre personnel je consomme ce qu'on m'offre pour satisfaire mes appétits individuels et de considération sociale ; j'attends ce qu'on m'offre
Le producteur : j'offre ce que les clients individuels demandent ; je pratique ce qui est attendu ; je fais comme les concurrents, sinon je serai éliminé
Les prescripteurs (médias, publicité, idéologues libéraux, politiciens de l'hédonisme, théoriciens de l'économisme) : le système est organisé le plus efficacement du monde pour tout vous offrir au plus bas prix et à la satisfaction générale
Les politiciens : notre rôle est de faire sauter tout ce qui entrave le libre fonctionnement de l'économie de marché mondialisée pour que chacun trouve chaussure à son pied sans rigidités
Les syndicats : des sous, des sous pour que nos mandants-clients puissent consommer individuellement
Les sociologues : l'offre correspond aux désirs des individus dépourvus de repères et voulant se positionner dans le concert social par les signes de leur consommation ostentatoire
Les philosophes : c'est à chacun de trouver son bonheur là où il se présente pour lui dans la plénitude de son âme individuelle
Conclusion : la boucle est bouclée ; l'offre aux individus correspond aux demandes, lesquelles sont forgées par l'offre, laquelle est justifiée par l'efficacité du système. Y-a-t-il des structures sociales, des champs sociaux d'action organisés, qui raréfient les possibilités de choix des personnes sans interdire une certaine autonomie, en quelque sorte réduite aux acquêts ? La question ne sera pas posée. Ce sont les individus atomisés qui définissent tout

seuls les normes de leur action. Mais alors le libéralo-capitalisme produit en même temps un écart énorme entre les normes que, en réalité, il véhicule et les possibilités réelles du plus grand nombre. Alors, le totalitarisme peut resurgir, s'il n'y a pas d'autre projet alternatif de société. Il le pourrait d'autant plus que le libéralisme financier est présenté comme auto-cinétique, alors qu'il résulte de décisions économiques prises, certes indépendamment les unes des autres et sur des critères purement technico-rentabilistes, en dehors de toute considération socio-politique et sans analyse anticipatrice des effets de globalisation que leur conjonction fortuite produira. L'exemple typiquement anglo-saxon de la vache folle et de la fièvre aphteuse en est une des nombreuses conséquences, de même que, en France, la suppression du bocage breton et la pollution des nappes phréatiques par les phospates et nitrates de l'agriculture productiviste et surtout rentabiliste. Ces décisions sont prises par des acteurs puissants, sans consultation des autres, soit pour des raisons purement intéressées (exemple des pétro-dollars ou de l'accès de l'étranger aux obligations du Trésor américain) en faveur des rentiers et autres profiteurs du système, soit sous un angle purement local, sectoriel, financier. Ce serait trop demander à ces prétendus décideurs pour le bien public que d'envisager le sens caché de l'idéologie qui préside à la décision (favoriser les mentalités individualistes, rentières, patrimoniales, utilitaristes) et d'analyser les conséquences perverses, parfois non voulues, des résultats globalisés de ces prises de position. La rationalité locale, factuelle, court-termiste, particulière, qu'elle soit étatique ou managériale ou experte, finit par un créer un système monstrueux que peut-être personne n'a voulu, mais dont les bénéficiaires perçoivent rapidement les avantages pour eux. Comme ils sont les plus puissants, ils ne sauraient accepter que l'on contrecarre ces effets d'aubaine liés au hasard de la myriade des décisions locales produisant « l'harmonie, le progrès pour tous » par effet de combinaison. Cela est une autre façon de dire que le postulat économico-libéral de la main invisible du mieux collectif à partir de décisions individuelles à court terme est une absurdité, de même que les effets positifs du chaos et de la complexité sans projet.

CONCLUSION : OPTIMISME ET SOLIDARITE

Emergence d'un adversaire

Possibilité d'une authentique autre voie

Le solidarisme internationalisé

Nous pouvons être optimiste déjà parce que le libéralo-capitaliste n'a pas encore détruit le pluralisme libéral et parce qu'aucune des forces néocapitalistes ne détient à elle toute seule la plénitude du pouvoir. C'est le seul trait essentiel de différenciation d'avec le totalitarisme ancien. Le néolibéralisme capitaliste continue de bénéficier d'une remarquable souplesse en tant que capacité d'adaptation. Il l'avait déjà montré en tirant les conséquences de la démocratie, contre laquelle les libéraux de l'économie du XIXème siècle avaient lutté de toutes leurs forces, et en se combinant avec l'Etat-providence ; mais aussi en s'acoquinant avec le totalitarisme nazi ou italien, avec les dictateurs d'Asie, avec le sanglant régime des généraux et autres fascistes d'Amérique du Sud. Mais cette adaptabilité est due à deux choses. Par ailleurs, comme le roi MIDAS transformait tout ce qu'il touchait en or, le libéralisme capitaliste actuel change tout en argent, même la merde, y compris celle qu'il produit lui-même sous forme de pollutions et nuisances. D'autre part, il peut intégrer, en les récupérant, les pressions des forces sociales qui lui sont contraires. De peur de la victoire du communisme, il avait su et pu associer le monde du travail occidental aux bénéfices de la croissance et il avait pleinement profité d'aspirations libertaires et du désir des années 1968. Le problème est qu'il ne s'adapte que s'il y a une force d'opposition suffisamment puissante pour contre-carrer son expansion naturelle, liée à sa logique de fonctionnement[7] comme maîtrise incessante et indéfinie de toutes choses. Pour l'avenir, et afin d'en finir avec un capitalisme sans bornes, infiniment régressif, car quand on est en haut du toboggan de sa logique infernale d'accumulation financière on ne peut plus s'arrêter, il faut savoir s'il existe, au moins potentiellement, des possibilités alternatives de choix de société. Ce sera notre premier point conclusif. Ensuite nous tâcherons de savoir s'il peut exister un projet commun fédérateur des forces d'opposition.

---

[7] Que le fait de rendre tout le monde propriétaire grâce à l'épargne salariale ne changerait pas. « On ne remédie pas à la rage en faisant mordre tout le monde ».

Pour évaluer les chances d'une opposition construite et organisée au libéralo-capitalisme actuel, je me fonderai sur la méthode d'interrogation préconisée par PROUDHON, dans son livre posthume intitulé « de la capacité politique des classes ouvrières, « paru en 1865 en réponse au manifeste des soixante » qui préconisaient des candidatures ouvrières directes aux élections de 1863. Citons « Pour qu'il y ait dans un sujet, individu, corporation ou collectivité, capacité politique, trois conditions fondamentales sont requises :

- ➢ Que le sujet ait conscience de lui-même, de sa dignité, de sa valeur, de la place qu'il occupe dans la société, du rôle qu'il remplit, des fonctions auxquelles il a droit à prétendre, des intérêts qu'il représente ou qu'il personnifie ;

- ➢ Comme résultat de cette conscience de lui-même dans toutes ses puissances, que ledit sujet affirme son idée (nous dirions aujourd'hui son projet), c'est-à-dire qu'il sache se représenter par l'entendement, traduire en parole, expliquer par la raison dans son principe et ses conséquences, la loi de son être ;

- ➢ Que cette idée, enfin posée comme profession de foi, il puisse, selon le besoin et la diversité des circonstances, déduire toujours des conclusions pratiques (nous dirons aujourd'hui une stratégie) ;

- ➢ « Posséder la capacité politique, c'est avoir la conscience de soi (aujourd'hui l'identité) comme membre d'une collectivité, affirmer l'idée qui en résulte et en poursuivre la réalisation ». Rappelons que ce livre sera la bible de l'anarcho-syndicalisme français et partiellement du syndicalisme révolutionnaire.

- ➢ Constatons qu'il est proche de HEGEL avec la conscience en soi (situation), la conscience de soi (identité), la conscience pour soi (projet). Constatons qu'il n'y a guère de différence avec la conception marxiste de la lutte des classes.

Inspirons-nous de ces interrogations revigorantes et pertinentes. Quel est le sujet ? Y-a-t-il un sujet collectif conscient de lui-même ? La question est d'autant plus difficile que la spécialisation et la diversification ont éclaté les populations et que la mondialisation opère précisément sur cette atomisation, et, en outre, sur les conflits d'intérêts entre pays, pour asseoir son pouvoir diffus et mou. Notons que PROUDHON avait mis la notion de classes ouvrières au pluriel. Il était donc conscient qu'il y avait nécessité d'un universel fédérateur malgré l'atomisation du salariat. Et en outre il a fallu attendre près de 100 ans, avec Serge MALLET, vers 1965, pour constater cet éclatement ! PROUDHON dont la pensée est fondée sur le pluralisme nous éclaire déjà. Citons :

« Ainsi la cause des paysans est la même que celle des travailleurs de l'industrie. La Marianne des champs est la contre-partie de la Sociale des cités. Leurs adversaires sont les mêmes »... Quel est l'adversaire ? « La féodalité industrielle et financière, qui s'entend si merveilleusement à mettre à la raison la classe moyenne et le prolétariat ».

Un sujet doté de la conscience de soi ? Organisé et stratège ?

Y-a-t-il donc un sujet ? Et cela malgré la divergence des intérêts à tous les échelons (du local à l'international). Eh bien, il est en train d'émerger et de se renforcer. Prenons la France où nous avons une myriade de mouvements sociaux, c'est-à-dire ceux qui percutent la globalité des choix de société à partir d'une voie d'entrée spécifique. Action contre le chômage (AC), confédération paysanne, droits devant, Droit au logement, SUD, CNT, défense des contribuables (RUC), défense des petits actionnaires, mouvement gay et lesbien, chiennes de garde féministes, écologistes... J'en passe sûrement. Un sujet collectif est en train de se constituer parce qu'il a le même adversaire, à savoir le néolibéralisme capitaliste. Il est même en train de se fédérer au niveau mondial grâce à ses réactions significatives dans et contre les grandes réunions de gouvernements et d'experts (OMC, DAVOS). Il a des bases partout, par exemple contre la destruction des cadres de vie et de la forêt tropicale en Amazonie avec Raoni ou la revendication des indiens d'Amérique pour leur dignité. Le sujet est encore multiforme et différencié, mais peu à peu il se fédère en tant que conscience mondiale des dégâts du capitalisme et de la nécessité de sauvegarder la planète contre ses exactions. La « mal bouffe », comme la défense de l'environnement, montre les nuisances d'une consommation standard productrice de phosphates, de pasteurisation, d'OGM réduisant la diversité naturelle et créant des monopoles. Le sujet mondial de résistance aux méfaits du capitalisme est en train de naître. Il a un opposant unique ; il a de plus en plus une doctrine partagée. Il a des alliés partout, à savoir tous ceux qui sont victimes d'un capitalisme mondialisé peu respectueux de la nature et des productions locales et des cultures vivrières. Un capitalisme qui ne respecte pas les hommes, leur souffrance, leur emploi et qui supprime des effectifs salariés à la louche. Un capitalisme qui évacue toute considération de sécurité au nom de la flexibilité et de la rentabilité. Le sujet est potentiellement universel car il a partout le même adversaire vu que le néolibéralisme a envahi toutes les dimensions sociales et a supprimé toutes les frontières. Cependant, les politiciens, et les divergences d'intérêts qu'ils exploitent, s'emploient à jouer un double jeu : risettes aux puissances internationales et exaspération du nationalisme local dont ils dépendent en tant que politiciens en n'ayant aucune chance de gagner une élection internationale. Du reste, si le degré d'internationalisation politique s'accroissait, il n'y aurait plus de monopoles sectoriels du pouvoir et encore moins d'absolutisme du pouvoir. Même dans un régime fédéral, les élus locaux ou régionaux n'ont que des parcelles de souveraineté. En sens inverse, les représentants nationaux ou internationaux seraient obligés de composer avec les puissances locales et régionales. C'est pourquoi il faut être fédéraliste socio-économique car les puissances se limitent sociologiquement et non pas politiquement comme dans la simple séparation des pouvoirs politiques. Le mouvement social international rencontre sur sa route deux adversaires. L'imperium des Etats Unis et des alliés occidentaux qui n'ont aucun intérêt à la mise en place de régulation et de droits inter-nationaux, car ils disposent d'un avantage compétitif de concentration par rapport à la dispersion, et l'avance technologique en relation avec l'arriération relative du plus grand nombre.

Ces jeunes forces, dont la puissance est faible et qui compensent ce déficit par des actions spectaculaires et médiatisées, ne sont pas les seules à rencontrer l'adversaire impérialiste et utilitariste. Il y a aussi des organisations non gouvernementales (ONG), tant au plan local qu'à l'international, notamment les organisations humanitaires. Elles sont en train de se lasser de toujours passer leur temps et dilapider leurs ressources à corriger les effets du désordre mondial liés à la vieille théorie de la souveraineté étatique et à la recherche de la puissance par les Etats. La souveraineté quasi absolue, au moins chez soi, pouvait se comprendre il y a trois siècles quand il n'y a avait pas 6 milliards d'êtres humains sur la même planète. On sait aujourd'hui que la pollution, l'effet de serre (C02 dans l'atmosphère), la destruction de la couche d'ozone, la fonte des glaciers et de la banquise..., impliquent le globe tout entier. Dans ces conditions il ne saurait plus y avoir qu'une souveraineté limitée et encadrée par une législation internationale. Le problème est que cela n'arrange pas les USA et leurs alliés, que les pays les plus pauvres ne peuvent payer et sont obligés de laisser leurs habitants dévaster leur propre environnement pour survivre. Il leur faudrait des compensations, comme par exemple pour le Brésil afin d'éviter qu'il ne finisse par éradiquer la forêt amazonienne. L'eau est déjà une ressource mal répartie et souvent insuffisante. Là encore, il faudrait des régulations multilatérales ou mondiales. L'égoïsme des intérêts étatiques et même privés des pays occidentaux devrait recevoir des limites. Or, par exemple, les USA et l'Europe, avec la politique agricole commune, poussent à l'hyperproduction et aux excédents. Ce qui conduit à une baisse des prix et à l'exportation à des prix de dumping liquidant la possibilité d'agricultures locales moins productives. Cela produit un cercle vicieux, car pour compenser la chute des prix, on essaie de se rattraper sur les quantités. Bien mieux, avec la mondialisation de la finance et l'internationalisation des marchés, les régions riches munies d'avantages compétitifs poussent à la sécession ou refusent de payer, à l'intérieur d'un même pays, pour les régions pauvres. Les ONG vivent tous les jours les dégâts de cette absence de législation internationale et enregistrent même des progrès constants dans les dérégulations. Alors peu à peu la situation pousse déjà et poussera encore plus les ONG à alourdir la dimension politique des choses. On observera que l'Europe, en quelque sorte réduite aux acquêts économiques et à la monnaie unique, n'arrive pas à se fédérer. Les différences de culture et les rivalités historiques me semblent donner aujourd'hui un prétexte bien commode à la prétendue énorme difficulté à créer une Europe politique. Les citoyens de chaque pays, munis des enseignements des deux guerres mondiales et des ravages du nationalisme, seraient prêts à accepter une fédération politique. Mais des intérêts économiques puissants poussent à l'aggravation de la concurrence entre pays, d'autant plus que les différentiels de productivité ne peuvent plus être compensés par les différences de taux de change. Chaque pays s'ingénie à faire du dumping social et fiscal, voire à encourager les paradis fiscaux. Les régions pauvres, souvent peu dynamiques et tenues par des mafias politiciennes ou carrément délictueuses, se contentent trop de bénéficier de la manne des fonds structurels européen de développement. La Corse en est le plus bel exemple. Les citoyens sont aussi clairement divisés vis-à-vis de la construction fédérative, parce que les politiciens ne jurent que par l'économie et tiennent à conserver leur fief national. Dans ces conditions, les légitimes aspirations des peuples européens à devenir citoyens d'une Europe politiquement unie ont du mal à émerger. Mais la prise de conscience est en train de se faire. D'autant plus que les citoyens ont compris que les politiciens jouaient un double jeu : pour les dégâts de l'Europe mais en les attribuant à la fatalité du marché globalisé et aux décisions de la commission Européenne dans les relations internationales. Cependant, ce n'est le plus souvent que du cinéma comme l'a montré la triste histoire de l'éclatement des pays de l'Est comme suite à la chute du communisme en 1989. C'est pourquoi, l'Europe n'arrive qu'en ordre dispersé dans les négociations internationales où les USA conservent le leadership. Mais un jour, sous la pression des citoyens, l'Europe devrait jouer un rôle puissant dans le concert international et en faveur des régulations communes. Cela malgré la soif de pouvoir local qui anime des politiciens menacés de n'avoir pas des positions prestigieuses au plan international si le cadre national disparaissait.

L'aplatissement de toutes les dimensions sociales sur l'approche économique laisse de plus en plus les hommes et les femmes sur leur faim d'identité, d'affectivité et de spiritualité. La religion regagne un peu de terrain. La famille, même recomposée et moins institutionnalisée, retrouve un rôle de havre de sécurité et d'identité. Cela présente quelques aspects négatifs avec la recrudescence des sectes, mais la tendance est aux relations de voisinage et de solidarité. Ce qui, pour l'instant seulement, fait encore le jeu du libéralo-capitalisme atomiseur et diviseur. La croissance démentielle des inégalités et l'enfermement égoïste des riches dans des zones sévèrement sécurisées devraient finir par faire comprendre que l'accumulation financière est préjudiciable au bonheur collectif et encourage l'exclusion. Alors le problème trouvera un jour une expression politique globalisée, seule susceptible de contrer l'incivilité et les révoltes locales.

La mayonnaise anticapitaliste est en train de prendre. Une opposition massive et ultérieurement puissante est en germe. Car cette opposition fusionnera à cause même de la situation et de l'unicité de l'adversaire. Certes, elle sera beaucoup plus pluraliste et complexe que la classique lutte des classes. Car, en outre, sont à gérer les combinaisons masculin – féminin, normal - anormal quant aux mœurs, nature - production, être - paraître, universel - particulier, local – international. Le mouvement social mondialisé existe déjà en soi, comme enraciné dans la structure des choses et dans les perversions du système économique mondial, comme focalisable sur l'existence d'une seule terre commune. Il est en train de prendre conscience de lui-même et il l'a déjà manifesté à plusieurs occasions.

Mais le mouvement social international n'est encore qu'une résistance et encore peu formalisée et encore moins organisée et fédérée. Il lui manque son idée, son projet. En effet, déjà il est divisé entre de multiples approches, chacune constituant un mouvement social spécifique. Il rencontre l'obstacle des nationalismes et de l'impérialisme. Il lutte contre des « universalismes » religieux, qui ne sont que sectoriels et locaux et qui divisent au nom de dogmatismes rémanents. Ensuite, s'il devient facile de repérer l'adversaire systémique, à savoir la logique néocapitaliste totalitaire, il n'est guère possible de lui donner un visage et de l'identifier. Car les structures de pouvoir sont encore plurielles, même si le capital financier les domine en dernière analyse. Il est difficile de voir en quoi les partis politiques, les médias, les experts, les centres de formation, les multinationales se tiennent mutuellement. Car ils sont fictivement séparés dans une division de travail effective, dont la conséquence est d'empêcher leurs opposants de se regrouper et de les désigner. Enfin, émettre une critique résistante est nécessaire. Mais cela ne procure pas un projet commun de finalités, de valeurs et d'actions. La construction d'un tel projet est difficile par suite du relativisme généralisé qui accompagne l'ordre international du néolibéralisme. C'est difficile aussi parce que la construction d'un tel projet mélange plusieurs plans. Il y a à bien analyser la situation et les possibilités et à élaborer une pensée cohérente articulant les buts et les moyens dans le déroulement du temps. Cela relève du domaine cognitif. Ensuite, il faut spécifier les valeurs qui rassembleront et les finalités qui dynamiseront les alliés. Cela procède de la dimension normative. Et il y a aussi à établir des relations de coopération, d'amitié, d'altérité dans le respect des différences. Cela implique l'ordre affectif et identitaire des choses. C'est encore plus difficile à organiser, un tel projet fédérateur, qu'il ne peut pas naître spontanément et être imposé par une quelconque autorité suprême. Le débat ne peut être que long et itératif. Et en même temps il faut produire des signes et des réalités montrant que les résultats de la mise en débat font avancer dans la bonne direction, que précisément on ne connaît pas encore tout à fait. On sait que cela ne peut pas être une révolution, car cette dernière est toujours imposée par quelques uns, à la mode léniniste. Ce ne peut pas être non plus un réformisme sans but, sans visée, qui consiste à attraper ce qui passe comme occasion sans savoir si cela fait avancer dans le bon sens, si les réformes et avantages obtenus n'ont pas des effets pervers. Mme NOTAT, par exemple, semble toute prête à favoriser l'épargne salariale. Elle n'a pas l'air d'apercevoir que cela encouragera une morale individualiste et rentière et que cela reportera les risques du capital sur les salariés, payés en titres dans le futur au lieu de l'être en salaires dans le présent. Cela ne peut être qu'une conduite progressive des changements par rapport à des finalités, des buts, des principes sur lesquels il faut beaucoup de temps de maturation pour arriver à se mettre d'accord entre partenaires. Cela est en train, lentement mais sûrement de se faire. Mais le contenu du projet commun n'existe pas encore. L'idée manque. J'en proposerai une dans la deuxième partie de cette conclusion.

Enfin, il n'y a pas encore non plus de stratégie commune. Cela est évident, car pour en obtenir une, il faudrait un projet suffisamment consistant même à titre provisoire et expérimental. Il faudrait aussi une organisation fédératrice, alors que les mouvements sociaux sont encore éclatés. Mais il y a d'ores et déjà des avancées organisationnelles. Certains syndicats (CGT, CNT, SUD...) travaillent avec les organisations de chômeurs. L'association Copernic s'est organisée pour éclairer les mouvements sociaux avec des études, des analyses, des dossiers construits et rigoureux, en réponse aux palinodies des milieux libéraux. Ainsi dispose-t-on déjà d'une contre-analyse anti-Charpin (commissaire au plan ayant pondu un rapport alarmiste et spécieux pour le gouvernement socialiste...) sur le problème des retraites. On a aussi une excellente analyse sociologique du monde du travail. Un groupe d'économistes anti pensée unique fonctionne aussi. Une sorte de fédération d'opposants au néolibéralisme s'est constituée en regroupement de plusieurs mouvements sociaux autour de la figure de Pierre BOURDIEU. De nouveaux syndicats, pas institutionnalisés au sens où ils recevraient des subventions gouvernementales les dispensant des cotisations et où ils seraient composés de permanents professionnalisés, sont apparus. Sud, le groupe des dix, l'UNSA… ; les unions de consommateurs veillent au grain. ATTAC a forgé un contre-projet. Donc, peu à peu, naît l'espérance à terme pas trop éloigné d'un rapprochement entre toutes ces organisations sur quelques objectifs communs donnant lieu à des actions organisées solides. Au plan international, l'organisation est encore très lointaine. Et cela d'autant plus que les institutionnels, comme la confédération européenne des syndicats, ne produisent guère que des discours. Le drame de la possibilité à court terme de l'organisation et de la stratégie unificatrices est l'émiettement des forces d'opposition face à des groupes de pression très concentrés, très puissants et bien relayés dans l'opinion publique. On remarquera que ce n'est qu'aujourd'hui que le gouvernement français se préoccupe du tiers secteur social et pas toujours dans le bon sens puisque le mutualisme va se voir imposer, au nom de la commission Européenne, la séparation entre ses activités sociales et solidaires et son activité assurantielle. Car les socialistes ne conçoivent la solidarité que comme interdépendance financière et non comme solidarité volontaire et morale où les plus favorisés acceptent de contribuer davantage que les autres pour des prestations équivalentes. Cependant, progressivement le soufflé est en train de monter. Alors le néolibéralisme financier retrouvera une opposition solide et organisée. S'adaptera-t-il à la nouvelle donne ? Sans doute, mais cela peut être sous deux formes dont la pire n'est pas la plus improbable. Cela peut être par un retour à la prise en compte démocratique des dimensions non économiques des choses. Cela peut aussi conduire à un renforcement de la politique sécuritaire avec gendarmerie internationale au service des puissances financières.

Pour quel projet commun ?

Il n'y a pas encore d'idée commune fédérative. Cependant les linéaments en sont d'ores et déjà présents et même souvent pratiqués. Dans ce qui suit, je ne vais faire que les formaliser. Mais comme on l'a déjà vu, le projet contient plusieurs dimensions que je vais détailler plus finement que pour les registres déjà repérés du cognitif, du normatif et de l'affectif. Les dimensions que je vais aborder sont toutefois simultanément cognitives, normatives et affectives. Elles touchent aux problèmes essentiels pour lesquels il faudrait des choix internationaux de société, de même que des législations et, à tout le moins, des régulations. Ces propositions différencieraient entre trois modèles que nous avons déjà abordés lors du paragraphe sur les services publics et les droits de propriété : libéralisme, communautarisme communiste et solidarisme. Il n'empêche, c'est bien de cela qu'il s'agit, en sachant que le solidarisme est avant tout une question de principe, de conviction et de volonté morale. Il se situe dans le sillage du socialisme libertaire, en tant que libéralisme sociétaire ou en tant que socialisme libéral. Le socialisme libertaire n'était ni scientifique, ni utopique, à la fois réaliste et idéaliste, simultanément économique et moral-spiritualiste. C'est pourquoi les socialistes marxistes n'ont jamais rien compris à son effort gigantesque de substituer une éthique de l'immanence, coproduite par les sociétés et les hommes, à la morale de la providence divine ou de la fatalité économique.

En ce qui concerne la nature, la terre, l'environnement, nous avons là par la force même des choses un bien commun à notre usage, légué par les générations précédentes et à léguer en bon état aux générations futures. Cependant on est dans l'incertitude quant aux effets à très long terme de certaines de nos actions actuelles et d'effets cumulatifs liés à nos prédécesseurs. C'est pourquoi, rien ne devrait être fait sans agir au nom du principe de précaution et rien ne devrait être entrepris sans faire preuve de responsabilité, en termes de devoir-être et agir vis-à-vis de la nature et de nos contemporains. Cela exclut quasiment par construction les logiques capitalistes des droits à polluer et des droits de propriété. Cela oblige à indemniser les pays en voie de développement pour les efforts qu'ils consentiraient vis-à-vis de la protection de l'environnement.

Cela force à faire payer directement les pollueurs et non la collectivité, à commencer par les agriculteurs productivistes et industrialisés (cochons bretons et lisiers, phosphates dans les nappes phréatiques, insecticides tuant les abeilles etc...).

En ce qui concerne la conception de l'homme, il faut considérer qu'il n'est ni bon, ni mauvais (c'était déjà chez Rousseau), mais qu'il est un construit social dont les capacités sont hypothéquées, parce qu'il a beaucoup reçu de la société dans son éducation. Il n'y a pas de guerre de tous contre tous, issue d'une caractéristique innée de l'homme. Cela dépend de l'acquis et de la culture dans les circonstances sociales. Dans ces conditions toute règle, toute structure, toute démarche, toute morale qui incitent, par situation globale et par effet de système, les personnes à se comporter suivant le darwinisme social sont un crime contre l'humanité. En sens inverse, tout ce qui est effectivement déresponsabilisé et désolidarisé est à proscrire aussi. Libéralisme et communisme sont simultanément irrecevables, car finalement il considèrent l'homme comme étant mauvais, soit par égoïsme, soit par passivité. Le solidarisme, au contraire, consiste à créer et encourager les circonstances et les itinéraires qui permettront à chacun d'être singulier tout en étant respectueux des autres. Donc tout ce qui réduit les significations et les repères sociaux à un monisme (un seul principe, un seul ferment) en fermant la route au pluralisme, soit par fusion dans l'unicité (communautarisme) soit par simultanéité des mêmetés (libéralisme) est à rejeter. L'unité ne peut être ni posée a priori, ni résulter de la convergence des intérêts matériels ou autres. L'unité procède de l'union coopérative. Et l'union est une construction des volontés et des raisons qui se reconnaissent les unes les autres comme différentes et égales et qui débattent entre elles pour arriver à des buts communs.

Le lecteur diligent verra de lui-même, toutes les implications d'une pensée bien plus ouverte, pluraliste, différenciatrice, coopérative, expérimentale dans la recherche du socialisme solidariste. Car le socialisme authentique n'est pas mort. Il est d'une évidence totale comme nécessité d'une tension dynamique avec les tendances néolibérales à l'uniformisation. Car le socialisme véritable est une démarche jamais achevée, motivée en permanence par la recherche de plus de justice, tant par équité que par égalité réelle dans la liberté positive des capacités d'action et des structures « capabilisantes ».

Car la liberté en socialisme solidariste est une double capacité d'action, un acte-pouvoir individuel et collectif. Cette capacité d'action « positive » est encastrée dans des structures sociales à la fois symboliques et normatives et développant-ouvrant une variété d'itinéraires et de situations. Symboliques, car les objets, les fins de la liberté sont orientés par des systèmes de légitimation et d'évaluation (du bien, du bon, du juste). Réels, car il y a facilitation par des moyens, notamment éducatifs, de la recherche par chacun de sa voie et de sa meilleure position possible eu égard à son potentiel et au développement de ses capacités. Lesquelles capacités ne sauraient être relatives au seul domaine professionnel et économique. La formation ne saurait donc revêtir un strict aspect instrumental et utilitaire. Et cela contrairement au socialisme de troisième voie, qui consiste à pousser les gens dans les bras de la seule entreprise économique (RMI minable, pas d'aide au tiers secteur social, radiation de l'ANPE, SMIC assez supérieur aux revenus d'assistance...). Le solidarisme consisterait à organiser une liberté de choix dans une gamme de possibles : emploi salarié en entreprise ou en fonction publique, activité sociale correctement rétribuée, ne rien faire car on existe et on n'a pas demandé à être là. S'il y avait une variété de choix de vie, cela forcerait les organisations professionnelles à devenir attractives. C'est précisément ce que les libéraux veulent éviter pour cause de baisse possible du chômage et de désobéissance sûre des personnels n'ayant plus comme seules possibilités que celles d'appartenir à l'armée industrielle de réserve des chômeurs ou aux entreprises.

Dans le domaine éthique, la valeur fondamentale est le respect des identités individuelles dans un concert intersubjectif où l'altérité ne fusionne pas dans le même ou n'est pas indifférenciée et sans valeur dans le relativisme de la différence. L'altérité est une responsabilité vis-à-vis de l'autre que l'on respecte comme un autre soi-même, parce qu'il est différent, donc égal. Car s'il était identique il ne nous apporterait rien en échange mutuel et nous n'aurions que faire de sa coopération, sauf à considérer que l'union des mêmes fait la force. Non, c'est la combinaison des différents qui apporte du plus en discussion, débats, créativité, efficacité, déjà en forçant à la coordination des actions, mais encore plus en instituant une dynamique de coopération entre libertés positives. C'est ce qu'on peut faire en considérant la justice comme sentiment d'égalité dans la différence, comme respect mutuel dans les relations d'altérité, comme échange équivalent dans la coopération objective des actions et des acteurs et dans la répartition des fruits des forces collectives.

La personne n'est pas un isolat. C'est déjà, en son intériorité, une combinaison d'intersubjectivité, d'identité individuelle et d'identité sociale. La personne est caractérisée par sa liberté, qui reste totale dans la sphère privée autorisée par la loi et intouchable dans son for intérieur et dans sa pensée et son expression. La liberté est de composition dans la relation aux autres, marquée par la coopération dans l'action et la tolérance et l'écoute dans la discussion. La fin n'est pas le bonheur, si on considère la fin du point de vue de la société. Car le bonheur est une affaire personnelle (et ne saurait se limiter aux utilités) et un problème très complexe qu'on ne peut réduire à un seul critère. Ce qui compte, c'est que la personne dispose de suffisamment d'autonomie et de responsabilité (liberté positive d'auto-gouvernement dans le cadre de la liberté négative autorisée par les lois) pour rechercher à atteindre ses propres finalités existentielles en établissant sa propre hiérarchie individuelle de fins et de valeurs. Dès lors, la finalité sociale est de consacrer la personne comme liberté et comme dignité reconnue, respectée et protégée. Mais la liberté n'est que le moyen et l'attribut de la personnalité.

Ainsi, en tant qu'homme nul ne pourrait être exclu ou marginalisé même si cela augmente le bonheur collectif du plus grand nombre. C'est pourquoi, le socialisme solidariste dégage tous les efforts possibles pour la réalisation des droits de l'homme et des groupes liés à leur propre existence en tant que valeur absolue quoique singulière. Le solidarisme ne fait pas pression sur les pays qui ne respectent pas les droits de l'homme et ne leur donne pas de leçons de morale. Il les aide, quitte à diminuer le niveau de vie des populations favorisées du monde occidental.

Dans le domaine juridique, le solidarisme ré-instaure la primauté de la loi dans les nations et les Etats et essaie, contre vents et marées, d'obtenir une législation sociale et environnementale internationale assortie de moyens de sanction et d'une police mondiale sous l'égide de l'ONU débarrassée du droit de veto des prétendus cinq grands. En outre, il propose une constitution mondiale.

Dans le domaine politique, il s'agit de développer une autre conception de la démocratie. Celle-là ne peut être qu'une combinaison entre le droit politique et le droit socio-économique, entre la société civile et la sphère politique. Le politique a à faire prendre les décisions communes par le débat approprié et par une organisation pluraliste de l'expression des intérêts. La société civile est le premier lieu de cette expression à condition qu'il y ait des structures de mise en débat des positions des différents acteurs concernés dans leur vie pratique. Munie du débat et de la préparation critique, argumentée, réflexive des dossiers, la société civile échappe au monopole des experts et réinsère la sphère politique en son intérieur sur toutes les questions qui la concernent. La société civile est infiniment diversifiée : entreprises, syndicats, familles, associations, fonctions publiques, groupes naturels (communes, provinces, nations marquées par une histoire et une culture), groupes coopératifs. C'est pourquoi la préparation des décisions politiques communes relève d'un débat civil démocratique représentant tous les intérêts. On peut s'inspirer d'une construction fédérative où il y aurait une chambre territoriale et une chambre des professions au niveau politique. Ces deux chambres se nourrissent d'un débat antérieur structuré. Au niveau de parlements provinciaux, d'une part et avec un « syndicat général de la production et de la consommation » pour les intérêts économiques. Il s'agit d'éviter l'hypostase du politique au dessus de la société, le chèque en blanc périodique transmis aux seuls politiciens même assiégés par les groupes de pression. J'ai proposé une organisation socio-politique de ce type plus haut dans cet essai. La démocratie sera à la fois civile et politique, territoriale et économique, nationale et fédérative dans des ensembles plus vastes tels l'Europe.

De même les services publics seraient restaurés, mais au lieu d'être remis à l'Etat, ils seraient socialisés et mis en débat comme je l'ai proposé dans le paragraphe consacré à ce sujet. Les services publics ne seraient créés que comme émergence d'une procédure équilibrée et pluraliste de mise en débat au sein de la société civile entre tous les acteurs concernés. Dans cette conception le service public est indissociable de l'économie sociale. Ainsi peut-il prendre plusieurs formes : le monopole civil géré par une représentation pluraliste des acteurs détenteurs en main commune de la possession des moyens, la concession de service public sous cahier des charges et avec contrôle, les structures mutualistes obéissant à une charte de solidarité volontaire et imposant un traitement solidariste de réduction des inégalités. Chacun replacera les structures existantes dans ces formes. Ce qui est important, c'est de supprimer les monopoles étatiques regroupant des corporations indifférentes au service du public qu'elles sont pourtant censées servir au nom de l'intérêt général et du bien commun et de construire des réponses communes aux besoins sociaux que le libéralisme de la demande individuelle néglige.

Se préoccuper de justice oblige à se demander par rapport à quels êtres de sociabilité. Résumons-nous à six niveaux de vie et d'existence : l'individu, la relation interindividuelle, le groupe constitué, la société instituée et la terre tout entière. C'est ce que je vais traiter. Mais dans les relations aux autres et aux choses, ce qui est l'origine même des questions auxquelles la justice essaie d'apporter des principes généraux de réponse pour orienter la signification et la légitimité des pratiques, l'histoire et l'anthropologie peuvent nous amener à prendre en compte quatre dimensions ou registres essentiels ; Evidemment on constate que, posée ainsi, la question de la justice est indissociable de l'éthique : Quelles sont ces dimensions ? :

- le sentiment, qui peut relier chacun aux autres
- la valeur fondamentale, qui soude tout le monde
- le ressort de progression, qui fait développer la cohésion de la société
- la vertu assurant continuation, qui fait durer la communauté, persister la relation.

a) Sur le plan individuel, s'il n'y avait qu'une existence totalement isolée, ne se poserait guère la question de savoir quel est le rapport de l'individu à sa propre personne en ce qui concerne la façon dont il se jugerait par rapport aux autres. (Rappelons qu'il n'y a pas de justice sans critère comparatif d'évaluation des situations). Cela peut être le narcissisme devenu le corollaire du libéralo-capitalisme et un fait d'observation de l'individualisme méthodologique. Cela peut être l'émotion d'être reconnu par le groupe d'appartenance et, pour ainsi dire, la fusion avec le groupe, la demande d'absorption par ce groupe. C'est le danger du communautarisme. Pourquoi ne serait-ce pas l'estime de soi ? Celle-là n'est pas l'égoïsme ; elle ne réside pas dans le narcissisme ; elle ne répudie pas la valeur de l'autre ; elle n'est pas imposée ; elle ne suppose pas une volonté de puissance sur les autres ; elle supporte la différence. Elle ne se présente que comme rapport individuel à sa propre valeur en tant qu'existence concrète. L'estime de soi reconnaît ce qu'elle doit aux autres, à la société, aux effets de socialisation, à l'intersubjectivité. Mais, en même temps, elle s'affirme comme valeur de la personne particulière. L'estime de soi ne dépend pas que du seul sujet (erreur de KANT), mais de l'intersubjectivité en situation et des conceptions culturelles dans la vie en société. C'est pourquoi, le principe de légitimation de l'existence particulière ne peut être que la valeur que réclame chaque personne pour elle, à savoir le respect de sa propre personnalité. Le respect est double, puisqu'il combine le respect de soi avec la reconnaissance par les autres et l'environnement social. La valeur éthique principale sera donc la personnalité, comme fondement du droit à l'autonomie dans le concert social et comme conception du pouvoir en tant que capacité libre d'action de chaque être humain. Le ressort par lequel l'estime de soi, en intériorité, et la personnalité reconnue, en extériorité, pourront être admis, appartient à la recherche d'identité. Or, cette dernière enracine tout de suite les choses dans une contradiction indépassable, à savoir que l'identité spécifique ne peut être reconnue que par les autres. Mais si cette quête est légitime, il va de soi, alors, que les critères de réussite et de justice pour l'évaluation de la position individuelle n'appartiennent qu'au groupe. Mais, aussi, personne ne saurait être reconnu s'il ne montre pas la vertu d'authenticité.

b) Dans la relation inter-individuelle, a priori, je n'ai aucune propension innée à détester mon voisin ou l'homme de rencontre. Il faut qu'il y ait des objets désirés par l'un ou par l'autre qui nous opposent et, cela, en univers de rareté. Ne peut-il y avoir, à la base de toute relation individuelle, une certaine empathie ? Même si je n'en ai pas besoin pour l'exigence de justice, puisque celle-là résulte du mouvement de comparaison. A ce moment là, ce qui peut être la valeur fondamentale des relations entre quelques individus, c'est la qualité de l'écoute et du dialogue entre eux. L'écoute suppose le respect de l'autre et l'attention à ses problèmes, désirs, besoins. L'écoute ne suppose pas que l'on excuse, mais que l'on comprenne, en intériorité, ce que peut ressentir l'autre. On ne se met pas à la place de l'autre, mais on tente de se mettre dans sa peau. On n'explique pas ; on intériorise des significations en vue de mieux interpréter ce qui se passe chez l'autre. On ne négocie pas ; on cherche à obtenir un accord positif pour tout le monde. Le facteur de progression de la capacité d'écoute, en tant que valeur spécifiant la relation à autrui, sera la multiplication ou la pluralité des situations de mise en relation. C'est cela, qui, par la diversité des approches, des mentalités, des intérêts et des valeurs, forgera une capacité d'intersubjectivité, où le moi ne sera plus le moi fermé et égoïste, mais le moi déjà ouvert à l'autre. La relation interpersonnelle, posée sous le sceau de l'intersubjectivité, réclame deux vertus personnelles. L'une est particulière au soi, à l'estime de soi. Elle donne le principe de continuation dans l'estime de soi et le critère de perception de la personnalité chez les autres : c'est l'authenticité. Mais vis-à-vis des autres, l'authenticité permet seulement d'identifier la constance de la personnalité. Celle-là, si elle se projette vers l'autre, ne peut s'installer dans la durée des relations intersubjectives, que si elle est dotée d'une autre vertu, qui doit être commune, qui est la miséricorde, c'est-à-dire le pardon des offenses et des fautes des autres, en espérant que les siennes le soient aussi. La relation intersubjective d'écoute et d'empathie ne peut pas durer s'il n'y a pas chez chacun une certaine aptitude à la vertu de miséricorde, qui ne peut avoir de valeur que dans des rapports de proximité. Les laïcs forcenés substitueront tolérance à miséricorde, bien que cela soit beaucoup moins fort.

c) Dans la relation au groupe, le sentiment le plus fort qu'éprouve un individu au sein d'un groupe auquel il adhère, c'est le sentiment d'appartenance. A quoi ? A des valeurs, à des intérêts, à une collectivité où l'on a une place reconnue. A ce moment là, ce qui caractérise la valeur fondamentale de la vie en groupe, c'est la solidarité, comme recherche de cohésion et de juste positionnement mutuel des uns et des autres au sein du groupe. Mais cette solidarité n'a quelque chance de se développer que si elle s'appuie sur les ressorts de la reconnaissance mutuelle et de l'identification aux fins, aux valeurs, et aux fortes personnalités de direction du groupe et que si elle reçoit les preuves effectives de la coopération et de l'échange équivalent. Enfin, la continuation, l'institution pérenne du groupe comme identité particulière acceptée et légitimée au sein d'une communauté plus vaste, pluri-culturelle, reposent sur l'honneur en tant que vertu. A mon sens, l'honneur n'est pas une vertu personnelle, parce que son critère de légitimation appartient au groupe qui défend ses positions et sa valeur vis-à-vis des acteurs extérieurs à lui. L'individu ne peut que participer à la défense de l'honneur du groupe dans le concert social. Il ne récupère la reconnaissance du groupe, que si il a fait, par exemple et comme on dit, honneur à la profession, cela même qui justifie l'existence et la fonctionnalité du groupe en plus grande société.

d) En grande société, le sentiment majeur est celui du bien être ensemble, de l'absence de troubles, de la satisfaction d'appartenir à une très grande collectivité. Mais ce sentiment ne peut se fonder que sur l'observation de ce que sa place dans l'organisation sociétale est suffisamment juste ou évolutive de façon plus juste, pour que l'adhésion persiste de façon durable. Le consensus repose sur les sentiments de satisfaction et ces derniers n'existent que de façon comparative. C'est là que la recherche de la justice, comme valeur suprême du lien social, intervient. En effet, il ne suffit pas d'être satisfait de ce que l'on a, quand on vit en société. Il faut encore que ce que l'on a ne soit pas inférieur à ce que d'autres, ou d'autres groupes, ont, si les mérites sont appréciés comme égaux par les protagonistes. C'est pourquoi, la justice ne peut être qu'une valeur sociale et sociétale, parce que, à l'existence et à l'état des choses, elle surajoute une exigence comparative et relative d'ajustement des positions. L'idée de justice, issue des comparaisons sociales entre les différents acteurs, est donc la valeur fondamentale des rapports politiques en grande communauté, quelle que soit la taille et l'extension de cette communauté. L'idée de justice, qui se transforme facilement en sentiment d'injustice, ne peut s'actualiser et se développer que si l'état des choses et les perspectives d'évolution obéissent à des ressorts de légitimation et de justification. Le ressort de la cohésion sociale se trouve alors dans les capacités de justification, de légitimation, d'argumentation des différents acteurs en compétition à propos d'un champ de justice réelle suffisamment équilibré pour ne pas susciter des sentiments révoltés contre l'ordre social. Du point de vue sociétal, il nous faut aussi une vertu facilitatrice de durée. Pourquoi pas la charité, au sens d'amour du prochain, de respect des cultures, de sympathie pour les autres, les nous, les groupes. Charité vis-à-vis des immigrés, des marginaux, des races différentes, des exclus. Peut-il y avoir une union sociétale, une cohésion d'ensemble, une intégration de tous, si, en période d'adversité, et de difficulté surtout, chacun n'adhère pas à une vertu universelle qui serait une propension générale, universelle, permanente à aimer son prochain quel qu'il soit ? La solidarité matérielle compense t-elle l'éventuel mépris ? La miséricorde peut-elle s'étendre au delà des relations de proximité ? L'honneur ne contient-il pas un principe de différenciation qui peut opposer au lieu d'unir ? Si la charité vous paraît trop religieuse, alors substituez-y la générosité.

e) Dans le rapport à l'humanité, le sentiment à développer est celui de l'ouverture, dans la reconnaissance de l'altérité de la différence, de tous les hommes sans distinction de « races », d'ethnie, de culture, de mœurs, de sexe, d'âge... La valeur principale s'en déduit. C'est celle de la dignité de tous les hommes et femmes de la planète. Cette reconnaissance de la valeur de tous les membres de l'humanité doit aller jusqu'à l'engagement effectif. C'est pourquoi le ressort d'un internationalisme concret, bien compris et solidaire, est celui de l'aide coopérative. Aide pour lutter contre les processus d'inégalisation, et coopération, car il ne s'agit pas d'octroyer de haut en bas mais de construire en commun dans des projets partagés et respectueux des autres. Le respect de l'humanité suppose qu'on répudie toute considération de différence dans l'infériorité, toute notion d'assistance aux faibles et défavorisés. C'est prendre en compte que les différences prétendument de nature, ne sont que des variations de situations et d'histoire. C'est comprendre que le but du droit, c'est justement de transformer les inégalités en égalité des droits comme construit social international. La vertu est donc l'adhésion au primat du droit mondial des hommes et des « gens » (groupes). C'est la reconnaissance par chacun du caractère unificateur et pacificateur du droit. Vieille lune, direz-vous ! Mais quelle belle idée régulatrice, jamais atteinte mais toujours critère d'un réel progrès moral, au sens de Kant.

f) La terre et la nature sont les grandes oubliées du productivisme libéralo-capitaliste et du socialisme, même démocratique. La terre n'est qu'un objet de domination pour les hommes, grâce à la science, à la technique et à l'organisation. Nous n'avons qu'une terre pour tous et cette situation nous rend interdépendants dans le temps, avec les générations futures, et dans l'espace, avec les populations présentes. Au niveau du sentiment, ne pourrions-nous avoir, comme nos ancêtres et comme les paysans, devenus agriculteurs, un sens de symbiose avec la terre qui nous nourrit et la nature qui nous entoure ? Un sentiment de la vie, de la beauté de la vie, du respect des espèces et de leur variété ? Serions-nous habilités, en quelques dizaines d'années et depuis à peine deux siècles, à détruire ce que la nature a mis des millions d'années à créer ? Avons-nous quelque légitimité à laisser à nos futurs arrière-petits enfants un univers de béton, de pollution, de sociétés générales de l'air et de l'eau ? Non, puisque, pris comme individu, nous savons bien que nous ne sommes qu'une petite partie de la nature et du cosmos et que notre sentiment premier est la symbiose avec la nature qui nous environne. Soyons sûrs que la nature se vengera si nous continuons de vouloir la détruire au grand profit des technostructures et de la logique marchande. Ce sentiment symbiotique ne peut que se traduire en une profonde, générale, permanente valeur, à savoir le respect de toute forme de vie. Dans l'univers libéralo-capitaliste, nombre de populations déshéritées du tiers monde sont littéralement obligées de dévaster leurs maigres ressources naturelles et, par une exploitation excessive, de les appauvrir et même de les détruire. Le ressort de la promotion du respect de la nature et de l'environnement peut résider dans la mise au premier plan d'une préoccupation majeure et d'un « principe de responsabilité » pour le futur, qui devront servir de critère à l'examen de tout projet économique ou utilitaire. Car tous ces projets font courir quelque risque pour les générations futures (sécurité ou financier). Par exemple dire que le nucléaire est sûr, tout en léguant aux futures générations le problème de la gestion des déchets, est une attitude irresponsable vis-à-vis de nos descendants.

Le devoir-être, cadré par l'impératif moral kantien, en ce qui concerne nos relations sociales, est devenu insuffisant . Nous avons une relation de responsabilité avec ce qui n'existe pas encore à propos du sort que nous réservons, aujourd'hui, à la nature et à nos descendants, qui l'habiteront dans les circonstances que nous y aurons produites. Enfin, quelle peut être la vertu commune, générale, universelle, qui ferait durer les comportements particuliers, sans nuire à l'intérêt général ? Je propose l'espérance. Car l'espérance mise sur le futur. Elle implique que nos actions présentes n'endommageront pas l'avenir. Elle postule que son sort actuel peut être ultérieurement amélioré et que le sort de ses enfants sera meilleur. Peut-il l'être si nous détruisons les ressources et ne léguons à nos descendants que des ruines ? Si je puis espérer pour moi, puis-je justement le faire si je prévois, ou si je risque, que cela sera pire pour d'autres et pour le futur ?

Résumons les questions éthiques que la justice solidariste permettrait de mieux poser. Avant de se faire, rappelons la controverse sur ce qui conserve la primauté : pour les libéraux, c'est le juste, mais réduit à la justesse des mécanismes de maximisation du bonheur collectif, même s'il y a des exclus ; pour les moralistes, c'est le bien en tant que devoir-être moral non négociable (le résultat de l'action doit être conforme à une norme posée a priori, ce que contestent les libéraux car personne ne serait d'accord sur une telle norme universelle). Faux débat pour un solidariste, car cette coupure entre le bien et le juste est artificielle et méconnaît que le juste est déjà un des principes du bien et que ce dernier ne saurait être admis comme norme que si ses réalisations observent le principe de justice dans leur distribution et répartition. Juste et bien sont des pôles d'analyse des pratiques entre lesquels le curseur de ce qui est voulu ou pratiqué se positionne dans chaque contexte social particulier. Dans le sens commun, le juste est de toute façon une condition du bien, ce qui ne dispense pas d'avoir un projet social qui soit bien pour tous. Passons au tableau-résumé ci-après :

<table>
<tr><td rowspan="7">NIVEAUX DES RELATIONS Où LA JUSTICE SE PROUVE ET S'EPROUVE</td><td></td><td>Sentiment</td><td>Valeur</td><td>Ressort</td><td>Vertu</td></tr>
<tr><td>Individuel
A soi</td><td>Estime de soi</td><td>Personnalité</td><td>Identité</td><td>Authenticité</td></tr>
<tr><td>Interindividuel
A l'autre</td><td>Empathie</td><td>Respect</td><td>Inter-Subjectivité</td><td>Miséricorde ou Tolérance</td></tr>
<tr><td>Groupal
aux Nous</td><td>Appartenance</td><td>Solidarité</td><td>Reconnaissance et Identité</td><td>Honneur</td></tr>
<tr><td>Sociétal, à la Grande Société</td><td>Bien-être</td><td>Justice</td><td>Légitimation justification</td><td>Charité Ou Générosité</td></tr>
<tr><td>L'humanité</td><td>Ouverture</td><td>Dignité</td><td>Aide coopétive</td><td>Respect du droit</td></tr>
<tr><td>Mondial
A la terre-nature</td><td>Symbiose</td><td>Respect de la Vie naturelle</td><td>Responsabilité du futur</td><td>Espérance</td></tr>
</table>

La question éthique est, bien entendu, de mettre en œuvre les plus judicieuses combinaisons entre les niveaux sociaux et les facteurs de fondation, de maintenance et de pérennisation d'une conception pluraliste,combinatoire, procédurale et compréhensive de la justice.

L'époque moderne se complaît à vouloir éliminer la morale, soit au nom de la rationalité, soit en celui de la relativité totale des désirs et des cultures, la cantonnant à la sphère privée ou communautaire et renonçant à tout universalisme.

Mais, nos deux premières idéologies, la libérale et la communiste, qu'elles le veuillent ou non, ont un arrière-plan caché de monde vécu et de significations ou évaluations dominantes orientant les pratiques sociales. Elles ont donc une morale, dont on peut penser qu'elle n'est guère avouable, car conduisant au narcissisme individualiste destructeur de tout lien social ou au totalitarisme de groupe absolument liberticide. Le plan capitaliste est totalement ouvert dans l'espace, mais il est dogmatique et fermé comme pensée unique (une seule idée) de la rationalité instrumentale. Le communautarisme risque d'être fermé à tout point de vue : territoire, droits de la communauté et non de l'Homme, irrationalité de l'identité sans rationalité opérationnelle. Pour le solidarisme, certes, les finalités ne sont pas les mêmes et permettent ouverture, tolérance, agapè, valeurs à chaque étage de la hiérarchie. Le tableau comparatif suivant le montrera pour les trois modèles considérés.

SCENARIOS CONTENUS	LIBERALISME PROCEDURAL	COMMUNAUTARISME SUBSTANTIEL	SOLIDARISME PROCESSUEL
FINALITES	Hédonisme Sujet individuel	Existence du groupe	La personne digne Le lien social solidaire
VALEURS	Utilité Bonheur du plus grand nombre Liberté négative Equité	Identité Bien commun Intérêt général Cohérence par l'ordre Unité, égalité	Liberté-responsabilité Intersubjectivité Bien privé et public Cohésion par la justice Mise en débat Union Tolérance
PRINCIPES D'ACTION	Rationalité Instrumentale Contrat, Confiance Intéressée	Légitimité Planification Normalisation Intériorisation	Raison complexe Multicritériale procédurale, Coopération

NOR-MES	Succès individuel Relativité Expression individuelle	Sécurité Conformité Spécificité, devoir	Univers-alité et relativité Raison discursive Argumen-tant, Débat pluraliste
SPHE-RES PRIVILE-GIEES	Economique international	Politique	Civile, civique, Internatio-nale
RAP-PORT A LA NATURE	Instrumen-talisation Marchande	Socialisation technique	Responsa-bilité
FOR-MES POLITI-QUES	Démocratie ou marché WEB Etat gardien	Démocratie despotisme Etat autoritaire	République fédérative, Socio-économico-politique
SERVI-CE PUBLIC	Marchand avec service universel	Etatisé ou collectivité	Socialisé Mise en débat de L'intérêt général

Cher lecteur, choisissez votre modèle. Et soyez sûr qu'il finira par être réalisé. A condition de ne pas saisir des occasions dans l'immédiat du prétendu chaos complexe et auto-organisateur, mais de se doter d'un projet pour la société nationale, pour l'humanité et pour la terre.

N'oubliez pas que l'erreur majeure du républicanisme-communautarisme est de se replier sur les seuls droits de la communauté nationale et celle du multi-culturalisme de juxtaposer des cultures indifférentes les unes aux autres et simplement réunies par la procédure démocratique et un fond de valeurs communes. Dans les deux cas, l'universalisme des personnes et des groupes est sous-estimé. Quant au néo-libéralisme, il cumule les fautes contre l'esprit (ses partisans sont de mauvaise foi car ils ne peuvent ignorer le caractère spécieux et intéressé de leur position) :

- trahison des premiers penseurs de l'économie, qui n'avaient jamais juré sur le seul marché concurrentiel et qui savaient que l'économie n'était qu'une petite partie du problème social. Ils pensaient qu'il fallait une régulation politique des choses afin de maintenir la cohésion sociale
- refus des apports de la sociologie, même celle dite d'individualisme méthodologique, qui ont montré l'existence de phénomènes institutionnels et conventionnels pour stabiliser les rapports sociaux ; le néo-libéralisme en revient au seul niveau d'organisation des échanges entre individus
- Oubli de l' approche systémique qui considère la société toute entière comme un ensemble global d'interdépendances complexes et dans laquelle la survie du système tout entier dépend d'un sous-système spécialisé chargé de piloter le tout et ses parties et d'en maintenir la finalité et la cohésion
- Cantonnement de l'universel à des droits purement théoriques et individuels au détriment de l'éthique, du droit des collectifs et de la justice.

N'oubliez pas non plus que le triomphe du capitalisme n'est pas dû seulement à la puissance scientifique, technologique, économique des USA et de leurs alliés. C'est surtout le fruit d'une conception sous-jacente du monde, à base de protestantisme, d'utilitarisme empiriste et stratégique, de racisme camouflé, d'individualisme forcené, de matérialisme hédoniste et court-termiste, de torpillage des solidarités au nom du tout-assurance privée, de liquidation de l'intérêt général et public, d'atomisme électoral et opinionesque. Certes, les conceptions du bien, du bon, du bien-être, du juste n'ont plus rien d'absolu. Mais au lieu de constater une émergence fortuite de ce qui advient en matière de rapports sociaux et des moyens afférents, vraiment, ne peut-on d'abord en débattre démocratiquement ? L'Europe, hormis la Grande Bretagne, a la chance de n'être pas dans la tradition utilitariste et de démocratie procédurale des intérêts. Pourquoi se laisser aller dans la construction européenne aux conséquences négatives de l'utilitarisme empirique et individualiste de la mentalité anglo-saxonne ? Non, nous voulons répudier le communautarisme républicain d'exclusion et l'atomisme diviseur et compétitif consolé par l'interprétation personnelle des préceptes divins. Et sachons décrypter, derrière toutes propositions séduisantes pour l'intérêt individuel matériel (exemples : fonds de pension, assurances privées, services aux clients) les conséquences perverses à savoir la victoire d'un monde de patrimoine, de rente, d'argent, d'inégalités. Rappelons nous de ROUSSEAU, qui disait que l'homme le plus libre est celui qui a le plus de relations. Est-ce possible quand tout est réduit aux acquêts ? Peut-on coopérer, si l'on n'est pas traité avec dignité et réciprocité dans sa différence ?

PLAN

INTRODUCTION

PREMIERE PARTIE: Les origines modernes et communes du libéralisme et du totalitarisme et qu'est-ce que le totalitarisme ?

A) Le problème du lien social
Chez les anciens
Chez les modernes

B) Les origines communes du libéralisme et du totalitarisme

1) l'éthique
2) la politique
3) l'anthropologie conçue à la modernité
4) l'épistémologie et la connaissance nées avec la modernité
5) l'économie

C) Qu'est-ce que le totalitarisme ?

1) une psychologie de masse et une relation perverse chef-individus
2) un opportunisme communautariste sans morale
3) une idéologie « scientifique » fausse, simpliste et dogmatique
4) une logique politique du zéro et de l'infini
5) une bureaucratie envahissante contrôlant des organisations de masse
6) un effacement de toutes les frontières entre les différentes sphères de la vie sociale avec suppression de l'autonomie des organismes intermédiaires

www.ingramcontent.com/pod-product-compliance
Lightning Source LLC
LaVergne TN
LVHW050637051026
849532LV00002B/42C